理工系・医学系英単語は
語源とイメージで
こんなに覚えやすくなる

難語彙も楽々攻略

はじめに

語源で覚える理系英単語の決定版！

英語にもある偏と旁

日本語の漢字が偏（へん）や旁（つくり）などから構成されているように、英単語も「接頭辞」「語根」「接尾辞」などのパーツから構成されています。接頭辞とは、単語の先頭に付いて、方向・位置関係・時間関係・否定・強調などを表し、語根とは単語の真ん中に来て、その単語の意味の中核を成すもの、接尾辞とは、単語の最後に付いて品詞の機能や意味を付加するものです。例えば、able〔可能な、できる〕という語根の前後に色々な字句を添えることで、語彙を増やすことができます。

un**able**〔できない〕

en**able**〔可能にする〕

dis**able**〔不可能にする〕

ability〔能力〕

in**abil**ity〔無能〕

接頭辞の un / dis / in が「否定」、en が「動詞への変化」、接尾辞の ity が「名詞への変化」を表すことを知るだけで、一気に 5 つの単語を覚えることができるのです。近年、語源による英単語学習法が脚光を浴びている所以はここにあります。しかし、単なる単語の羅列だけでは記憶の定着度は低く、また継続的な学習も困難であると言わざるを得ません。では、より記憶に残る学習法とは何か。それが私の提唱する「イラストと語源を絡めた学習法」、つまり、左脳で単語のルーツを理解しながら、イラストを使って右脳に焼き付ける学習法です。

カタカナ語の単語をイメージ化する

日本語の中には英語経由のカタカナ語がたくさんあり、私たちは日常、それらを無意識のうちに使っています。本書は、それらのカタカナ語の中から頻繁に使われる語根（単語の意味の中核を成す部分）を選び出し、その意味をイメージさせるイラストを加えることによって、記憶の定着度を高めていきます。

例えば、「タンポポ」は英語では dandelion と言いますが、これを単に「ダンダライオン」と棒暗記しても、その後この言葉に出合うことがなければ、恐らく時間の経過とともに忘れさられてしまうことでしょう。しかし、dandelion を《dan(t)/den(t)〔歯〕＋ de〔～の〕＋ lion〔ライオン〕》と語源的に分解することで、「タンポポの葉」が「ライオンの歯」に似ていることを左脳で理解し、さらにそれをイラスト化して視覚で右脳に訴えることによって、記憶を定着させるといった具合です。

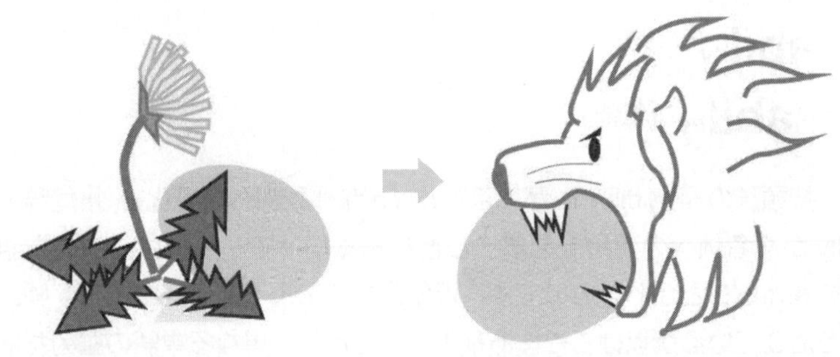

連想的に英単語を暗記

次に、ギリシャ語やラテン語で「歯」の意味を持つ語根、dent と dont が使われた英単語を連想的に覚えていきます。→ 38 語根の参照

dentifrice〔歯磨き粉〕

indented〔ギザギザの〕

dentistry〔歯科〕
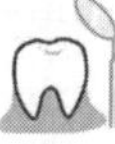

dentist〔歯科医〕

denture〔入れ歯〕
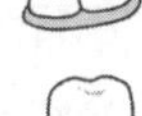

periodontics〔歯周病学〕
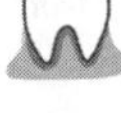

orthodontics〔歯科矯正〕

rodent〔齧歯類〕

未知の単語の意味を類推

このように、単語の語根〔dent, dont〕に接頭辞や接尾辞を加えることで、語彙数を飛躍的に増やすことができるようになります。本書の最大の特長は、理系の英単語学習に特化した点です。いわゆる理系特有の英単語は、ほぼ 100%が古代ギリシャ語やラテン語に由来しているため、語源による英単語学習が最も効果を発揮するのが理系英単語なのです。

本書は、175 個の語根を厳選し、語彙数を爆発的に増やすことを可能にするだけでなく、これらの語根と接頭辞や接尾辞の組み合わせにより、未知なる単語の意味を容易に推理することもできるようになり

ます。例えば、本書で取り上げた接頭辞や語根を総動員することによって、adrenoleukodystrophy という非常に難解な単語の意味を類推することができます。この単語は次のように分解されます。

ad〔～の方へ〕＋ **reno**〔腎臓〕＋ **leuko**〔白い〕＋ **dys**〔悪い〕＋ **trophy**〔栄養状態〕

〔「腎臓に近い所」＝「副腎」にできた白く栄養状態が悪い状態〕から「副腎白質萎縮症」という病名を導き出すことができるのです。筋肉が萎縮する病気を「筋ジストロフィー」と言いますが、ジストロフィー（dystrophy）とは「栄養障害」とか「萎縮症」のこと。神経伝達物質の一つで、興奮した時に副腎から大量に血液中に放出されるホルモンの「アドレナリン（adrenaline）」は《ad〔接近〕＋ renal〔腎臓の〕＋ ine〔物質〕》から。

本書の効果的な利用法

adrenoleukodystrophy の分解ができたら、次に、それぞれの語根が使われている単語を集中的に覚えていきます。例えば、「腎臓」を表す ren(o) に関しては次のような単語があります。

renal（腎臓の）
renin（レニン＝腎臓から血中に分泌されるタンパク質分解酵素）
renogram（レノグラム＝造影剤を静脈に注入して腎臓機能を観察する静脈性腎盂撮影法）
ad**ren**al（副腎の）
ad**ren**ergic（アドレナリン作用性の）
ad**reno**cortical（副腎皮質の）

同様に、leuko〔白い〕に関しても、次のような単語を覚えます。

leukocyte（白血球）
leukocytosis（白血球増加症）
leukemia（白血病）
luciferase（ルシフェラーゼ、発光酵素）
leukoderma（白斑）
leukopenia（白血球過少症）

そして、残りのdystrophy（ジストロフィー）も接頭辞のdysをa（ない）、eu（良い）、hyper（過度の）、hypo（下の）に変えて、次の単語を覚えていきます。

a**trophy**（萎縮する、萎縮症）
eu**trophy**（富栄養、栄養良好）
hyper**trophy**（心臓肥大、異常発達）
hypo**trophy**（進行性組織退化）
neuro**trophy**（神経栄養）

また、下線部の語根や接頭辞、接尾辞も見出し語として掲載されているので、その場で気になったら、そのページに進んで、さらに理解を深めることができます。

このように、接頭辞や語根や接尾辞を覚え、それぞれを組み合わせることによって、信じられない数の語彙を増やしていくことができるのです。本書では175個の語根、接頭辞37個、数を表す接頭辞13個を厳選し、接尾辞的に使う意味を持った語根も載せています。これらの組み合わせで、ほぼ無数に近い形で英単語の意味を類推することが可能になります。

なお､本書の「語源ノート」で何度も出てくる「印欧祖語」とは「イ

ンド・ヨーロッパ祖語」のことで、現在のインドからヨーロッパで話されている諸言語の共通の祖先として理論的に構築された仮説上の言語のことです。

文系人間にも必要な理系英単語

理系英語の参考書や理系に特化した単語集はすでに数多く出版されていますが、語源をテーマにしたものは本書が初めてです。英単語をシステマチックに且つ合理的に覚えることができる本書は、理系人間にとっては正にバイブル的な存在と言っても過言ではないでしょう。本書のターゲットは、もちろん理系の大学生や大学院生を含めた理系研究者ですが、それだけではありません。理系を苦手とする文系の人たちにも理解できるように、様々な工夫が凝らされています。例えば、みなさんは次に挙げる10個の単語のうち、何個を英語で言うことができますか。

1 口内炎
2 糖質
3 マイナスイオン
4 有酸素運動
5 方程式
6 放物線
7 胃カメラ
8 小惑星
9 脱炭素化
10 液状化

正解は以下の通りです。

1 stomatitis
2 glycogen
3 anion
4 aerobics
5 equation
6 parabola
7 gastroscope
8 asteroid
9 decarbonization
10 liquefaction

英語に自信のある人でも5個以上答えられる人は少ないと思います。一口に理系の英単語と言っても、専門的なものから、今の問題に挙げたような日常会話に頻繁に使われるものもたくさんあるのです。理系の英単語が文系の人にも必要であるという所以はここにあります。

日常語の中から意外な意味を発見する

本書の特長が語源とイラストを絡めた点にあることは先ほど述べた通りですが、もう1つの特長は、文系の人にも、常識的な知識として身につけているものを活用しながら単語学習を容易にした、という点です。代表的な例を2つ挙げておきます。1つはmelanomaです。メラノーマは「悪性の皮膚癌」であるということをご存知の方は多いと思いますが、なぜメラノーマというのかと疑問を持った方は多くはないでしょう。melanomaはmelan〔黒い〕+oma〔腫瘍〕という語源に由来しており、「メラノーマ」=「黒色腫」と覚えている方は「なるほど！」と頷いていただけると思います。また、そうでない方々もメラノーマの症状をネットなどで見ていただければ、やはり「なるほど！」と思われることでしょう。

さらにイメージを広げて、オーストラリアを中心に太平洋上に浮かぶ3つの海域の1つ、「メラネシア」を思い浮かべます。実は、「メラネシア（Melanesia）」はギリシャ語の「黒い（melan）」＋「島々（nesia）」に由来しているのです。こんな風に「melan ＝黒い」という意味を脳に定着させることができるのです。

次に米国二大コーラメーカーの「ペプシ」という名称です。コカコーラの名称の由来が、コカインを含むコカの葉とコーラの実を原材料に使っていたことが「コカ・コーラ」の名称の由来というのは、ご存じの方も多いと思いますが、ペプシの名称の由来については、知らない方がほとんどかもしれません。実は、ペプシコーラの名称は、胃液に含まれタンパク質の分解を担う消化酵素である「ペプシン（pepsin）」に由来しています。

このように、本書は読み物として楽しむこともできますし、また理系関係者のみならず、文系の方にも、日常頻繁に使われる理系英単語を自然に身に付けていくことができます。本書が1人でも多くの読者の方々の目にとまり、活用していただけることを切に願っております。

本書は2014年に出版した拙著『語源で増やすサイエンス英単語』を大幅に修正・加筆したもので、全ての単語にイメージイラストをつけたことで全く別の本として生まれ変わりました。

最後になりますが、本書を出版するに際し、様々な理系分野の先生方に貴重なアドバイスをいただきました。特に医学分野ではハワイ大学医学部老年科助教の植村健司先生、化学分野では早稲田中学・高校の中田寛先生、数学分野では春日部女子高校の後藤博之先生、生物分野では鴻巣女子高校の関戸成美先生など、多くの方々にご教授いただきましたことに、この場を借りて深い感謝の意を表したいと思います。

2021年4月　著者　清水建二

もくじ

序章

序章

接頭辞

❶ [a] 打ち消し：～ない

➡否定の接頭辞の un と同じ語源から。語根か母音で始まる時は an- に変化し、r で始まる時は r を重ねる。

arrhythmia [əríðmiə]【名】不整脈
▶ ar〔ない〕+ rhythm〔リズム〕+ ia〔症状〕

atopy [ǽtəpiː]【名】アトピー、先天性過敏症
▶ a〔ない〕+ topy〔=topos 場所〕
→場違いでとらえどころがないもの

❷ [ab] 離脱：～から離れて

➡オーストラリア大陸に太古の昔から（最初から）住んでいる人たち「アボリジニ（Aborigine）」の語源は《ab〔～から〕+ origin〔最初、始め〕》。

abnormal [æbnɔ́ːrml]【形】異常な
▶ ab〔離れて〕+ normal〔正常な〕

※**abnormality** [æbnɔːrmǽləti]【名】異常、障害
abuse [əbjúːz]【動】乱用する、体を傷つける【名】[əbjúːs] 乱用、悪用、虐待
▶ ab〔離れて〕+ use〔使う〕→本来の道から外れて使う

❸ [ad] 接近：～の方へ

➡直接つなげることができないもの同士を接続する機器「アダプター（adapter）」は《ad〔～の方へ〕+ apt〔適した〕+ or〔もの〕》から。
➡接頭辞の [ad] は、後に続く文字によって、ac, ag, as, at などに変化する。

adapt [ədǽpt]【動】適応させる、合わせる
▶ ad〔～の方へ〕+ apt〔適した〕

adjust [ədʒʌ́st]【動】調整する
▶ ad〔～の方へ〕+ just〔正しい〕

accept [əksépt]【動】受け入れる
▶ ac〔～の方へ〕+ cept〔つかむ〕
⇒15～17

aggravate [ǽgrəvèit]【動】悪化させる
▶ ag〔～の方へ〕+ grave〔重い〕+ ate〔～化する〕

attach [ətǽtʃ]【動】付着する、結びつける

▶ at〔～の方へ〕+ tach〔触れる〕

accelerate [æksélərèit]【動】加速する

▶ ac〔～の方へ〕+ cel〔速い〕+ ate〔～化する〕

❹ [ana] 上に、完全に、再び

➡筋肉増強剤のアナボリックステロイド（anabolic steroid）は筋肉の発達が体全体（ana）に行き渡る（bolic）ようにする薬。

anabiosis [æ̀nəbaióusis]【名】蘇生

▶ ana〔再び〕+ bio〔生命、生きる〕+ sis〔症状〕
⇒10

anabolism [ənǽbəlizm]【名】同化

▶ ana〔完全に〕+ bol〔投げる〕+ ism〔名詞に〕
⇒12

❺ [ante] 前の、前に

➡イタリアでパスタの前に食べる前菜はアンティパスト（antipasto）。

antenatal [æ̀ntinéitl]【形】出産前の、妊娠中の

▶ ante〔前の〕+ nat〔生まれる〕+ al〔形容詞に〕
⇒104

anterior [æntíəriər]【形】前方の、頭部に近い

▶ ante〔前の〕+ ior〔より～〕

❻ [anti] 対する、反、非

➡アンチエイジング（antiaging）は「老化防止の」の意味。

antibody [ǽntibɑ̀di]【名】抗体、抗毒素

▶ anti〔対する〕+ body〔体〕

antiseptic [æ̀ntəséptik]【名】消毒剤、防腐剤

▶ anti〔対する〕+ septic〔腐った〕

❼ [cata] 下に、反して、完全に

➡カタコンベ（catacomb）は地下の（cata）埋葬所（tomb）。

catabolism [kətǽbəlizm]【名】異化

▶ cata〔下に〕+ bol〔投げる〕+ ism〔名詞に〕
⇒12

catastrophe [kətǽstrəfi]【名】地殻変動

▶ cata〔下に〕+ strophe〔曲がる〕

cataleptic [kæ̀təléptik]【形】強硬症の
▶ cata〔下に〕+ lept〔つかむ〕+ ic〔〜的な〕

cataract [kǽtərӕ̀kt]【名】白内障、洪水、大滝
▶ cata〔下に〕+ ract〔落ちる〕

❽［co, con, com］共同：〜と共に、一緒に

➡機長と一緒にコックピットにいる副操縦士の copilot は《co〔共に〕+ pilot〔パイロット〕》が語源。

congested [kəndʒéstid]【形】充血した、鼻が詰まった、混雑した
▶ con〔共に〕+ gest〔運ぶ〕+ ed〔された〕

connect [kənékt]【動】連結する、接続する
▶ con〔共に〕+ nect〔つなぐ〕

condense [kəndéns]【動】濃縮する、凝固する、液化する
▶ con〔共に〕+ dense〔濃い〕

❾［contra, counter］反して、対して

➡相手の攻撃をかわして，逆に相手を攻撃するパンチはカウンターパンチ。

counteract [kàuntərǽkt]【動】中和する、和らげる
▶ counter〔反して〕+ act〔作用する〕
⇒2

contrast [kɑ́ntræst]【名】対照、対比
▶ contra〔反して〕+ st〔立つ〕
⇒148〜149

❿［de, di］離脱、下方：〜から離れて、下に

➡「長所」の「メリット (merit)」に対して、「デメリット (demerit)」は《de〔離れて〕+merit〔長所〕》から。

deforestation [di:fɔ̀:ristéiʃən]【名】森林伐採
▶ de〔離れて〕+ forest〔森林〕+ ation〔〜化すること〕

関連 **afforestation** [əfɔ̀:ristéiʃən]【名】植林
decelerate [di:séləréit]【動】減速する
▶ de〔離れて〕+ cel〔速い〕+ ate〔〜化する〕

※**decelerator** [di:séləréitər]【名】減速器
※**deceleration** [di:sèləréiʃən]【名】減速

digest [daidʒést]【動】消化する
▶ di〔離れて〕+ gest〔運ぶ〕

⓫［dia］全体：～を通して、横切って

➡始発電車から最終電車までの出発時刻を通して書かれた時刻表（ダイヤ）は diagram《dia〔通して〕+ gram〔書く〕》から。

diagonal [daiǽgənl]【形】対角線の、斜めの【名】対角線
▶ dia〔横切って〕+ gon〔角〕+ al〔形容詞に〕

diabetes [dàiəbí:tis]【名】糖尿病
▶ dia〔通って〕+ betes〔流れる〕→多量の尿が出ることから

diarrhea [dàiərí:ə]【名】下痢
▶ dia〔通って〕+ rrhea〔流れる〕

diagnose [dàiəgnóus]【動】診断する
▶ dia〔通して〕+ gno〔知る〕

※**diagnosis** [dàiəgnóusis]【名】診断

⓬［dis,dys］～しない、やめる、離れる、悪い

➡ディスカウント《dis〔～しない〕+ count〔数える〕》は値段を数えない（勘定に入れない）ことから。

disease [dizí:z]【名】病気
▶ dis〔～でない〕+ ease〔安楽〕

discharge [distʃɑ́:rdʒ]【動】放電する、排出する、解放する【名】放電、排出、解放
▶ dis〔～しない〕+ charge〔積む〕

dislocate [dísloukèit]【動】脱臼させる、位置をずらす
▶ dis〔離れる〕+ locus〔場所〕+ ate〔～化する〕

dysfunction [disfʌ́ŋkʃən]【名】機能不全
▶ dys〔悪い〕+ function〔機能〕

⓭［en, in, endo］中に、～でない

➡ enrich「豊かにする」や encourage「勇気づける」のように形容詞や名詞に付いて、「～の中に」という意味の動詞に変化する。

encode [inkóud]【動】符号化する
▶ en〔中に〕+ code〔記号・符号〕

endanger [indéindʒər]【動】危険にさらす
▶ en〔中に〕+ danger〔危険〕+ ed〔された〕
⇒37

※**endangered** [indéindʒərd]【形】絶滅危惧の
install [instɔ́:l]【動】設置する、インストールする
▶ in〔中に〕+ stall〔置く〕
⇒148〜149

insomnia [insámniə]【名】不眠症
▶ in〔〜でない〕+ somn〔睡眠〕+ ia〔症状〕

⓮［epi］上、外、間

➡エピソード（episode）とは劇や小説の中の挿話や、人生の中での顕著な経験や出来事のこと。エピローグ（epilogue）は劇中で俳優が最後に、観客に向かって投げかける納め口上のこと。

epilepsy [épəlèpsi]【名】てんかん
▶ epi〔上から〕+ lepsy〔つかむこと〕
→目に見えないものにつかまれること

epidemic [èpədémik]【形】伝染性の、流行っている 【名】伝染病
▶ epi〔間に〕+ dem〔人々〕+ ic〔〜的な〕

⓯［eu］良い

euthanasia [jù:θənéiʒə]【名】安楽死
▶ eu〔良い〕+ thanas〔死〕+ ia〔状態〕

eugenic [ju:dʒénik]【形】優生学の
▶▶ eu〔良い〕+ gen〔種、生まれる〕+ ic〔〜的な〕
⇒60〜62

⓰［ex, e, extra, ec］外側：〜の外に

➡「非常口」のマークにある exit は《ex〔外に〕+ it〔行く〕》から。地球外生物＝ET は extraterrestrial《extra〔外に〕+ terra〔地球〕+ ial〔形容詞に〕》から。

experiment [ikspérəmənt]【名】実験 【動】実験する
▶ ex〔外に〕+ peri〔試す〕+ ment〔すること〕

expand [ikspǽnd]【動】広がる、展開する
▶ ex〔外に〕+ pand〔広がる〕

excavate [ékskəvèit]【動】発掘する、掘る
▶ ex〔外に〕+ cave〔穴〕+ ate〔〜化する〕

関連 **cavity**【名】虫歯、空洞

evaporation [ivæ̀pəréiʃən]【名】蒸発
▶ e〔外に〕+ vapor〔蒸気〕+ ation〔〜化すること〕

⑰［hetero］別の、他の

➡ホモセクシャル (homosexual) は同性愛、ヘテロセクシャル (heterosexual) は異性愛。

heterocyst [hétərəsìst]【名】異質細胞
▶ hetero〔他の〕+ cyst〔嚢〕

heterozygous [hètərəzáigəs]【形】ヘテロの結合体、異形接合体
▶ hetero〔他の〕+ zyg〔接合〕+ ous〔形容詞に〕

⑱［home, homeo］同じ

➡ホメオスタシス (homeostasis) ＝恒常性とは、生物および鉱物において、その内部環境を一定の状態に保ちつづけようとする傾向のこと。

homeotherapy [hòumiouθérəpi]【名】類似療法
▶ homeo〔同じ〕+ therapy〔療法〕

homozygous [hòuməzáigəs]【形】ヘテロの結合体、異形接合体
▶ homo〔同じ〕+ zyg〔接合〕+ ous〔形容詞に〕

⑲［hyper］上、過度（ギリシャ語に由来し、ラテン語では super となる）

hypersonic [hàipərsɔ́nik]【形】超音速の（= **supersonic**）
▶ hyper〔上〕+ son〔音〕+ ic〔〜的な〕

hyperactivity [hàipərəktívəti]【名】活動過多、多動性障害
▶ hyper〔上〕+ active〔活動的な〕+ ity〔名詞に〕

⑳［hypo］下、低

➡ギリシア語に由来し、体の「下」の部分や程度が「低い」ことを表す接頭辞で、hypoglossal（舌下の）、hypogastric（下腹部の）、hypothermal（低温の）、hypotonic（低緊張の）、hypoxia（低酸素症）などがある。

hypodermic [hàipədə́ːrmik]【形】皮下の
▶ hypo〔下〕＋ derm〔皮膚〕＋ ic〔～的な〕
⇒39

hypothesis [haipɑ́θəsis]【名】仮説
▶ hypo〔下〕＋ thesis〔置くこと〕

㉑［infra］下に、下の

➡国民の福祉や経済の基盤になる公共事業はインフラ (infrastructure)。

infrared [ìnfrəréd]【形】赤外線の
▶ infra〔下に〕＋ red〔赤〕

関連 **infrared ray** 赤外線

infrastructure [ínfrəstrʌ̀ktʃər]【名】経済基盤、下部構造
▶ infra〔下の〕＋ structure〔構造〕
⇒153

㉒［inter, intra］間に、内に

➡インターネット（Internet）は international network の略語。

interfere [ìntərfíər]【動】妨げる、干渉する
▶ inter〔間に〕＋ fer〔たたく〕

関連 **interferon**【名】インターフェロン

interact [ìntərǽkt]【動】相互作用する、互いに影響し合う
▶ inter〔間に〕＋ act〔作用する〕
⇒2

※**interaction** [intərǽkʃən]【名】相互作用

㉓［meta］変化、後に

➡代謝（metabolism）とは生体内の物質とエネルギーとの変化のこと。

metabolite [mətǽbəlàit]【名】代謝産物
▶ meta〔変化〕＋ bol〔投げる〕＋ ite〔名詞に〕
⇒12

metagenesis [mètədʒénisis]【名】真正世代交代
▶ meta〔変化〕＋ gene〔種、生まれる〕＋ sis〔名詞に〕
⇒60～62

㉔ ［multi］ 多くの

➡マルチ商法とは販売員をねずみ算式に増やしながら商品を販売する方法。

multitude [mʌ́ltətjùːd]【名】多数

▶ multi〔多くの〕＋tude〔名詞に〕

multipolar [mʌ̀ltipóulə]【形】多極性の

▶ multi〔多くの〕＋polar〔極の〕

㉕ ［ob］ 向かって、対して

➡スポーツでオブストラクション（obstruction）は相手に向かって立ちはだかること。

observe [əbzə́ːrv]【動】観察する

▶ ob〔向かって〕＋serve〔守る〕 ⇒143

obstacle [ɑ́bstəkl]【名】障害、支障

▶ ob〔対して〕＋sta〔立つ〕＋cle〔小さい〕 ⇒148〜149

㉖ ［pan(a)］ 全ての

➡パンアメリカン（panamerican）航空はかつて全米を飛んでいた航空会社。

panacea [pæ̀nəsíːə]【名】万能薬

▶ pana〔全て〕＋cea〔＝cure 治す〕

pandemic [pændémik]【形】世界的に流行する、感染爆発の
【名】感染爆発

▶ pan〔全て〕＋dem〔人々〕＋ic〔〜的な〕

㉗ ［para］ 側、副、異常

➡スキーのパラレルはスキー板が平行になった状態。

parasite [pǽrəsàit]【名】寄生虫

▶ para〔側〕＋site〔食べ物〕

関連 **parasite volcano** 寄生火山

parallel [pǽrəlèl]【名】平行

▶ para〔側〕＋allel〔お互い〕

㉘ ［per］ 通して、完全に、過～

➡パーフェクト（perfect）は「完全に（per）行った（fect）」試合。

peracid [pəːrǽsid]【名】過酸

▶ per〔過〕＋acid〔酸〕
⇒1

perennial [pəréniəl]【形】多年生の

▶ per〔通して〕＋enn〔年〕＋ial〔形容詞に〕

㉙ ［peri］ 周りの、近く

➡潜水艦の潜望鏡「ペリスコープ（periscope）」は《peri〔周りを〕＋scope〔見る〕》が語源。

period [píəriəd]【名】期間、周期、月経

▶ peri〔近く〕＋od〔道〕

peripheral [pəríførəl]【形】周辺の、末梢の

▶ peri〔近く〕＋pher〔＝fer 運ぶ〕＋al〔形容詞に〕
⇒48～49

㉚ ［pre, pro］ 前方：前に、前もって

➡前払いで使うカードはプリペイドカード（prepaid card）。

学生の前で自説を述べる大学の教授の professor は《pro〔前で〕＋fess〔述べる〕＋or〔人〕》が語源。

prescribe [priskráib]【動】処方する

▶ pre〔前に〕＋scribe〔書く〕→医者が事前に書く

predict [pridíkt]【動】予想（予言）する

▶ pre〔前に〕＋dict〔言う〕＋ion〔名詞に〕

※**prediction** [pridíkʃən]【名】予想、予言

㉛ ［re］ 後ろに、元に、再び

➡リメイク（remake）、リスタート（restart）、リセット（reset）、リフレッシュ（refresh）、リサイクル（recycle）、リプレイ（replay）、リピーター（repeater）など、「初めから」とか「繰り返し」のイメージを持つ。

response [rispɑ́ns]【名】反応

▶ re〔元に〕＋spons〔結ぶ〕

resistance [rizístəns]【名】抵抗、抵抗器

▶ re〔後ろで〕＋sist〔立つ〕＋ance〔名詞に〕
⇒148～149

㉜ ［retro］ 後へ、逆に

➡レトロ（retrospect）は昔を振り返って（retro）見る（spect）こと。

retroaction [rètrouǽkʃən]【名】反作用

▶ retro〔逆に〕+ action〔作用〕
⇒2

retroflexion [rètrəflékʃən]【名】後方、屈曲、子宮後屈

▶ retro〔後に〕+ flex〔曲がる〕+ ion〔名詞に〕

㉝ ［sub］ 下の、下位の

➡地下鉄や地下道は subway で、「道の下」が原義。

substance [sʌ́bstəns]【名】物質

▶ sub〔下に〕+ stance〔立っているもの〕→根底で支えているもの
⇒148〜149

submarine [sʌ̀bməríːn]【名】潜水艦　【形】海底の

▶ sub〔下に〕+ marine〔海の〕

㉞ ［sur, super, supra］ 上、超

➡ sur は古フランス語から、super はラテン語から。サーロインステーキ（sirloin steak）は牛の腰部の上の部分の最高級の肉。「名字（surname）」は名前の上にある（sur + name）ことから。

surface [sə́ːrfis]【名】表面

▶ sur〔上〕+ face〔顔〕

supernova [sùːpərnóuvə]【名】超新星

▶ super〔超〕+ nova〔新しい星〕
⇒105

supersonic [sùːpərsɑ́nik]【形】超音速の

▶ super〔超〕+ son〔音〕+ ic〔〜的な〕

㉟ ［syn, sym, sys］ 共に、同時に

➡ギリシア語に由来する。シンクロナイズドスイミング（synchronized swimming）は、同時に同じ動作をする水泳のこと。

syndrome [síndroum]【名】症候群

▶ syn〔共に〕+ drome〔走る〕

symptom [símptəm]【名】症状

▶ sym〔共に〕+ ptom〔落ちること〕

㊱［trans］ 越えて、通して

➡トランスフォーマー（transformer）は「形（form)」を越えて、別の形になったもの。

transplant [trǽnsplæ̀nt]【名】移植 【動】移植する [træ̀nsplǽnt]
▶ trans〔越えて〕＋plant〔植物〕

transparent [trænspéərənt]【形】透明な
▶ trans〔越えて〕＋par〔現れる〕＋ent〔形容詞に〕

㊲［ultra］ 越えた、超えた

➡ウルトラマン（ultraman）は人間を超えた怪人。

ultrasonic [ʌ̀ltrəsɑ́nik]【形】超音波の
▶ ultra〔超〕＋son〔音〕＋ic〔～的な〕

ultraviolet [ʌ̀ltrəváiəlit]【形】紫外線の
▶ ultra〔超〕＋violet〔紫の〕

関連 **ultraviolet rays** 紫外線

数を表す接頭辞

［1］uni（ラテン語）mono（ギリシア語）

union [jú:niən]【名】和集合、調和、結合

▶ 1 つであること

The union of Set A with Set B produces Set C.

集合 A と集合 B の和集合は集合 C である。

unit [jú:nit]【名】単位

In mathematics, a unit circle is a circle with a radius of one.

数学では、単位円とは半径が一の円のことである。

universal [jù:nəvə́:rsl]【形】全世界の、普遍的な、宇宙の

▶ uni〔1 つ〕＋vers〔回る〕＋al〔形容詞に〕

⇒171

In set theory, a universal set is a set which contains all objects, including itself.

集合論では、全体集合とは、自らを含めたあらゆる対象を含む集合である。

universe [jú:nəvə:s]【名】宇宙、全世界、母集団

The universe contains a vast number of galaxies.

宇宙には膨大な数の銀河がある。

unisexual [jù:nisékʃuəl]【形】男女どちらかに限られた、単性の

▶ uni〔1 つ〕＋sex〔性〕＋al〔形容詞に〕

⇒140

Most animals are unisexual.

大部分の動物は単性である。

monotonic [mànətánik]【形】単調な

▶ mono〔1〕＋ton〔緊張、強勢〕＋ic〔～的な〕

A monotonic sequence is entirely non-increasing, or entirely non-decreasing.

単調数列は、増加が全くない、もしくは減少が全くないものである。

monomer [mánəmər]【名】単量体、モノマー

▶ mono〔1〕＋mer(it)〔利点〕

Natural monomers make up the majority of a plant's chemistry.

植物の化学的性質の大部分を構成しているのは自然のモノマーである。

monomial [mɑnóumiəl]【形】単項式の 【名】単項式

▶ mono〔1〕+ nonim〔名前〕+ al〔形容詞に〕 ⇒107

A monomial is an expression in algebra that contains one term, like 3xy.

単項式は 3xy のように 1 項のみの代数の式である。

[1/2] semi (ラテン語) hemi (ギリシア語)

semiaquatic [sèmiəkwɑ́ːtik]【形】半水生の

▶ semi〔半〕+ aqua〔水〕+ tic〔～的な〕 ⇒6

Semiaquatic animals are those that are primarily terrestrial but that spend a large amount of time in water.

半水生動物は、本来は陸生だが大部分の時間を水中で過ごす動物である。

semicoma [sèmikóumə]【名】半昏睡状態

▶ semi〔半〕+ coma〔昏睡〕

The doctor revived him from semicoma.

医者は半昏睡状態から彼を生き返らせた。

semiautomated [semiɔ́ːtəmèitid]【形】半自動の

▶ semi〔半〕+ auto〔自らの〕+ ate〔～化する〕+ ed〔された〕

This work is done with semiautomated procedures.

この作業は半自動の工程で行われる。

hemialgia [hèmiǽldʒiə]【名】半側神経痛

▶ hemi〔半〕+ algia〔痛み〕 ⇒5

Although back pain is a frequent presenting symptom in multiple myeloma, hemialgia has not been reported.

背中の痛みは多発性骨髄腫で頻繁に見られる徴候だが、半側神経痛は報告されていない。

hemicrania [hèmikréiniə]【名】片側頭痛

▶ hemi〔半〕+ crania〔頭〕 ⇒31

Hemicrania continua is a persistent unilateral headache that responds to indomethacin.

持続性片側頭痛はインドメタシンに反応する、片側だけのしつこい頭痛である。

[2] bi/bin/bis（ラテン語） di（ギリシア語） duo（ラテン語）

billion [bíljən]【名】十億 【形】十億の

▶ bi〔2〕+ million〔百万〕→元々、billion は百万の 2 乗（$1{,}000{,}000^2$）を 表す語だった（2 = bi、百万= million）。1970 年代に意味が統一され、現在ではアメリカや、イギリスとその植民地だった国では、billion は「10 億」の意味になっている。

World population reached 7 billion in 2011.

2011 年に世界人口は 70 億に達した。

binary [báinəri]【形】二つの、二進（法）の 【名】二進法

▶ bin〔2〕+ ary〔形容詞に〕

The computer performs calculations in binary and converts the results to decimal.

コンピューターは二進法で計算し、その結果を 10 進法に換える。

bipolar [baipóulər]【形】両極の、躁鬱性の

▶ bi〔2〕+ pole〔軸〕+ ar〔形容詞に〕

It is estimated that 1% to 3% of the population suffers bipolar disorder.

人口の 1%～ 3%が躁鬱病にかかっていると推定される。

関連 **polar** [póulər]【形】極の、極性の

The southern polar region or the southern end of the earth's axis is called the South Pole.

南の極地や地軸の南端は南極と呼ばれる。

combine [kəmbáin]【動】組み合わせる、結合させる

Hydrogen and oxygen combine to form water.

水素と酸素は結合して水を作る。

※ **combination** [kàmbənéiʃən]【名】組み合わせ、合同、化合物

▶ com〔共に〕+ bin〔2〕+ ate〔～化する〕+ ion〔名詞に〕

The notation nCr is read as "the number of combinations of r from n."

記号 nCr は「n 個から r 個を取る組み合わせの数」と読まれる。

binomial [bainóumiəl]【形】二項の

▶ bi〔2〕+ nonim〔名前〕+ al〔形容詞に〕
⇒107

The expression is known as the binomial theorem.
その式は2項定理として知られる。

diode [dáioud]【名】二極真空管、ダイオード

▶ di〔2〕+ ode〔道〕

He is famous as the scientist who invented light-emitting diodes.
彼は発光ダイオードを発明した科学者として有名だ。

duodecimal [djù:ədésəml]【形】十二進法の、十二の【名】十二進法

▶ duo〔2〕+ decem〔10〕+ al〔形容詞に〕

In decimal, 6 + 6 equals 12, but in duodecimal it equals 10.
十進法では6＋6は12だが、十二進法では10である。

［3］tri（ラテン語、ギリシャ語）

trillion [tríljən]【名】一兆

▶元々、trillion は百万の3乗（$1{,}000{,}000^3$）を 表す語だった（3＝tri、百万= million）。1970年代に意味が統一され、現在ではアメリカや、イギリスとその植民地だった国では、trillion は「1兆」の意味になっている。

A few trillion years into the future, star formation may have already ended.
数兆年後の未来には星形成はすでに終わっているかもしれない。

triangle [tráiæŋgl] 三角形

▶ tri〔3〕+ angle〔角〕

The sum of the interior angles of a triangle is 180°.
三角形の内角の和は180°である。

※ **triangular** [traiǽngjələr]【形】三角形の

In mathematics, a square triangular number is a number which is both a triangular number and a perfect square.
数学で平方三角数とは、三角数でもあり平方数でもある数のことである。

trivial [tríviəl]【形】自明の、ささいな

▶ tri〔3〕+ via〔道〕+ al〔形容詞〕→三叉路では多くの人が集まることから
⇒172
「ありふれた」の意味に。

The equation x+5y=0 has the trivial solution x=0, y=0.

X + 5y = 0 という方程式は、x = 0、y = 0 という自明の解を持つ。

triple [trípl]【動】三倍になる 【形】三倍の

▶ tri〔3〕+ ple〔重ねる〕
⇒126

The population of the village has tripled in the past 20 years.

村の人口は過去 20 年で三倍になった。

［4］quadr(i)（ラテン語） tetra（ギリシア語）

quadruple [kwɑdrú:pl]【形】四倍の 【動】四倍にする

▶ quadr〔4〕+ ple〔重ねる〕
⇒126

The population of the city quadrupled in one decade.

10 年間でその都市の人口は四倍になった。

tetracycline [tètrəsáiklin]【名】テトラサイクリン（4 つの炭化水素からなる有機環の誘導体）

▶ tetra〔4〕+ cycl〔循環〕+ ine〔物質〕

The patient was prescribed an antibiotic called tetracycline.

患者はテトラサイクリンと呼ばれる抗生物質を処方された。

tetragon [tétrəgɑ̀n]【名】四角形、四辺形

▶ tetra〔4〕+ gon〔角〕

The interior and exterior angles are constant in a regular tetragon.

正方形では内角と外角は一定である。

［5］penta（ギリシア語）

pentagon [péntəgɑ̀n]【名】五角形

▶ penta〔5〕+ gon〔角〕

A soccer ball has twelve pentagons and twenty hexagons.

サッカーボールには 12 の五角形と 20 の六角形がある。

pentahedron [pèntəhí:drən]【名】五面体

▶ penta〔5〕+ hedron〔面体〕

In geometry, a pentahedron is a polyhedron with five faces.
幾何学では pentahedron とは 5 つの面を持った多面体である。

[6] hexa (ギリシア語)

hexagon [héksəgɑ:n]【名】六角形

▶ hexa〔6〕+ gon〔角〕

A regular hexagon has six equal sides and six equal angles.
正六角形は 6 つの等しい辺と角を持つ。

hexapod [héksəpàd]【形】六脚類の、昆虫の 【名】六脚類、昆虫

▶ hexa〔6〕+ pod〔足〕

A hexapod robot has a great deal of flexibility in how it can move.
六脚ロボットは動き方には、とても柔軟性がある。

[7] hepta (ギリシア語)

heptagon [héptəgàn]【名】七角形（= **septagon**）

▶ hepta〔7〕+ gon〔角〕

The teacher taught the students how to draw a heptagon inside a circle.
先生は生徒たちに円の中の七角形の描き方を教えた。

[8] octo, octa (ラテン語、ギリシャ語)

octane [áktein]【名】オクタン

▶ 8 個の炭素を持つ飽和炭化水素

Small, high-compression engines need high octane gas.
小型の高圧縮エンジンにはハイオクガソリンが必要だ。

octopus [áktəpəs]【名】タコ

▶ octo〔8〕+ pus〔足〕

The octopus has eight arms.
タコには足が八本ある。

[9] nona (ラテン語)

November [nouvémbər]【名】11 月　ローマ歴では九番目の月

nonagon [nánəgàn]【名】九角形

▶ nona〔9〕+ gon〔角〕

The sum of the interior angles of a nonagon is 1260 degrees.

9 角形の内角の和は 1260 度である。

[10] deca, deci (ラテン語、ギリシャ語)

decapod [dékəpàd]【名】エビ目（の）、十脚類（の）

▶ deca〔10〕+ pod〔足〕 ⇒118

The most familiar group of crustaceans, decapods, include crabs, shrimps, lobsters, and crayfish.

甲殻類で最も知られるエビ目には、蟹、エビ、伊勢エビ、ザリガニなどがある。

decimal [désəml]【名】少数　【形】十進法の

▶ decim〔10〕+ al〔形容詞に〕

Click this icon to delete the final decimal place of a number in the selected cell.

このアイコンをクリックして、選択したセルにある数の小数点最下位を削除します。

[100] cent (ラテン語)

centimeter [séntəmì:tər]【名】センチメートル

▶ centi〔100〕+ meter〔計測〕 ⇒94

A centimeter is a unit of length.

センチメートルは長さの単位である。

centigrade [séntəgrèid]【名】摂氏

▶ centi〔100〕+ grade〔歩、段階〕 ⇒65

Water freezes at 0 degrees Centigrade.

水は摂氏 0 度で凍る。

percentage [pərséntidʒ]【名】百分率、比率

▶ per〔~につき〕+ cent〔百〕+ age〔名詞に〕

The percentage of lead in our drinking water is unacceptably high.

飲料水の鉛の比率は受け入れられないほど高い。

［1000］ mil, mill（ラテン語）

million [míljən]【名】千、1000

▶ mill〔千〕+ on〔大きな〕

The total renovation cost will be about 234 million yen.

総改修費は約2億3400万円になる。

mile [máil]【名】マイル（約、1.6㎞）

▶左右で一歩と考えて、千歩進んだ距離から

This river is one mile across.

この川の幅は1マイルある。

接尾辞的に使う意味を持った語根

-itis〔炎症〕

-ia / -osis〔症状、状態〕

-cyte〔細胞〕

-ics〔学問、体系〕

-oid〔似ている〕

-oma〔腫瘍〕

-logy〔学問、言葉〕

-plasty〔移植術、形成術〕

-emia〔血液、血症〕

本書の見方と使い方

69 **hydro＝水**

語根の番号
175まであります。

見出し語hydrateの
派生語です。

hydrate 【動】水を与える 【名】水和物

[háidreit]

▶ **hydro**〔水〕＋**ate**〔～化する〕

※ **hydration** 【名】水和、水化

＝派生語

● 例文――

After you run, drink plenty of water to stay well hydrated.

走った後は水分を十分に保つためにたくさん水を飲みなさい。

dehydrate 【動】脱水させる、乾燥させる

[di:háidreit]

＝語源の分解

▶ **de**〔離れて〕＋**hydro**〔水〕＋**ate**〔～化する〕

接頭辞 de について
は序章を参照して
ください。

● 例文――

High temperatures make people dehydrate very quickly.

高熱によって人は直ぐに脱水状態になる。

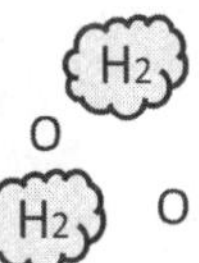

hydrogen 【名】水素

[háidrədʒən]

▶ **hydro**〔水〕＋**gen**〔生む〕→水を生じる

⇒60～62

● 例文――

China exploded its first hydrogen bomb in western China in 1967.

中国は1967年に最初の水爆を爆発させた。

H2
O
H2
O

本書にある175個の語根の
番号を示しています。
参照して確認してください。

hydroelectric 【形】水力発電の

[hàidrəiléktrik]

▶ **hydro**〔水〕＋**elect**〔琥珀〕＋
ic〔～的な〕

⇒43

● 例文――

The hydroelectric plant needs to generate more electricity.

水力発電所はもっと多くの電気をつくる必要がある。

171

1

ac＝針、鋭い、酸

!! 語源ノート

二日酔いの原因とされるアセトアルデヒド(acetaldehyde＝化学式 C_2H_4O)は工業用として、プラスチックの成形に使われ、酸化すれば酢酸(acetic acid)となる。大気汚染によって降る酸性の雨を酸性雨というが英語ではacid rainといい、acidはラテン語で「酢」を表すacidusから。「アクリル板」は、acrylic plate。acは「針のような尖った先端」が語源で、acrobat（アクロバット）は高い所にロープを張って、つま先で歩くことに由来する。ここからacroには「高い」という意味が生まれた。

acute 【形】急性の、先端のとがった、鋭角の

[əkjúːt]

▶ **acu**〔針〕＋**te**〔形容詞に〕

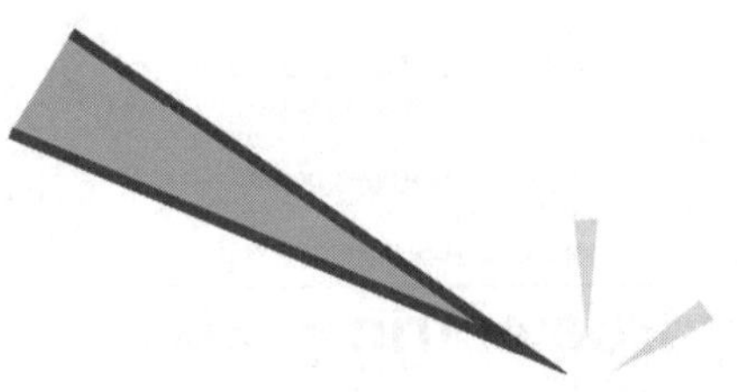

● 例文

He was diagnosed with acute appendicitis.
彼は急性虫垂炎と診断された。

An acute triangle has three acute angles.
鋭角三角形には、三つの鋭角がある。

acid 【形】酸味のある、酸性の(=acidic) 【名】酸

[ǽsid]

▶ ac〔針〕＋id〔形容詞に〕

※ acidity【名】酸性度

● 例文――

Acid rain is one of the main pollution problems.

酸性雨は主な公害問題の一つだ。

---

acupuncture 【名】鍼療法

[ǽkjupʌ̀ŋktʃər]

▶ acu〔針〕＋punct〔点＝point〕＋ure〔名詞に〕

● 例文――

It seems acupuncture is working for me.

鍼療法が効いてきているようだ。

---

acidify 【動】酸性化する

[əsídəfài]

▶ acid〔酸の〕＋fy〔～化する〕

※ acidification【名】酸性化

※ deacidification【名】脱酸、中和

● 例文――

To acidify alkaline soils, mix in peat or acid fertilizer periodically.

アルカリ土壌を酸性化するためには周期的に泥炭か酸性肥料を混ぜなさい。

---

acidophilus 【名】好酸性、乳酸菌

[æ̀sədɑ́fələs]

▶ acid〔酸の〕＋phile〔好きな〕＋us〔名詞に〕

⇒122

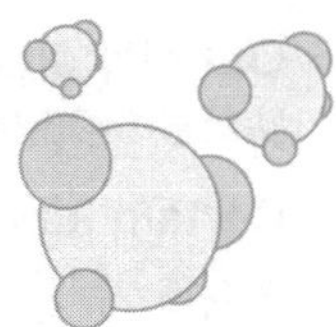

● 例文――

After you have used antibiotics, you should take acidophilus every day for a week.

抗生物質を使った後は1週間毎日、乳酸菌を摂った方がいい。

2

act, agi = する、進む

語源ノート

「作用する」のactはラテン語で「働きかける」「行う」という意味のagere の過去分詞のactusによる。「反応」のreactionは《re〔再び〕+act〔行う〕+ion〔名詞に〕》から。interactionは《inter〔間に〕+act〔作用する〕+ion〔名詞に〕》から「相互作用」の意味に。actualは「実際の」の意味で、actual sizeは「実倍」、actual valueは「実価」の意味に。agendaは「議題」、proactiveは《pro〔前に〕+act〔行動する〕+ive〔形容詞に〕》から「先を見越した」、agileは《ag〔する〕+ile〔形容詞に〕》から「素早い」などの意味に。

active【形】活動的な、活性の

[ǽktiv]

▶ **act**〔する〕+

ive〔形容詞に〕

activity【名】活動性、運動、機能、活量

activate【動】活性化する、促進させる、放射能を帯びさせる、起動する

activator【名】触媒、活性化因子

● 例文

Our city sits on an active fault.

私たちの都市は活断層の上にある。

Certain kinds of cells can activate fibroblasts.

ある種の細胞は繊維芽細胞を活性化することができる。

2 act, agi＝する、進む

react【動】反応する

[riǽkt]

▶ re〔再び〕＋act〔作用する〕

※ reaction【名】反応、作用、反作用

chain reaction　連鎖反応

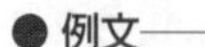

● 例文——

Hydrogen reacts with oxygen to produce water.

水素は酸素と反応して水を作る。

---

deactivate【動】不活性化する

[diːǽktəvèit]

▶ de〔離れて〕＋activate〔活性化する〕

● 例文——

The intention was simple, to destroy or deactivate any cancer cells in my body.

その意図は単純で、私の体内のガン細胞を破壊したり、不活性化することであった。

---

agent【名】(作用)物質、媒介、(変化、作用を起こす)力、代理人、代理店

[éidʒənt]

▶ ag〔する〕＋ent〔人、物〕

● 例文——

We use chemical agents to clean things.

私たちはものをきれいにするために化学物質を使う。

---

coagulate【動】凝固する、凝固させる

[kouǽgjulèit]

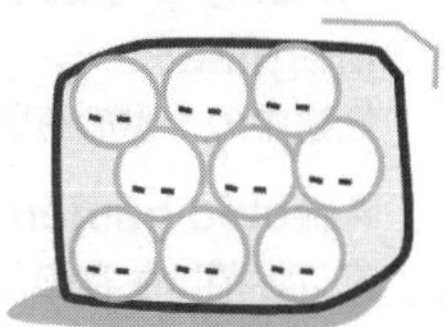

▶ co〔共に〕＋ag〔する〕＋ate〔～化する〕

● 例文——

The salt solution helps coagulate the soy milk into clumps.

塩分の溶解は豆乳の凝固を助長する。

3

aero = 空気

語源ノート

防虫剤・消毒剤などに使用される噴霧器・エアゾール(aerosol)は《aero〔空気〕+ sol〔solution = 分解〕》から。「有酸素運動」はaerobic exercise、「無酸素運動」はanaerobic exerciseでanaerobicは《an〔ない〕+ aero〔空気〕+ bi〔生命〕+ ic〔形容詞〕》に由来する。

aerobics【名】エアロビクス、有酸素運動
[eəróubiks]
▶ **aero**〔空気〕+ **bi**〔生命〕+ **ics**〔学問〕

aerobic【形】好気性の
aerate【動】空気にさらす、曝気する

● 例文

What is the best way to do aerobics while I'm pregnant?
妊娠中の一番の有酸素運動は何だろう。

Aerobic bacteria require oxygen for survival.
好気性菌は生存のためには酸素が必要だ。

aerotitis 【名】航空性中耳炎

[èəroutáitis]

▶ **aero**〔空気〕＋**itis**〔炎症〕

● 例文――

Aerotitis is an inflammation of the ear caused by changes in atmospheric pressure.

航空性中耳炎は大気圧の変化によって生じる耳の炎症である。

---

aeronautical 【形】航空力学的な

[èərənɔ́:tikl]

▶ **aero**〔空気〕＋**naut**〔水夫〕＋**ical**〔形容詞に〕

※ **aeronautics** 【名】航空学

● 例文――

He published a book on aeronautical engineering.

彼は航空力学に関する本を出版した。

---

aerodontalgia 【名】航空性歯痛

[èəroudɑntǽlʒiə]

▶ **aero**〔空気〕＋**dont**〔歯〕＋**algia**〔痛み〕
⇒38 ⇒5

● 例文――

Aerodontalgia is pain in the teeth caused by a change in atmospheric pressure.

航空性歯痛は大気圧の変化によって生じる歯痛である。

---

aerodynamic 【形】空気(航空)力学の

[èərədainǽmik]

▶ **aero**〔空気〕＋**dynamic**〔力学の〕

※ **aerodynamics**【名】空気(航空)力学

● 例文――

The design of compressor blades is based on aerodynamic theory.

圧縮機ブレード(刃)の設計は空気力学的理論に基づいている。

4

alb, alp = 白い

!! 語源ノート

「アルバム (album)」はかつて石版に名前を印したことから。白い雪で覆われた「アルプス (Alps)」、日本語ではアホウドリの「アルバトロス (albatross)」も同じ語源から。

albino 【名】アルビノ、白化個体

[ælbáinou]

▶ **alb**〔白い〕+ **in**〔小さい〕+ **o**〔男性名詞〕

albinism【名】白皮症

● 例文

A rare albino alligator arrived at the Wild Animal Park yesterday.
昨日、珍種のアルビノアリゲーターが野生動物公園に到着した。

People with albinism may have vision problems.
白皮症の人には視覚障害の可能性がある。

albatross 【名】アホウドリ

[ǽlbətrɔ̀ːs]

▶「白い鳥」から

● 例文——

The albatross is an endangered species.

アホウドリは絶滅危惧種である。

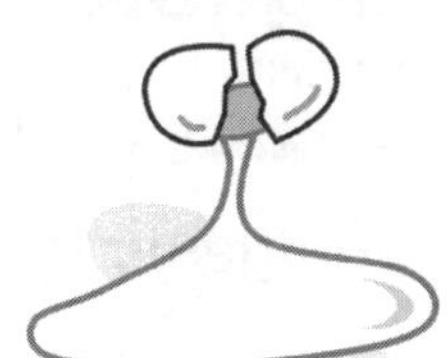

albumin 【名】アルブミン（可溶性タンパク質の総称）、卵の白身

[ælbjúːmən]

▶ **alb**〔白い〕+ **um**〔名詞に〕+ **in**〔物質〕

● 例文——

Serum albumin is insolubilized by heat.

血清アルブミンは熱によって不溶性化する。

albuminuria 【名】タンパク尿症

[ælbjùːminjúəriə]

▶ **albumin**〔アルブミン〕+ **uria**〔尿〕 ⇒166

● 例文——

Albuminuria is evident in the early stages of diabetes onset.

タンパク尿症は糖尿病が発病する初期の段階でハッキリわかる。

albuminolysis 【名】タンパク溶解

[ælbjùːmənάləsis]

▶ **albumin**〔アルブミン〕+ **ly**〔解く〕+ **sis**〔名詞に〕 ⇒77～78

● 例文——

Albuminolysis ferment extracted from kiwifruit can resolve meat albumen rapidly.

キウイフルーツから採れるタンパク溶解発酵体は肉のアルブミンを急速に溶かす。

5

algia, algesia ＝痛み

語源ノート

「郷愁」を意味する「ノスタルジア（nostalgia）」はギリシャ語の《nostos〔帰郷〕＋ algia〔痛み〕》が語源。

algesia 【名】痛覚

[ældʒíːziə]

▶ 「痛み」を表す **algia** から

analgesic 【形】痛みを感じない、鎮痛性の

● 例文

Algesia is a scientific term that refers to the ability to sense pain.
痛覚は痛みを感じる能力を表す科学用語である。

An opiate is a type of analgesic agent.
アヘン剤は鎮痛剤の一種である。

cardialgia 【名】心臓痛

[kɑ̀:rdiǽldʒiə]

▶ cardi〔心臓〕＋algia〔痛み〕 ⇒19

● 例文──

Cardialgia is characterized by prolonged dull, stabbing pain in the area of the heart.

心臓痛は心臓部に刺すような鈍痛が長く続くのが特徴である。

odontalgia 【名】歯痛

[òudɑntǽldʒə]

▶ (o)dont〔歯〕＋algia〔痛み〕 ⇒38

● 例文──

Odontalgia is the most common of all the neuralgias of pregnant women.

歯痛は妊婦の神経痛の中で最も一般的なものだ。

hyperalgesia 【名】痛覚過敏

[hàipərældʒí:ziə]

▶ hyper〔上に、過度に〕＋algesia〔痛み〕

● 例文──

Hyperalgesia is an increased sensitivity to pain, which may be caused by damage to peripheral nerves.

痛覚過敏は痛覚が増大することで、末梢神経の損傷が原因の場合がある。

hypoalgesia 【名】痛覚鈍麻

[hàipouældʒí:ziə]

▶ hypo〔下に〕＋algesia〔痛み〕

● 例文──

Quite often, an early hyperalgesia is followed by hypoalgesia and muscle weakness.

初期の痛覚過敏の後に痛覚鈍麻や筋肉低下が起こることがよくある。

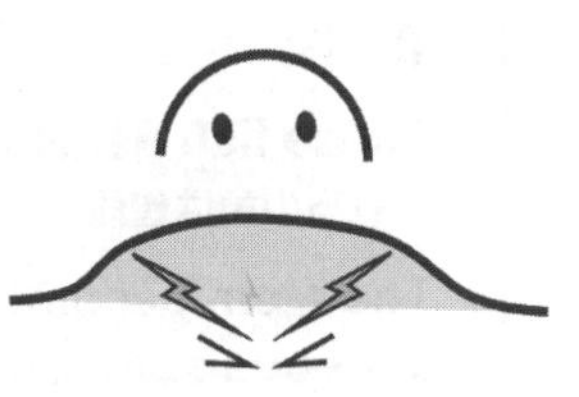

6

aqua = 水

!! 語源ノート

「アクアラング(aqualung)」は《aqua〔水〕+lung〔肺〕》が語源で、lungはギリシャ語で「軽い臓器」に由来する。神奈川県川崎市から東京湾を横断して千葉県木更津市へ至る高速道路のアクアライン(Aqua-line)は「水の線」。三月の誕生石の「アクアマリン(aquamarine)」は《aqua〔水〕+marine〔海の〕》、「水族館(aquarium)」は《aqua〔水〕+ium〔場所〕》が語源。「水瓶座」の「アクエリアス(Aquarius)」はラテン語で、「水を運ぶ人」。

aquatic 【形】水生の

[əkwǽtik]

▶ **aqua**〔水〕+ **tic**〔～的な〕

aqueous 【形】水成の、水の

● 例文

These fish usually eat tender aquatic plants.
これらの魚は普段、やわらかい水生植物を食べている。

The atom becomes a positive ion and goes into aqueous solution.
原子が陽イオンになり、水溶液中に入る。

aquaculture【名】水産養殖

[ækwəkʌ́ltʃər]

▶ aqua〔水〕＋culture〔耕す〕
⇒29

● 例文——
He has been engaged in aquaculture for 30 years.
彼は30年間、水産養殖に従事している。

---

aquaphobia【名】水恐怖症

[ækwəfóubiə]

▶ aqua〔水〕＋phobia〔恐怖〕
⇒123

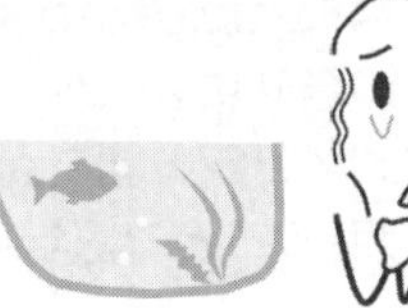

● 例文——
It is said that 1 in 50 people in the general population suffer from aquaphobia.
全人口の50人に1人が水恐怖症に悩んでいると言われている。

---

aquifer【名】帯水層

[ǽkwəfər]

▶ aqui〔水〕＋fer〔運ぶ〕
⇒48～49

● 例文——
Aquifer pollution often remains undetected until appearing in a well.
帯水層汚染は井戸に現れるまで探知されないままでいることが多い。

---

aqueduct【名】水道、水路

[ǽkwədʌ̀kt]

▶ aque〔水〕＋duct〔導〕
⇒41～42

● 例文——
What is known about the cerebral aqueduct is derived mainly from the legacy of classic histology.
中脳水道について知られていることは主に、伝統的な組織学の遺産による。

7

art＝つなぐ

語源ノート

印欧祖語のarは「うまくつなぎ合わせる」という意味で、armは手と肩をつなぎ合わせた「腕」、artはつなぎ合わせた「技術」「芸術」、harmonyは音や色をうまくつなぎ合わせた「調和」の意味に。harmonicsは《harmony〔調和〕＋ics〔体系〕》から「高調波、倍音」、articleは《art〔つなぐ〕＋icle〔小さいもの〕》から「記事、論文」、articulateは《article〔小さくつなぐ〕＋ate〔形容詞に〕》から「明確な」の意味に。

ギリシャ語でarthroは身体の部分をつなぎ合わせた「関節」のことで医学用語として多用される。

artificial 【形】人工的な

[ὰːrtəfíʃəl]

▶ **art**〔技術〕＋
fic〔働きかける〕＋ ⇒46〜47
ial〔形容詞に〕

● 例文

Today our artificial satellites are revolving around the earth.
現在では我々が作った人工衛星が地球の周辺を回転している。

A.I. stands for “artificial intelligence.”
A.I.は「人工頭脳」を表す。

inertia 【名】慣性

[inə́ːrʃə]

▶ in〔でない〕＋ert〔働きかける〕＋ia〔状態〕

※ inertial【形】慣性の

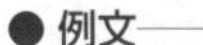

● 例文——

The law of inertia is known as Isaac Newton's first law of motion.

慣性の法則はニュートンによる最初の運動の法則として知られている。

---

arthropod 【名】節足動物

[áːrθrəpàd]

▶ arthr〔関節〕＋pod〔足〕 ⇒118

● 例文——

The world's largest arthropod is the Japanese spider crab.

世界一大きい節足動物はタカアシガニである。

---

arthritis 【名】関節炎

[ɑːrθráitis]

▶ arthr〔関節〕＋itis〔炎症〕

● 例文——

I have arthritis in my wrist.

私は手首に関節炎がある。

---

arthralgia 【名】関節痛

[ɑːrθrǽldʒə]

▶ arthr〔関節〕＋algia〔痛み〕 ⇒5

● 例文——

Arthralgia and bone pain may occur.

関節痛と骨痛が起こる可能性がある。

8

art = 動脈

!! 語源ノート

血液を心臓から体の各部分へ送り出す血管が動脈(artery)で、arteriole は《artery〔動脈〕＋ ole〔小さい〕》から「細動脈」の意味に。

artery 【名】動脈

[ɑ́ːrtəri]

▶ ラテン・ギリシャ語の「気管、上げる」を意味する **arteria** から

arterial 【形】動脈の

● 例文

She had an operation to widen a heart artery.
彼女は心臓動脈を広げる手術を受けた。

An arterial embolism may be caused by one or more clots.
動脈塞栓症は1個以上の血液の塊に引き起こされる可能性がある。

arteritis【名】動脈炎

[àːrtəráitis]

▶ **artery**〔動脈〕＋**itis**〔炎症〕

● 例文――

Arteritis is a complex disorder that is still not completely understood.

動脈炎は、まだ完全には理解されていない、複雑な疾患である。

---

aortography【名】大動脈造影法

[èiɔːrtɑ́grəfi]

▶ **aorta**〔大動脈〕＋**graph**〔書く〕＋**y**〔名詞に〕

● 例文――

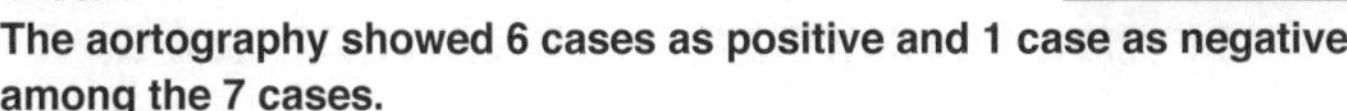

The aortography showed 6 cases as positive and 1 case as negative among the 7 cases.

大動脈造影図では、4つの症例のうち、6つが陽性で1つが陰性だった。

aorta【名】大動脈

[eiɔ́ːrtə]

▶ ラテン・ギリシャ語の「持ち上げる」を意味する**aeirein**から

※ **aortic**【形】大動脈の

● 例文――

The heart pumps blood from the left ventricle into the aorta through the aortic valve.

心臓は大動脈弁を通して左心室から大動脈に血液を押し出す。

---

aortitis【名】大動脈炎

[èiɔːrtáitis]

▶ **aorta**〔大動脈〕＋**itis**〔炎症〕

● 例文――

The causes of aortitis include syphilis and rheumatic fever.

大動脈炎の原因には梅毒やリューマチ熱が含まれる。

9

aster, astro = 星

語源ノート

「星印」の「アスタリスク(asterisk)」は、ギリシア語の「星」を表すasterに由来する。手塚治虫原作の「鉄腕アトム」の英語名は「星の少年」を意味するAstroboy。「占星術(astrology)」は《astro〔星〕+logy〔学問〕》が語源。

disaster 【名】災害、災難

[dizǽstər]

▶ **dis**〔離れて〕+ **aster**〔星〕

星に見放された時に災害が起こると考えられていたことから。

disastrous【形】悲惨な

● 例文

As soon as you forget about one disaster, another one strikes.

天災は忘れたころにやって来る。

Climate change could have disastrous effects on Earth.

気候の変化は地球上に悲惨な影響を及ぼしうる。

asteroid 【名】小惑星

[ǽstərɔ̀id]

▶ aster〔星〕＋oid〔似ている〕

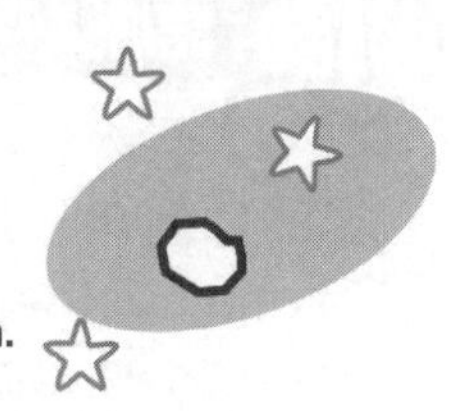

● 例文――

Ceres is the largest asteroid in our solar system.

セレスは太陽系で最も大きな小惑星だ。

---

astronaut 【名】宇宙飛行士

[ǽstrənɔ̀:t]

▶ astro〔星〕＋naut〔水夫〕

● 例文――

The seven astronauts are prepared for two weeks in orbit.

7人の宇宙飛行士は軌道に2週間乗る準備ができている。

---

astronomical 【形】天文学的な

[æ̀strənάmikl]

▶ astro〔星〕＋nomy〔法則〕＋ical〔形容詞に〕

※astronomy 【名】天文学

● 例文――

The number of organisms composing the biosphere is astronomical.

生物圏を構成している生物の数は天文学的な数字だ。

---

astrocyte 【名】星状細胞

[ǽstrəsàit]

▶ astro〔星〕＋cyte〔細胞〕

● 例文――

An astrocyte is a type of glial cell.

星状細胞はグリア細胞の一種である。

10

bi(o) ＝生きる、生命

語源ノート

生物が行う化学反応、またはその機能を工業的に利用・応用する技術を「バイオテクノロジー(biotechnology)」「生命工学」という。「バイオマス(biomass)」とは、生物を利用して有用物質やエネルギーを得ること。「生物学的有害物質」の「バイオハザード(biohazard)は《bio〔生命〕＋hazard〔サイコロ→危険〕》が語源。bioはギリシャ語の「生き方」や「生命」を表すbiosに由来する。

biology 【名】生物学

[baiάlədʒi]

▶ **bio** 〔生命〕＋**logy** 〔学問〕

biological 【形】生物学的な

● 例文

She has a degree in biology.
彼女は生物学の学位を持っている。

In many birds, the biological clock is located in the pineal body.
多くの鳥は、体内時計が松果体の中にある。

antibiotics 【名】抗生物質

[æ̀ntibaiɑ́tiks]

▶ **anti**〔対〕+ **biotics**〔生命〕

● 例文——

Most of these antibiotics will not work in strongly acid or strongly alkaline conditions.

これらの抗生物質のほとんどは強酸性または強アルカリ性状態では効かない。

---

biopsy 【名】生検、生体組織検査

[báiɑpsi]

▶ **bio**〔生命〕+ **opsy**〔見る〕

⇒110

● 例文——

A biopsy may be needed to distinguish between the abnormal tissue and cancer.

異常な組織とガンの区別をするには生検が必要となる場合もある。

---

biomass 【名】バイオマス（エネルギー源として利用される生物資源）

[báioumæ̀s]

▶ **bio**〔生命〕+ **mass**〔塊〕

⇒87

● 例文——

Biomass energy has the potential to be developed as an alternative to oil.

バイオマスエネルギーには、石油の代替物として開発される可能性がある。

---

amphibian 【名】両生類

[æmfíbiən]

▶ **amphi**〔2つの〕+ **bi**〔生命〕+ **an**〔もの〕

● 例文——

Reptiles and amphibians like turtles, lizards, and frogs can carry harmful germs.

亀やトカゲやカエルなどの爬虫類や両生類は有毒な病原菌を持っていることがある。

11

bla(st) = 膨れる、吹く

語源ノート

印欧祖語で「膨れる」という意味のbhleは英語にはblの形で入って来て、blow(風が吹く)やblast(爆発する)などの語を造った。ギリシャ語経由ではblastoは「芽」や「芽細胞」の意味で英語に入って来た。

blast 【名】爆発、爆風　【動】爆破する、爆破して作る

[blǽst]

▶「膨れる」を表す**bhle**が変化したものから

● 例文

All the windows blew out in the blast.
窓が全て爆風で吹き飛んだ。

A rocket bomb blasted a hole in the building.
ロケット弾がビルに穴を空けた。

bladder【名】膀胱

[blǽdər]

▶ blad〔膨れる〕＋er〔もの〕

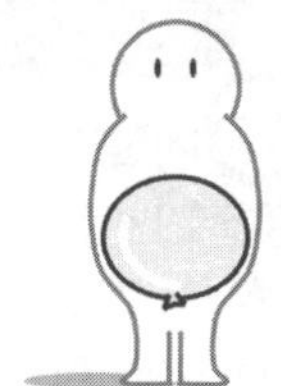

● 例文――

Her father died of bladder cancer.

彼女の父親は膀胱ガンで亡くなった。

---

odontoblast【名】象牙芽細胞

[oudántəblæ̀st]

▶ (o)donto〔歯〕＋blast〔芽細胞〕

● 例文――

Odontoblasts are tall columnar cells located at the periphery of the dental pulp.

象牙芽細胞は歯髄の周辺にある高い円柱状の細胞である。

---

osteoblast【名】骨芽細胞

[ástiəblæ̀st]

▶ osteo〔骨〕＋blast〔芽細胞〕

⇒113

● 例文――

Osteoblasts are the major cellular component of bone.

骨芽細胞は骨の主な細胞成分である。

---

blastoma【名】芽細胞腫、芽腫

[blæstóumə]

▶ blast〔芽細胞〕＋oma〔腫瘍〕

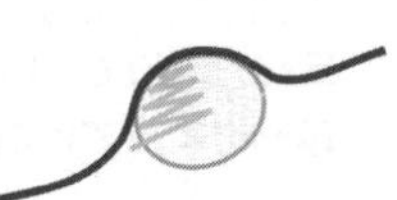

● 例文――

Pleuropulmonary blastoma is most common in children.

胸膜肺芽腫は小児に最も多くみられる。

12

bole, bola ＝投げる

語源ノート

内臓の周囲に脂肪がたまり、高血糖・高血圧・高コレステロールの症状のいくつかを複数併せもつ状態は「メタボリックシンドローム(metabolic syndrome)」。「メタボ(metabolism)」とは《meta〔変化〕＋bol〔投げる〕＋ism〔名詞に〕》から、生体内の物質とエネルギーの変化のことで、「新陳代謝」の意味に。

metabolic 【形】(新陳)代謝の、物質交代の

[mètəbɑ́lik]

▶ **meta**〔変化〕＋**bol**〔投げる〕＋**ic**〔～的な〕

metabolize 【動】代謝する

metabolism 【名】代謝

● 例文

Exercise can increase your metabolic rate.
運動によって代謝率を上げることができる。

The AMACR protein helps to metabolize certain fatty acids within the body.
AMACRタンパク質は体内の、ある脂肪酸の代謝の一助になる。

symbol【名】象徴、記号、符号

[símbl]

▶ **sym**〔共に、同時に〕＋**bol**〔投げる〕

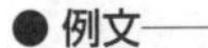

● 例文——

The chemical symbol for oxygen is O.

酸素の元素記号はOである。

---

hyperbola【名】双曲線

[haipə́ːrbələ]

▶ **hyper**〔上に〕＋**bola**〔投げる〕

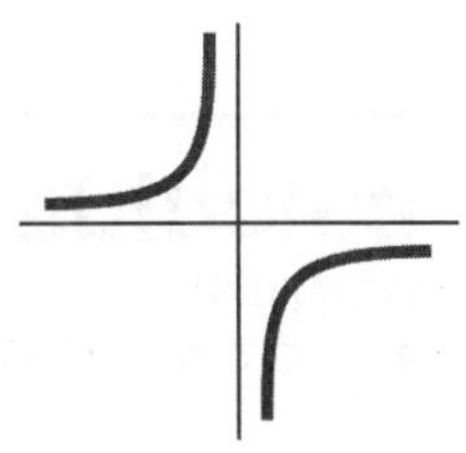

● 例文——

The orbit of a spacecraft can sometimes be a hyperbola.

宇宙船の軌道は双曲線になることもある。

---

parabola【名】放物線

[pərǽbələ]

▶ **para**〔横に〕＋**bola**〔投げる〕

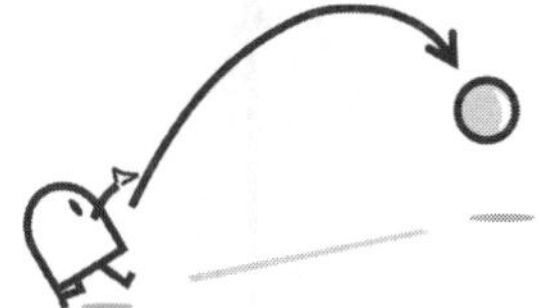

● 例文——

The flight of the rocket formed a giant parabola.

ロケット飛行で巨大な放物線ができた。

---

embolism【名】塞栓症

[émbəlìzm]

▶ **em**〔中に〕＋**bol**〔投げる〕＋
ism〔名詞に〕

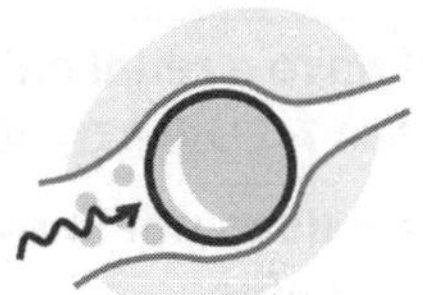

● 例文——

She died from a pulmonary embolism.

彼女は肺塞栓症で亡くなった。

13

calc = 石灰

!! 語源ノート

「カルキ」は水道水の殺菌や消毒で使われるが、これはラテン語で「石灰」を意味するcalxに由来する。元素記号(Ca)の「カルシウム(calcium)」は、石灰の中に発生するものと考えられたことによる。「チョーク(chalk)」は、元は石灰で作られていた。

calculus 【名】微積分学、結石

[kǽlkjuləs]

▶ かつて数を数えるのに使われた小石から

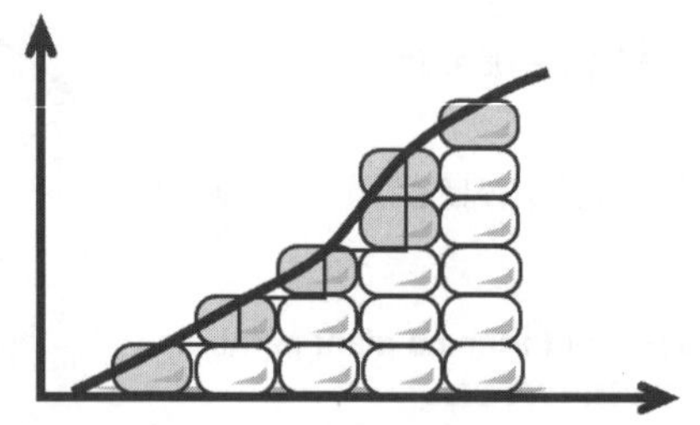

● 例文

I have a renal calculus of 7 mm in size.
私は7ミリの大きさの腎結石がある。

He does not know algebra and geometry well, still less calculus.
彼は代数や幾何はよく知らない、まして微積分などなおさらだ。

13 calc＝石灰

calculate【動】計算する

[kǽlkjulèit]

▶ **calcu**〔石灰〕＋**ate**〔〜化する〕

※ **calculation**【名】計算

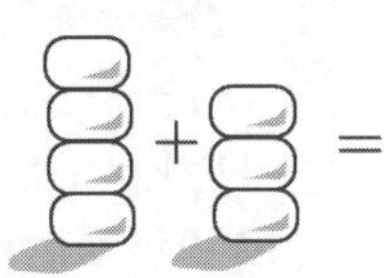

● 例文——

I learned how to calculate expected values today.

今日、私は期待値の計算法を学んだ。

---

calciferous【形】炭酸カルシウムを含む、石灰質の

[kælsífərəs]

▶ **calci**〔石灰〕＋**fer**〔運ぶ〕＋**ous**〔形容詞に〕

⇒48〜49

● 例文——

The church is built of calciferous sandstone.

その教会は石灰質を含む砂岩で建てられている。

---

hypocalcemia【名】低カルシウム血症

[hàipoukælsímiə]

▶ **hypo**〔下に〕＋**calc**〔石灰〕＋**emia**〔血症〕

※ **hypercalcemia**【名】高カルシウム血症

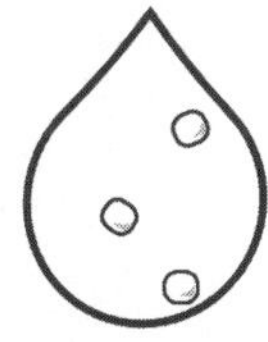
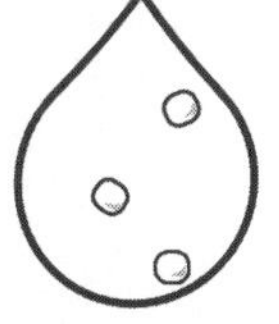

● 例文——

Symptomatic hypocalcemia requires immediate medical attention.

徴候的な低カルシウム血症は直ちに医学的な手当が必要だ。

---

calcify【動】石灰化する

[kǽlsəfài]

▶ **calc**〔石灰〕＋**fy**〔〜化する〕

※ **calcification**【名】石灰化

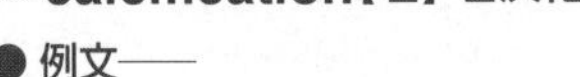

● 例文——

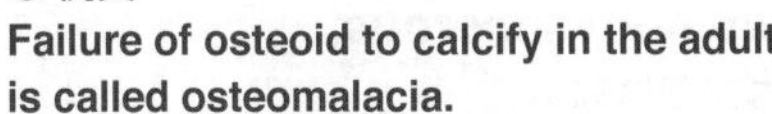

Failure of osteoid to calcify in the adult is called osteomalacia.

成人してから類骨が石灰化しないことは骨軟化症と呼ばれる。

canc, carci = 癌

語源ノート

ラテン語で「蟹(カニ)」はcancer。「蟹座」はCancerで、「ガン(cancer)」の腫瘍とその周囲のリンパ節が腫れた様子が蟹の脚に似ていることに由来する。Cancerianは「蟹座の人」。

cancer【名】ガン

[kǽnsər]

▶ **canc**〔癌〕+ **er**〔もの〕

cancerous【形】ガンの

● 例文

He died of lung cancer last month.
彼は先月、肺ガンで亡くなった。

Nine out of ten lumps are not cancerous.
10個のシコリのうち**9**個はガンではない。

anticancer 【形】抗ガンの

[æntikǽnsər]

▶ anti〔対〕＋cancer〔ガン〕

● 例文――

Mitomycin is an anticancer drug.

マイトマイシンは抗がん剤である。

---

precancerous 【形】前ガン性の

[prikǽnsərəs]

▶ pre〔前に〕＋cancer〔ガン〕＋ous〔形容詞に〕

● 例文――

Some colon polyps are precancerous.

結腸ポリープの中には前ガン性のものがある。

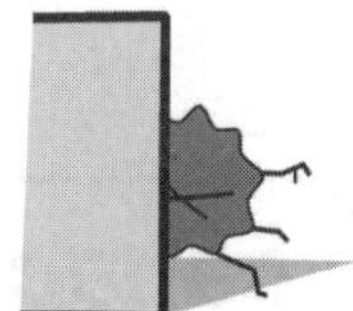

---

carcinoma 【名】癌腫

[kɑ̀ːrsənóumə]

▶ carci〔ガン〕＋oma〔腫瘍〕

● 例文――

The cause of her death was carcinoma of the bronchus.

彼女の死因は気管支の癌腫だった。

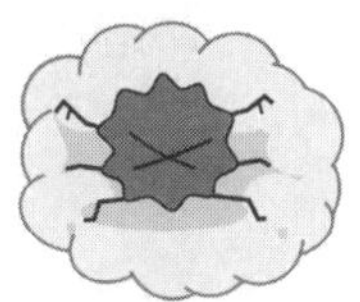

---

carcinogen 【名】発ガン性物質

[kɑːrsínədʒən]

▶ carci〔ガン〕＋gen〔生まれる〕 ⇒60〜62

※ carcinogenic【形】 発ガン性の

● 例文――

Tobacco smoke is an example of a carcinogen.

タバコの煙は発がん物質の一例だ。

15

cap, cep(t), cip = つかむ(1)

語源ノート

印欧祖語のkapは「つかむ」という意味で、catch（捕まえる）、chase（追いかける）、purchase（購入する）、cable（ケーブル線）などの語を造り出した。「捕らえる」のcaptureはディスプレイ上の画像を「キャプチャーする」。図や写真を説明する文章の「キャプション（caption）」も同じ語源から。

capacity【名】容量、容積、能力

[kəpǽsəti]

▶ **capa**〔つかむ〕+ **ity**〔名詞に〕

capable【形】能力がある

● 例文

The capacity of the tank should be 500 gallons or more.
タンクの容量は**500**ガロン以上にするべきである。

The disease is capable of spreading from person to person.
その病気は人から人へ広がる可能性がある。

capacitor【名】コンデンサー、蓄電器

[kəpǽsətər]

▶ **capa**〔つかむ〕＋**tor**〔もの〕

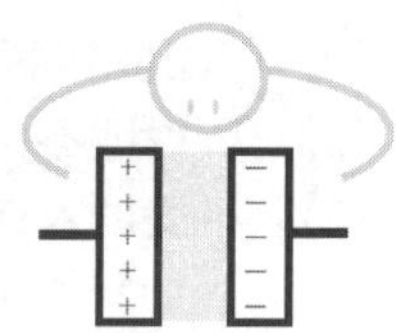

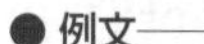

● 例文——

A capacitor is an electronic component that stores electric charge.

キャパシターは電荷を蓄積する(充電する)電子部品である。

---

forceps【名】(医療用の)鉗子(かんし)、ピンセット

[fɔ́ːrsəps]

▶ **for**〔前に〕＋**cep**〔つかむ〕

● 例文——

Finally the baby was delivered with forceps.

最終的に赤ちゃんは鉗子分娩だった。

---

intercept【動】区切る、途中で奪う[ìntərsépt]

【名】遮断、切片[íntərsəpt]

▶ **inter**〔間に〕＋**cept**〔つかむ〕

● 例文——

A y-intercept is a point on the graph where x is zero.

y切片はxが0のときのグラフ上の一点である。

---

incipient【形】(病気が)初期の、始まりの

[insípiənt]

▶ **in**〔中に〕＋**cip**〔つかむ〕＋**ent**〔形容詞に〕

● 例文——

He was suffering from an incipient brain tumor.

彼は初期の脳腫瘍を患っていた。

16

cap, cep(t), cip＝つかむ(2)

!! 語源ノート

印欧祖語で「つかむ」という意味のkapに由来する。「受け取る」のreceiveは《re〔後ろで〕＋ceive〔つかむ〕》、「受け入れる」のacceptは《ac〔～を〕＋cept〔つかむ〕》、「レシピ(recipe)」はラテン語で「受け取れ」の意味で元は内科医が処方箋に書いたもので、料理の意味の「レシピ」で使われるようになったのは18世紀中頃のこと。exceptionは《ex〔外に〕+cept〔つかむ〕+ion〔名詞に〕》で、つかみ出すことから「除外」、perceptionは《per〔通して〕+cept〔つかむ〕+ion〔名詞に〕》から「知覚」の意味に。

precipitation【名】降雨量、沈殿(物)

[prisìpətéiʃən]

▶ **pre**〔前もって〕＋**cip**〔つかむ〕＋**ation**〔～化すること〕

precipitate【動】沈殿する、沈降する、逆さまに落ちる

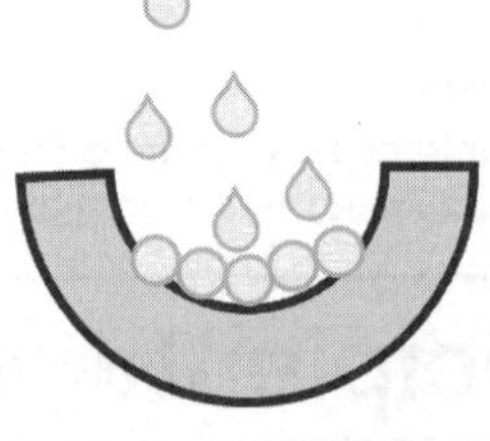

● 例文

The storm brought several inches of precipitation.
嵐は数インチの降水をもたらした。

Certain conductive particles precipitate by gravity.
導電粒子によっては、重力により沈降するものがある。

contraception 【名】避妊(法)

[kàntrəsépʃən]

▶ contra〔反対〕+cept〔つかむ〕+ion〔名詞に〕

※ contraceptive【形】避妊用の 【名】避妊薬

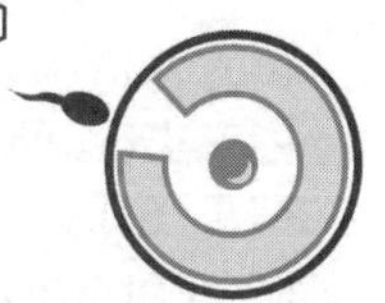

● 例文——

The pill is a popular method of contraception.

ピルは人気のある避妊法である。

---

conception 【名】妊娠(法)、受胎

[kənsépʃən]

▶ con〔共に〕+cept〔つかむ〕+ion〔名詞に〕

● 例文——

By the fifth or sixth month after conception,
the external genitals are partially complete.

受胎後5～6か月で外生殖器は部分的に完成する。

---

receptor 【名】受容体、受信器、受容器

[riséptər]

▶ re〔後ろに〕+cept〔つかむ〕+or〔もの〕

● 例文——

Some tumors have higher estrogen receptor levels than others.

腫瘍の中には他に比べてより高いレベルのエストロゲン受容体をもつものである。

---

recipient 【名】受容者、受取人、レシピエント

[risípiənt]

▶ re〔再び〕+cip〔つかむ〕+ent〔人〕

● 例文——

A kidney recipient tested positive for West Nile virus.

腎臓移植を受けた人は西ナイル熱ウイルスに陽性だった。

17

capt(it), cep(t), cip＝頭

語源ノート

「帽子(cap)」を被った選手が「キャプテン(captain)」。これはラテン語の「頭」を意味するcaputに由来する。頭の形をした野菜の「キャベツ(cabbage)」、「料理長」の「シェフ(chef)」や「長」の「チーフ(chief)」も同じ語源。capitalは《capit〔頭〕+al〔形容詞に〕》で、「頭の」から「主要な」「頭文字」の意味に。ラテン語で「頭」「頭蓋」などの意味を持つcephalは語源は異なるが一緒に覚えておくとよい。

biceps【名】上腕二頭筋

[báiseps]

▶ **bi**〔2〕+**cep**〔頭〕

triceps【名】上腕三頭筋

● 例文

He is flexing his biceps.
彼は上腕二頭筋を動かしている。

He's working on his chest and triceps in the gym.
彼は今ジムで胸と上腕三頭筋を鍛えている。

quadriceps 【名】大腿四頭筋

[kwádrəsèps]

▶ quadr〔4〕＋cep〔頭〕

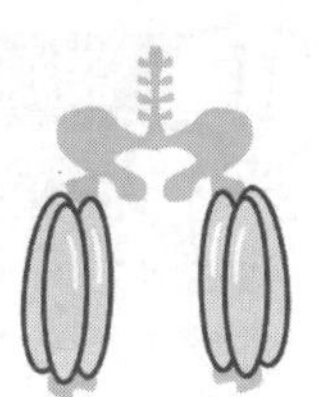

● 例文――

What is the quickest way to strengthen quadriceps?

大腿四頭筋を鍛える一番速い方法は何だろう。

---

macrocephaly 【名】巨頭症、巨大頭蓋症

[mæ̀krouséfəli]

▶ macro〔大きい〕＋ceph〔頭〕＋ly〔症状〕
⇒86

● 例文――

There is no specific treatment for macrocephaly.

大頭蓋症に対する特定の治療法はない。

---

microcephaly 【名】小頭症

[màikrouséfəli]

▶ micro〔小さい〕＋ceph〔頭〕＋ly〔症状〕
⇒95

● 例文――

Genetic factors may play a role in causing some cases of microcephaly.

いくつかの小頭蓋症例においては、それを引き起こした要因の一つが遺伝因子である可能性がある。

---

hydrocephaly 【名】水頭症

[hàidrəséfəli]

▶ hydro〔水〕＋ceph〔頭〕＋ly〔症状〕
⇒69

● 例文――

The most common treatment for congenital hydrocephaly is shunt surgery.

先天性水頭症の最も一般的な治療法はシャント手術だ。

18

carbo = 木炭

語源ノート

書類作成などで用紙の間に挟んで写しを得るのに使う「カーボン紙(carbon paper)」。パスタ料理の「カルボナーラ(carbonara)」は「炭焼き風」の意味から。「一酸化炭素」はcarbon monoxide、「二酸化炭素」はcarbon dioxide。

carbon【名】炭素

[kɑ́ːrbən]

▶ **carbo**〔木炭〕+ **on**〔化学物質〕

carbonic【形】炭素の

● 例文

Tropical rain forests produce oxygen and consume carbon dioxide.

熱帯雨林は、酸素を作り、二酸化炭素を消費する。

The chemical formula for carbonic acid is H_2CO_3.

炭酸の化学式はH_2CO_3である。

carbonated【形】炭酸の

[ká:rbənèitid]

▶ **carbon**〔炭素〕＋**ate**〔～化する〕＋**ed**〔された〕

※ **carbonate**【名】炭酸塩

● 例文——

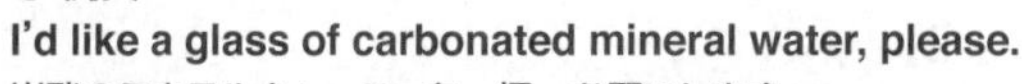

I'd like a glass of carbonated mineral water, please.

炭酸のミネラルウォーターを一杯、お願いします。

---

carbohydrate【名】炭水化物

[kɑ̀:rbouháidreit]

▶ **carbon**〔炭素〕＋**hydrate**〔水化物〕⇒69

● 例文——

Foods that contain carbohydrates include pasta, rice, breads, fruit and vegetables.

炭水化物を含む食べ物はパスタ、米、パン、果物、野菜などである。

---

hydrocarbon【名】炭化水素

[hàidroukɑ́:rbən]

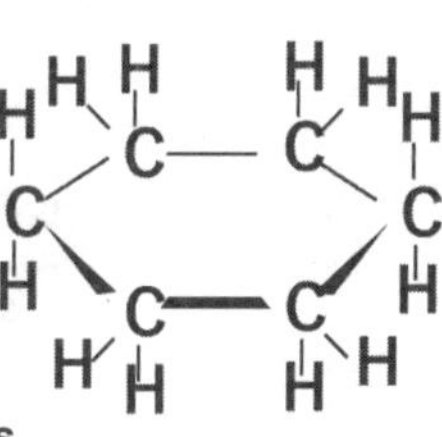

▶ **hydro**〔水〕＋**carbon**〔炭素〕⇒69

● 例文——

As the tires melt down, their chemical bonds are broken and they release hydrocarbon gases.

タイヤが溶けると化学結合が破壊され炭化水素を発生させる。

---

decarbonize【動】脱炭素化する

[di:kɑ́:rbənaiz]

▶ **de**〔離れて〕＋**carbon**〔炭素〕＋**ize**〔～化する〕

※ **decarbonization**【名】脱炭素化

● 例文——

It is urgent to decarbonize the economy by all means possible.

できる限りの手段で経済の脱炭素化をすることが急務である。

19

cardio = 心臓

語源ノート

「心臓」はheartだが、これは印欧祖語で「中心」を意味するkerdにさかのぼる。このkerdはギリシャ語経由で、cardに変化し、cardi(o)の形で英語に入ってきた。「芯」の「コア(core)」も同語源。

cardiac 【形】心臓の

[ká:rdiæ̀k]

▶ **cardi**〔心臓〕+ **ac**〔～的な〕

● 例文

We used emergency measures to revive the cardiac arrest patient.
心停止の患者を応急処置で生かした。

His death was caused by cardiac failure.
彼の死は心不全が原因であった。

cardiogram 【名】心電図

[kάːrdiəgræ̀m]

▶ **cardio**〔心臓〕＋**gram**〔書く〕 ⇒66

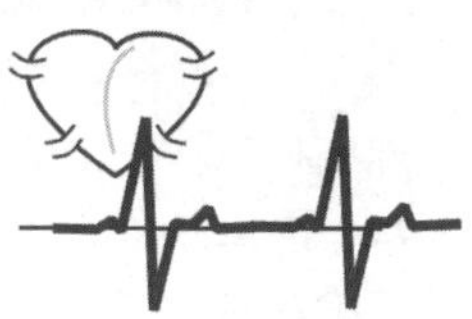

● 例文——

An echocardiogram is a test in which ultrasound is used to examine the heart.

エコー心電図は超音波が心臓検査に使われる検査である。

---

cardiopulmonary 【形】心肺の

[kὰːrdiəpʌ́lməneri]

▶ **cardio**〔心臓〕＋**pulmo**〔肺〕＋ **ary**〔形容詞に〕 ⇒127

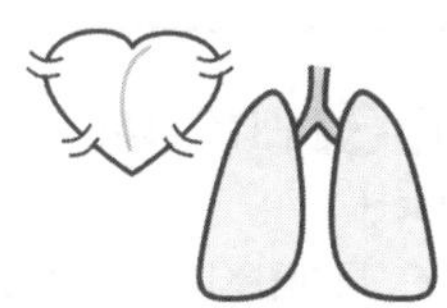

● 例文——

Cardiopulmonary arrest occurs when the heart stops contracting effectively and thus ceases to circulate blood.

心肺停止は、心臓が効果的な拍動をやめ、結果、血液循環が止まることで起こる。

---

bradycardia 【名】徐脈

[bræ̀dikάːrdiə]

▶ **brady**〔遅い〕＋**cardia**〔心臓〕

● 例文——

Bradycardia is a condition in which the heart beats too slowly – usually less than 60 beats per minute.

徐脈は心拍が非常に遅い状態で、通常、毎分60回以下の心拍である。

tachycardia 【名】頻脈

[tæ̀kikάːrdiə]

▶ **tachy**〔速い〕＋**cardia**〔心臓〕

● 例文——

Tachycardia is a heart rate of greater than 100 beats per minute.

頻脈は毎分100回以上の心拍数である。

20

cell = 部屋

!! 語源ノート

cellはラテン語の修道院の「独居房」の意味から「小部屋」「独房」「細胞」「電池」「表計算シートの升目(セル)」などの意味に。大きな集合体を形成する「小さな単位」というのが基本イメージで、「電池」の場合は、cellの集合体となったものがbattery (電池)。iPS cell は「人工多能性幹細胞(induced pluripotent stem cell)」。

cell 【名】細胞、電池、表計算シートの升目(セル)、小部屋、独房
[sél]

▶ 「独居房」を表す **cell** から

cellular 【形】細胞の、目の粗い

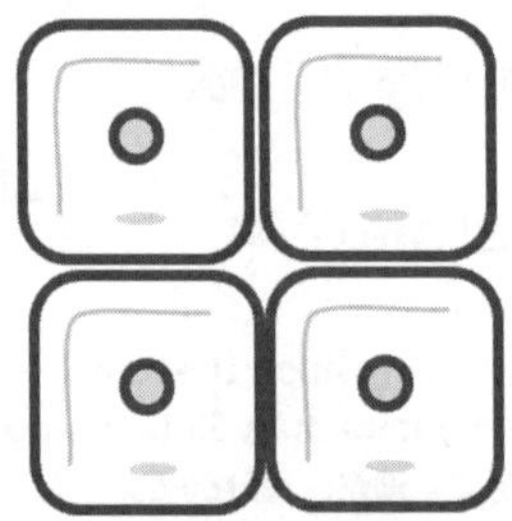

● 例文

Embryos grow by cell division.
胚は細胞分裂で成長する。

The fuel cell car is a totally different vehicle.
燃料電池自動車は全く異なった乗り物だ。

extracellular 【形】細胞外の

[èkstrəséljulər]

▶ extra〔外の〕＋cell〔細胞〕＋lar〔形容詞に〕

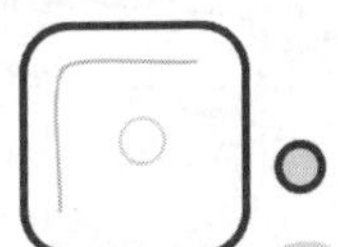

● 例文――

The basement membrane is an example of an extracellular matrix.

基底膜は細胞外マトリックスの1つの例である。

---

intracellular 【形】細胞内の

[intrəséljulər]

▶ intra〔中に〕＋cell〔細胞〕＋lar〔形容詞に〕

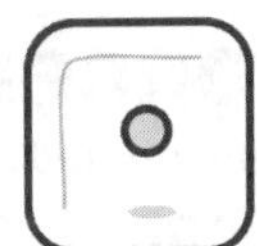

● 例文――

We study intracellular barriers by using novel fluorescent probes.

私たちは新しい蛍光試験を使って細胞内障壁を研究している。

---

unicellular 【形】単細胞の

[jù:niséljulər]

▶ uni〔1〕＋cell〔細胞〕＋lar〔形容詞に〕

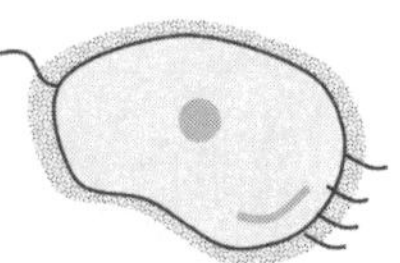

● 例文――

A simple creature that has only one cell with no nucleus is called unicellular.

細胞核を持たない1個だけの細胞を持った単純な生物は単細胞と呼ばれる。

---

multicellular 【形】多細胞の

[mʌ̀ltiséljulər]

▶ multi〔たくさんの〕＋cell〔細胞〕＋lar〔形容詞に〕

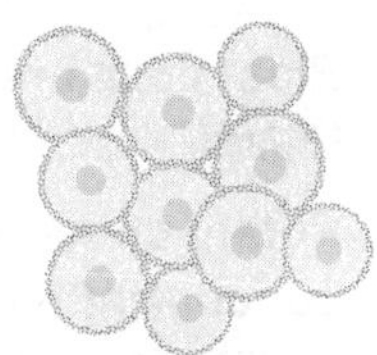

● 例文――

Human beings are the best example of multicellular organisms.

人間は多細胞生物の最も良い例である。

cent(er) = 中心

語源ノート

中心が同じ円は「同心円(concentric circles)」、中心が異なる円が「偏心円(eccentric circles)」。「中心」や「中央」の意味のcenterはラテン語のcentrumから。「重心」はcenter of gravity、「遠心力」はcentrifugal force。

concentrated 【形】濃縮された

[kánsəntrèitid]

▶ **con**〔共に〕+ **center**〔中心〕+ **ate**〔~化する〕+ **ed**〔された〕→みんな中心に集まった

concentrate 【動】濃縮する、集中する
concentration 【名】集中、濃縮、濃度

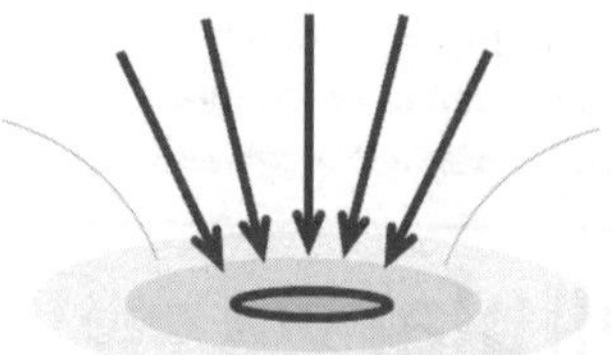

● 例文

Plant cells are placed in concentrated sugar solutions.
植物の細胞が、濃縮された砂糖溶液に置かれている。

Potato chips decrease in mass when they are in a high concentration of sugar solution.
高濃度の砂糖溶液に入れるとポテトチップスは質量が減少する。

21

cent(er)＝中心

concentric【形】同心の、集中的な

[kənséntrik]

▶ con〔共に〕＋center〔中心〕＋ic〔～的な〕

※ eccentric【形】同心でない、偏心の、普通でない

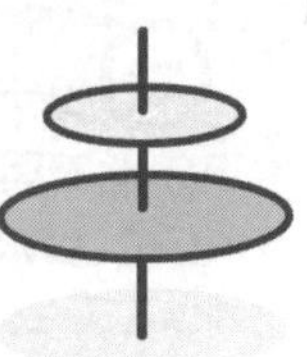

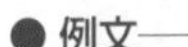

● 例文——

I saw the concentric circles like ripples in a pond.

池にさざ波のような同心円が見えた。

---

epicenter【名】震央

[épisèntər]

▶ epi〔上に〕＋center〔中心〕

● 例文——

The epicenter of the earthquake was some 10 km south of Mt. Everest.

その地震の震央はエベレスト山の南方約10kmの所だった。

---

centripetal【形】求心的な

[sentrípətl]

▶ center〔中心〕＋pet〔求める〕＋al〔形容詞に〕

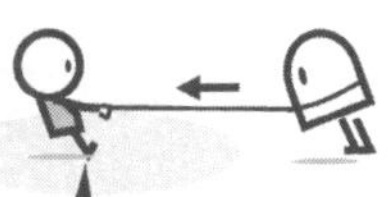

● 例文——

The centripetal force is inversely proportional to the square of the distance from the center.

求心力は中心からの距離の２乗に反比例する。

---

centrifugal【形】遠心的な

[sentrífjugl]

▶ center〔中心〕＋fuge〔逃げる〕＋al〔形容詞に〕

※ centrifuge【名】遠心分離器

● 例文——

Centrifugal force is the outward force on an object traveling in a circle.

遠心力は円を運動する物体にかけられた外側への力のことである。

22

cerebr = 大脳

語源ノート

ラテン語で「大脳」を意味するcerebrumがそのままの形で英語に入ってきた。印欧祖語で「頭」や「角」を表すkerにさかのぼる。

cerebrum 【名】大脳

[sərí:brəm]

▶ ラテン語の「脳」を表す **cerebrum** から

cerebral 【形】大脳の

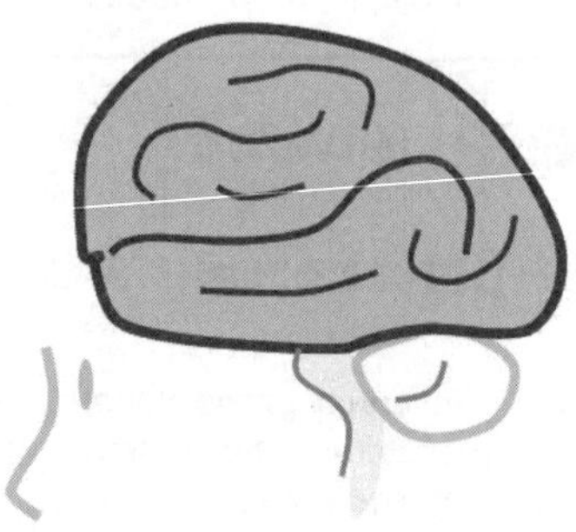

● 例文

The cerebrum, which develops from the front portion of the forebrain, is the largest part of the mature brain.
前脳部の前部から発達する大脳は成熟した脳の一番大きな部分だ。

The cerebral cortex is the outermost layered structure of neural tissue of the cerebrum.
大脳皮質は、大脳の神経組織の最も外側にある層状構造である。

cerebellum 【名】小脳

[sèrəbéləm]

▶ cerebr〔大脳〕+llum〔小さい〕

● 例文――

The cerebellum is the area of the hindbrain that controls motor coordination, balance, equilibrium and muscle tone.

小脳は運動調整、つり合い、平衡、筋緊張をコントロールする後脳の部分である。

cerebrospinal 【形】脳脊髄の

[sərì:brouspáinl]

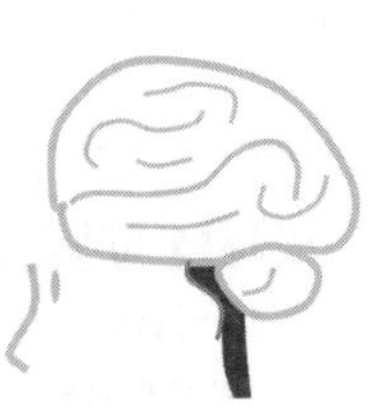

▶ cerebr〔脳〕+spine〔脊柱〕+al〔形容詞に〕

● 例文――

Cerebrospinal fluid is a clear colorless bodily fluid found in the brain and spine.

脳脊髄液は脳と脊柱に見られる無色透明な体液である。

---

cerebrovascular 【形】脳血管性の

[səri:brouvǽskjələr]

▶ cerebr〔脳〕+vascular〔導管の〕

⇒170

● 例文――

The common causes of death of Japanese people include cancer, heart disease and cerebrovascular disease.

日本人の主な死因には、がんや心臓病、脳血管障害などがある。

---

cerebroid 【形】脳に似た

[sərí:brɔ̀id]

▶ cerebr〔脳〕+oid〔似ている〕

● 例文――

The cerebroid appearance or mosaic pattern was evident with endoscopy.

内視鏡検査で脳に似た外見とモザイク模様がハッキリわかった。

23

cer, car, hor＝角

語源ノート

角(つの)の形に似ている「ニンジン」はcarrot、お菓子を入れる「三角の紙袋」はcornet、「角笛」は「コルネット(cornet)」で、菓子パンのコロネも同じ語源から。unicornはラテン語由来で《uni〔1〕＋corn〔角〕》から「一角獣」、ギリシャ語由来ならmonocerosとなる。

cervical 【形】首の、頸部の、子宮頸管部の

[sə́ːrvikl]

▶ **cervix**〔首、子宮〕＋**al**〔形容詞に〕

cervix【名】首、(子宮の)頸部

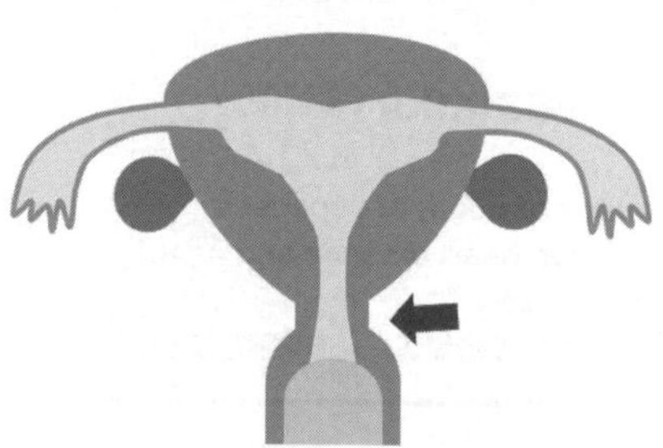

● 例文

It is said that cervical cancer often has no symptoms.
子宮頸ガンは徴候がないことが多いと言われる。

The cervix is the exit to the womb.
子宮頸部とは子宮の出口である。

carotene 【名】カロテン

[kǽrətìːn]

▶ carot〔角〕＋ene〔物質〕

● 例文——

Beta carotene can be converted into vitamin A in the body.

ベータカロテンは体内でビタミンAに変わることができる。

---

carotid 【名】頸動脈　【形】頸動脈の

[kərɑ́tid]

▶ carot〔角〕＋id〔形容詞に〕

● 例文——

The doctor felt a faint pulse in her carotid artery.

医者は彼女の頸動脈にかすかな脈を感じた。

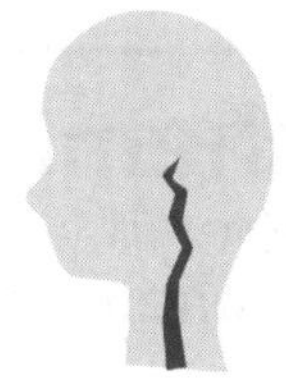

---

cornea 【名】角膜

[kɔ́ːrniə]

● 例文——

White scars remain on my cornea.

私の角膜には白い傷が残っている。

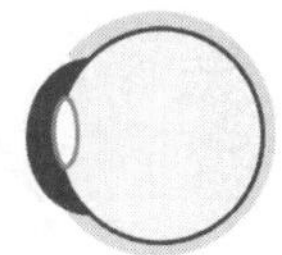

---

hornet 【名】スズメバチ

[hɔ́ːrnit]

▶ horn〔角〕＋et〔小さい〕

● 例文——

I was stung on the cheek by a hornet.

スズメバチに頬を刺された。

24

chem(o) = 変質、化学

語源ノート

「錬金術(alchemy)」は紀元1世紀ごろ以前にエジプトに始まり、アラビアを経てヨーロッパに広がった、卑金属を貴金属の金に変えようとする化学技術のこと。アラビア語の定冠詞alとギリシャ語の「変質」を表すkemiaの合成語。

chemistry【名】化学(反応)
[kémәstri]

▸ **chemist**〔化学者〕+ **ry**〔名詞に〕

chemical【形】化学の　【名】化学物質

● 例文

I prefer physics to chemistry.
化学よりも物理のほうが好きだ。

The chemical substance is a protein molecule.
その化学物質はタンパク質分子である。

chemist【名】化学者、薬局

[kémist]

▶ chem〔化学〕＋ist〔人〕

● 例文――

Collect your medicine at the chemist opposite to the hospital.

病院の向かいにある薬局で薬を受けとってください。

---

photochemical【形】光化学の

[fòutəkémikl]

▶ photo〔光〕＋chemical〔化学の〕

⇒124

● 例文――

One of the main components of photochemical smog is ozone.

光化学スモッグの主な構成要素はオゾンである。

---

chemotherapy【名】化学療法

[kìːmouθérəpi]

▶ chemo〔化学〕＋therapy〔療法〕

● 例文――

The drugs used in chemotherapy are known as anticancer drugs.

化学療法で用いられる薬は抗癌剤として知られている。

---

chemoreceptor【名】化学受容体

[kiːmouriséptər]

▶ chemo〔化学〕＋receptor〔受容体〕

⇒15～17

● 例文――

Chemoreceptors are specialized nerve cells designed to respond to chemical stimuli.

化学受容体は化学的な刺激に反応するようにできた特別な神経細胞である。

25

chlor＝黄緑の、塩素

語源ノート

メタンを塩素ガスで塩素化して作る「クロロフォルム(chloroform)」は《chloro〔黄緑〕＋form〔ギ酸〕》から。「クロレッツ」はChlorophyll(クロロフィル)＋Retsyn(レチン)からの造語。chlorine(塩素)の元素記号はCl。

chlorine【名】塩素

[klɔ́:ri:n]

▶ **chlor**〔黄緑の〕＋**ine**〔物質〕

chlorinate【動】塩素で処理する

● 例文

My eyes are stinging from the chlorine.
目が塩素でひりひりする。

An estimated 75 percent of drinking water in the U.S. is chlorinated.
アメリカの飲料水の推定75％が塩素消毒されている。

chlorophyll 【名】クロロフィル、葉緑素

[klɔ́ːrəfìl]

▶ **chlor**〔黄緑の〕＋**phyll**〔葉〕

● 例文——

The plant is rich in vitamins, calcium, and chlorophyll.

その植物にはビタミン、カルシウム、葉緑素が豊富に含まれている。

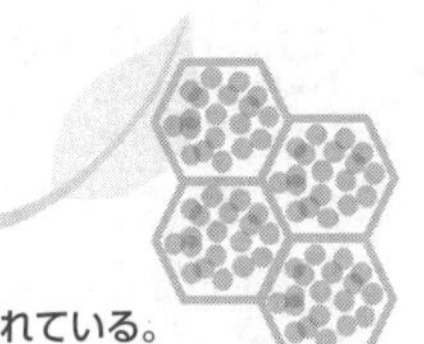

---

chloride 【名】塩化物

[klɔ́ːraid]

▶ **chlor**〔塩素〕＋**ide**〔化物〕

● 例文——

Chloride is an essential mineral for humans.

塩化物は人間には不可欠なミネラルである。

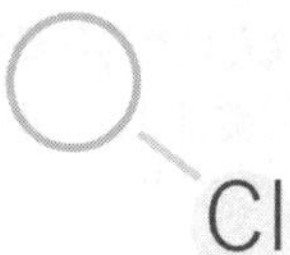

---

chlorofluorocarbon 【名】フロンガス（CFC）

[klɔ̀ːroufluərouká:rbən]

▶ **chlor**〔塩素〕＋**fluor**〔フッ素〕＋ ⇒53～54
carbon〔炭素〕 ⇒18

● 例文——

Chlorofluorocarbon gases had been used to cool most fridges for decades.

フロンガスは何十年も、冷蔵庫の冷却のために使われていた。

---

chloroform 【名】クロロフォルム

[klɔ́ːrəfɔ̀ːrm]

▶ **chlor**〔黄緑の〕＋**form**〔ギ酸を含む物質〕

● 例文——

Chloroform was the first inhalation anesthetic.

クロロフォルムは最初の吸入麻酔薬だった。

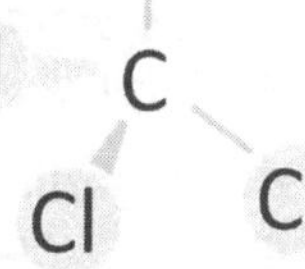

26

cid, cis = 切る

語源ノート

「コンサイス(concise)」の辞書は《con〔完全に〕+cise〔切る〕》が語源で、余分なものを完全に切り取った簡潔な辞書のこと。「ハサミ」を意味するscissorsはラテン語の「切る」を表すcisorium、「決心する」のdecideは《de〔離れて〕+cide〔切る〕→切り離す》が語源で、もやもやしていた気持ちを一気に断ち切るニュアンス。preciseは《pre〔前もって〕+cise〔切る〕》から「正確な」、名詞形はprecision(正確さ、精度)で、precision instrumentは「精密機械」に。

bactericide【名】殺菌剤=**germicide**

[bæktíərəsàid]

▶ **bacteria**〔細菌〕+ **cide**〔切る〕

bactericidal【形】殺菌の

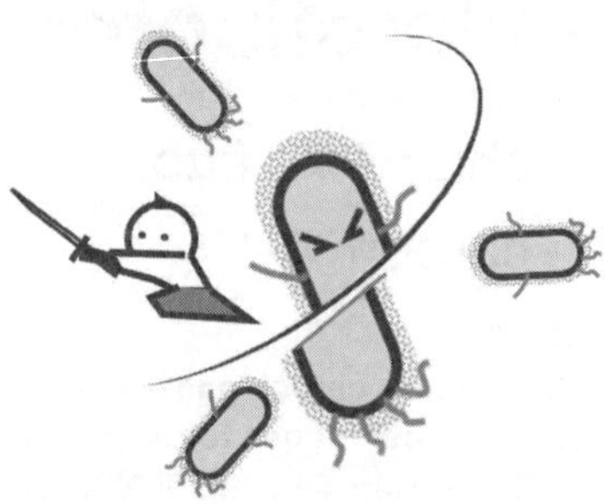

● 例文

Bactericides are used to control bacterial diseases such as fire blight on apples and pears.
リンゴやナシの火傷病などの細菌性の病気を制御するために、殺菌剤が使われる。

Black garlic has a strong bactericidal action.
黒ニンニクには強い殺菌作用がある。

insecticide【名】殺虫剤

[inséktəsàid]

▶ insect〔昆虫〕＋cide〔切る〕

※ pesticide【名】殺虫剤

● 例文――

Many insecticides are harmful to the environment.

多くの殺虫剤は自然環境にとって有害だ。

---

herbicide【名】除草剤

[hə́ːrbəsàid]

▶ herb〔草〕＋cide〔切る〕

● 例文――

Weeding is done by hand rather than by spraying herbicides.

雑草除去は除草剤を撒くのではなく手作業で行われる。

---

ecocide【名】生態系破壊、環境破壊

[íːkousaid]

▶ eco〔家、地球〕＋cide〔切る〕

● 例文――

The human race greedily plunges toward ecocide and self-extinction.

人類は環境破壊と自己破滅に貪欲に向かっている。

---

biocide【名】生物破壊、殺生物剤

[báiəsàid]

▶ bio〔生命〕＋cide〔切る〕

⇒10

● 例文――

A biocide can prevent bacteria growth.

殺生物剤はバクテリアの繁殖を抑えることができる。

27

circ, circum, cyc ＝回る、周囲

!! 語源ノート

大学で「サークル(circle)」とは学生が輪になって楽しむ同好会。circle(円)は古代ローマ時代、円形の野外大競技場のcircusから派生した。ロンドンの繁華街にあるピカデリーサーカス(Piccadilly Circus)は円形広場の意味。cycleはラテン語の「円」「車輪」を表すcyclusから。インド洋方面に発生する、強い熱帯低気圧は「サイクロン(cyclone)」。circumstanceは《circum〔周囲〕+sta〔立つ〕+ance〔名詞に〕》から「状況」に。

recycle 【動】～を再利用する

[rìːsáikl]

▶ **re**〔再び〕+ **cyc**〔周囲〕+ **le**〔小さい〕

cycle【名】周期、循環、周波

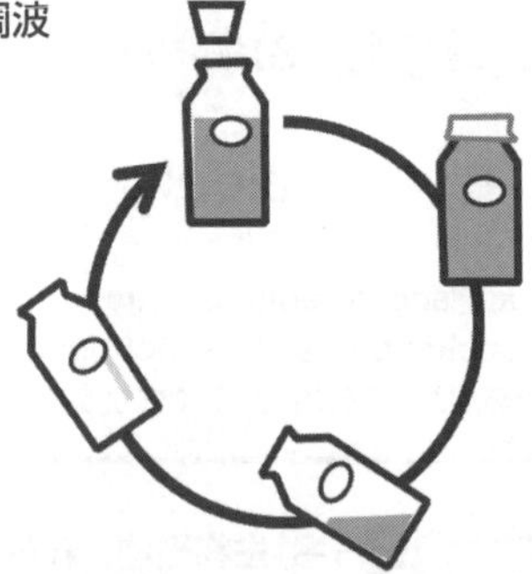

● 例文

Plastic bottles can be recycled into clothing.
プラスチックのビンは衣類にリサイクルできる。

How does the cell cycle change in a cancer cell?
細胞周期はガン細胞の中ではどのように変化するのか。

circumference【名】円周、周囲の長さ

[səːrkʌ́mfərəns]

▶ circum〔周囲〕＋fer〔運ぶ〕
ence〔名詞に〕 ⇒48〜49

● 例文——

The circumference of the pond is almost 10 kilometers.

池の周囲はほぼ10キロの長さだ。

---

circulation【名】循環、流通

[sə̀ːrkjuléiʃən]

▶ circ〔周囲〕＋ate〔〜化する〕＋ion〔名詞に〕

※circulate【動】循環する、流通する

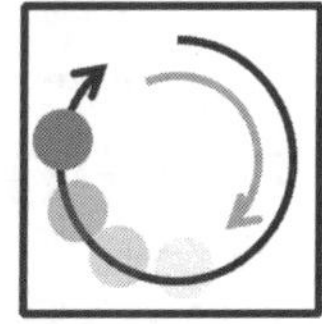

● 例文——

Regular exercise will improve blood circulation.

規則的な運動は血液の循環を良くするだろう。

---

circuit【名】回路、回線、円周、長円

[sə́ːrkit]

▶ circ〔周囲〕＋it〔行く〕

● 例文——

In an electrical circuit, electrons move from the negative pole to the positive.

電気回路では、電子は一極から+極に移動する。

---

circumscribe【動】周囲に線を引く、制限する、外接する

[sə́ːrkəmskraib]

▶ circum〔周囲〕＋scribe〔書く〕

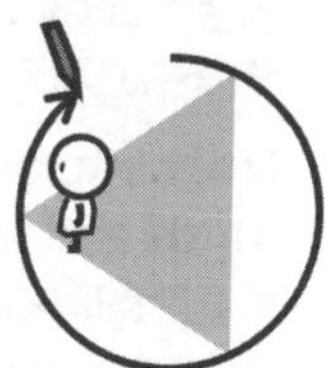

● 例文——

The patient’s activities are circumscribed.

その患者の行動は制限されている。

28

clin, cliv＝傾く

!! 語源ノート

「天候(climate)」は赤道から両極への傾きによって気候が変化することで、「クリニック(clinic)」は診療所のベッドが傾いていたことに由来する。「リクライニングシート(reclining seat)」は文字通り、《re〔後ろに〕＋clin〔傾く〕＋ing〔～している〕》から。inclinationは《in〔中に〕＋clin〔傾く〕＋tion〔名詞に〕》から「傾斜」に。「最高点」の「クライマックス(climax)」は「はしごの一番高い段」に由来する。

decline【動】傾く、断る、衰退する　【名】衰退、下落

[dikláin]

▶ **de**〔下に〕＋**cline**〔傾く〕

declination【名】傾き、偏差、ずれ

● 例文

The valley declines gently to a fertile plain.
その谷は肥沃な平野へなだらかに傾いている。

Magnetic declination is the angle between magnetic north and true north.
磁気偏差は磁気が示す北と本当の北との間の角度である。

acclivity【名】上り勾配

[əklívəti]

▶ **a(c)**〔(上の)方へ〕＋**cliv**〔傾く〕＋**ity**〔名詞に〕

※ **declivity**【名】下り勾配

● 例文――

The northern side was defended by the natural acclivity of the hill.

北側は丘の自然の上り勾配で守られていた。

clinic【名】診療所、医院

[klínik]

▶ **clin**〔傾く〕＋**ic**〔形容詞〕→病院のベッドが傾いていることから

※ **clinical**【形】臨床の

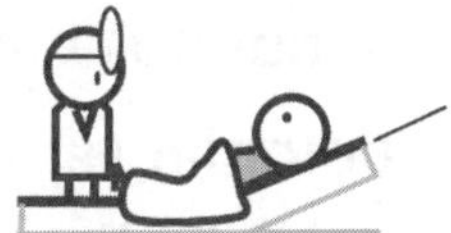

● 例文――

She works at a clinic as a psychologist.

彼女は診療所で心理学者として働いている。

climacteric【形】更年期の

[klaimǽktərik]

▶ **climax**〔最高点〕＋**ic**〔～的な〕
→人生で老年に傾きかける頃

● 例文――

The onset of a male climacteric disorder is observed largely in males aged 40 to 50.

男性の更年期障害の始まりは40歳～ 50歳までの男性に主に見られる。

acclimate【動】慣らす、順応する

[ǽkləmèit]

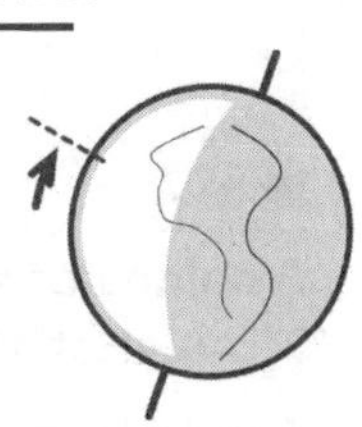

▶ **a(c)**〔～の方へ〕＋**climate**〔気候〕

※ **climate**【名】気候

● 例文――

The farmer managed to acclimate the plant to the new environment.

農場経営者はその植物を新しい環境に何とか順応させた。

col, cult＝耕す

語源ノート

生物学で「コロニー (colony)」とは、同種または複数種の生物が繁殖のために形成する集団のこと。ラテン語のcolonusは新しい土地を耕す農夫の意味。人間の心を耕す「文化」はculture。

colony【名】コロニー、群落、共同体、植民
[kálәni]
▶ **col**〔耕す〕＋**ny**〔名詞に〕

colonial【形】群体の、共同体の
colonization【名】コロニー形成

● 例文

A colony of ants often contains several queens.
アリの巣には数匹の女王アリがいることが多い。

A bryozoan is a colonial animal similar to coral.
コケムシは珊瑚に似た群体動物である。

cultured【形】培養された、栽培された

[kʌ́ltʃərd]

▶ cult〔耕す〕＋ure〔名詞に〕＋ed〔された〕

※ culture【名】文化、栽培　【動】培養する

● 例文――

He observed the cultured cells under a microscope.

彼は培養した細胞を顕微鏡で観察した。

---

agriculture【名】農業

[ǽgrikʌ̀ltʃər]

▶ agri〔土地〕＋culture〔耕すこと〕

● 例文――

More than 75% of the land is used for agriculture.

75%以上の土地が農業に使われている。

---

horticulture【名】園芸

[hɔ́ːrtəkʌ̀ltʃər]

▶ horti〔庭〕＋culture〔耕すこと〕

● 例文――

Horticulture is a mainstay of Holland's trade.

園芸はオランダの貿易の支えとなっている。

---

cultivate【動】耕作する、栽培する

[kʌ́ltəvèit]

▶ cult〔耕す〕＋ate〔～化する〕

※ cultivation【名】耕作、栽培

● 例文――

The land is too rocky to cultivate.

その土地は岩でごつごつして耕作できない。

30

cosmo＝秩序、宇宙

語源ノート

ギリシャ語の「秩序」を表すcosmosに由来する花は「コスモス(cosmos)」。「コスモス(cosmos)」は秩序だって統一していることから「宇宙」の意味でも使われる。肌をきれいに統一する「化粧品」は「コスメチック(cosmetic)」。

cosmos【名】宇宙、秩序ある体系
[kάzməs]

cosmic【形】宇宙の

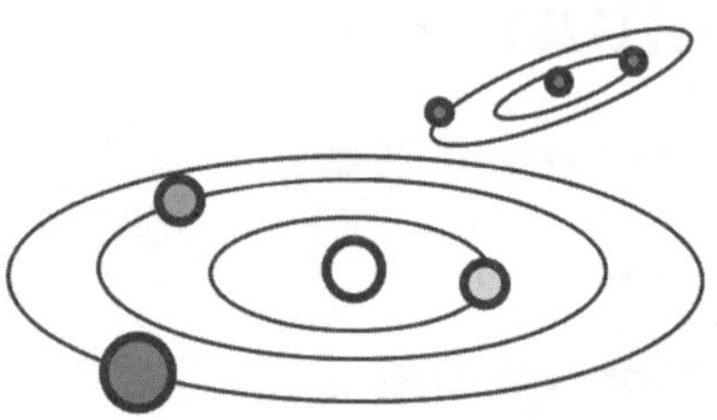

● 例文

The cosmos is changing every minute.
宇宙は刻々と変化している。

The universe is believed to have been created by a cosmic explosion.
宇宙は天体爆発によって生まれたと信じられている。

cosmetic 【形】美容の、整形の 【名】化粧品

[kὰzmétik]

▶ cosm〔秩序〕＋tic〔～的な〕

※ cosmetology【名】美容法

● 例文――

She had cosmetic surgery on her eyelids.

彼女はまぶたに美容整形をした。

---

microcosm 【名】小宇宙、縮図

[máikrəkὰzm]

▶ micro〔小さい〕＋cosm〔宇宙〕

⇒95

● 例文――

New York's mix of people is a microcosm of America.

ニューヨークの人種のミックスはアメリカの縮図である。

---

macrocosm 【名】大宇宙

[mǽkrəkὰzm]

▶ macro〔巨大な〕＋cosm〔宇宙〕

⇒86

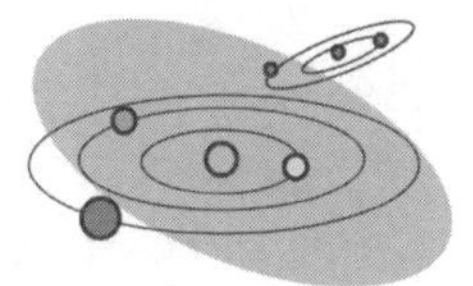

● 例文――

The first step to the macrocosm is the Solar system.

大宇宙への第一のステップは太陽系である。

---

cosmology 【名】宇宙論

[kὰzmálədʒi]

▶ cosmo〔宇宙〕＋logy〔学問〕

● 例文――

Copernicus suspected that there was an essential error in Ptolemaic cosmology.

コペルニクスはプトレマイオスの宇宙論には本質的な間違いがあると疑った。

31

cranio＝頭

語源ノート

「大脳」のcerebrum、「角膜」のcorneaなどと同じように、cranも印欧祖語で「頭」を表すkerにさかのぼることができる。

cranium【名】頭蓋(骨)

[kréiniəm]

cranial【形】頭蓋の

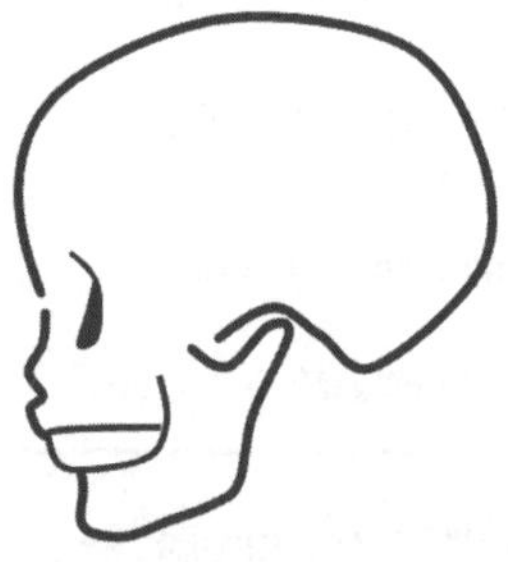

● 例文

The cracks in his cranium can be explained physiologically.
彼の頭蓋骨のひびは生理学的に説明できる。

The cranial cavity is of large size.
頭蓋腔は大きいサイズだ。

craniotomy 【名】開頭術

[krèiniátəmi]

▶ cranio〔頭〕＋tom〔切る〕＋y〔名詞に〕
⇒161

● 例文――

A craniotomy is performed to remove blood, abnormal blood vessels, or a tumor.

開頭術は血液、異常な血管、腫瘍の除去に行われる。

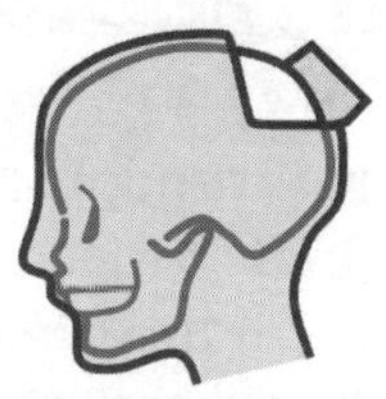

---

craniology 【名】頭蓋学

[krèiniálədʒi]

▶ cranio〔頭〕＋logy〔学問〕

● 例文――

He's an expert on craniology.

彼は頭蓋学の専門家だ。

---

craniectomy 【名】頭蓋骨局部切除

[krèiniéktəmi]

▶ crani〔頭〕＋ec〔外に〕＋tom〔切る〕＋y〔名詞に〕
⇒161

● 例文――

Decompressive craniectomy is the last option to save his life.

減圧頭蓋骨切除術は彼の命を救う最後の選択肢だ。

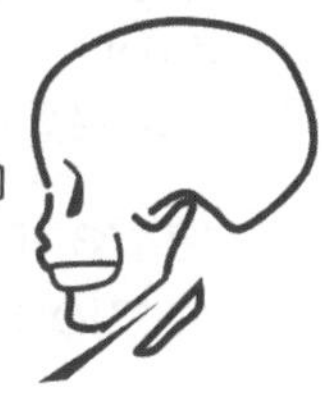

---

migraine 【名】片頭痛

[máigrein]

ラテン語の **hemicrania**

▶ mi(=hemi)〔半分〕＋
graine(=crania)〔頭〕

● 例文――

She suffers from migraine.

彼女は片頭痛に悩んでいる。

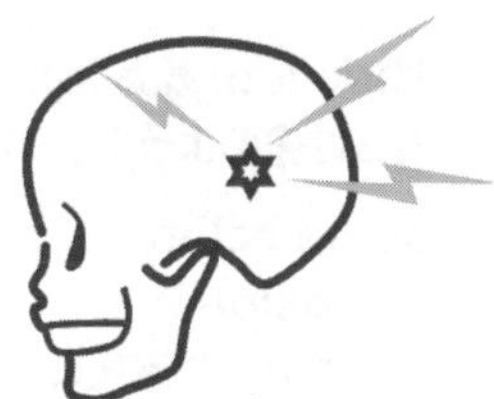

32

crete, crut, cre(sc) = 増える、育つ

語源ノート

音楽記号の「だんだん強く」の「クレッシェンド(crescendo)」はラテン語のcrescereから。「デクレッシェンド(decrescendo)」は《de〔下に〕+ crescendo〔増える〕》から「だんだん弱く」の意味に。フランスの「クロワッサン(croissant)」は「三日月(crescent)」に由来するが、三日月は「これから次第に大きく育つ」が原義。「コンクリート(concrete)」は、セメントに砂、砂利、水を混合し、こねたもので、ラテン語のconcretus（成長する）に由来し、形容詞では「具体的な」の意味に。

creature【名】生き物
[kríːtʃər]
▶ **creat**〔育つ〕+ **ure**〔名詞に〕

create【動】創造する
creation【名】創造

● 例文

They found a fossil of a small, sparrow-like creature.
彼らは雀のような、小さな生き物の化石を見つけた。

Some believe the universe was created by a big explosion.
宇宙は大きな爆発によって創造されたと信じている人もいる。

crete, crut, cre(sc)＝増える、育つ

increase【動】増加する[inkríːs]　【名】増加[ínkriːs]

▶ **in**〔中に〕＋**crease**〔育つ〕

● 例文――

If y increases as x increases, the correlation is positive.

xが増加するとともにyが増加すれば、相関関係は正である。

---

decrease【動】減少する[diːkríːs]　【名】減少[díkriːs]

▶ **de**〔下に〕＋**crease**〔育つ〕

● 例文――

If y decreases as x increases, the correlation is negative.

xが増加するにつれてyが減少すれば、相関関係は負である。

---

accrete【動】付着する、結合する

[əkríːt]

▶ **ac**〔～の方へ〕＋**crete**〔育つ〕

● 例文――

The early materials to accrete to the protoplanet were rich in iron.

原始惑星に付着する初期の物質は鉄分が豊富であった。

---

concretion【名】結石、凝結物

[kɑnkríːʃən]

▶ **con**〔共に〕＋**cret**〔育つ〕＋**ion**〔名詞に〕

※ **concrete**【形】凝縮した、コンクリートの
【名】コンクリート

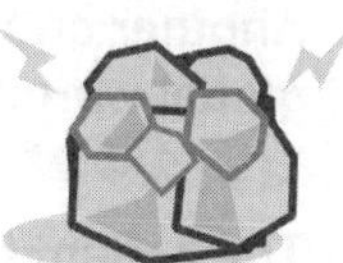

● 例文――

Sandstone concretion formed around crystals.

砂岩の凝結物が水晶の周りにできた。

33

crit, cret＝ふるいにかける、分ける

語源ノート

生死を分ける「危機」はcrisis、善悪を法廷で裁くことから「犯罪」はcrimeで、「犯人」はcriminal。「秘密」のsecretは《se〔離れて〕＋cret〔分ける〕》で「隔離されたもの」が原義で、秘密事(secret)を取り扱う人がsecretary(秘書)。

criterion【名】基準、標準

[kraitíəriən]

▶ **crit**〔ふるいにかける〕＋**ion**〔名詞に〕

criteria【名】 **criterion**の複数形

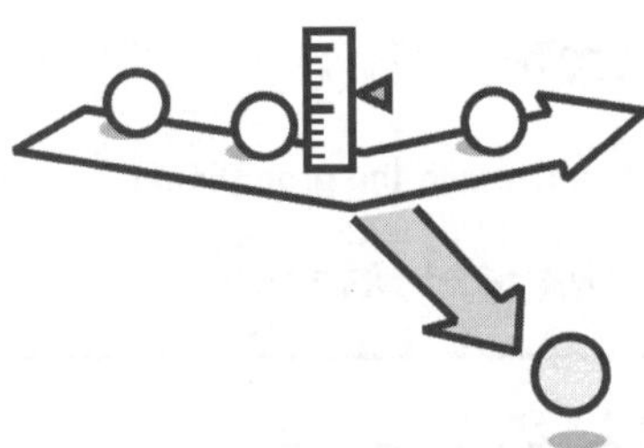

● 例文

Another criterion is the cars' potential contribution to global warming.
もう一つの基準は、その車が地球温暖化に寄与する可能性だ。

The patient fulfilled the criteria for hypochondriasis.
その患者は心気症の基準を満たした。

crit, cret＝ふるいにかける、分ける

critical【形】臨界の、限界の

[krítikl]

▶ **crit**〔ふるいにかける〕＋**ical**〔形容詞に〕

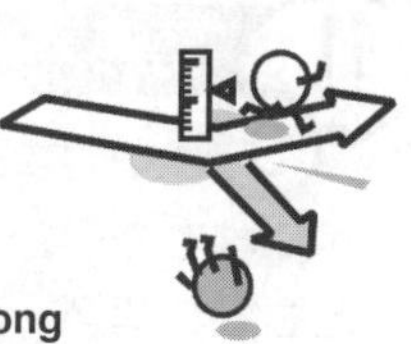

● 例文――

The critical point, where gravity becomes so strong that escape is impossible, is called the event horizon.

重力が強くて逃れることができない臨界点は事象の地平線と呼ばれる。

---

excrete【動】排泄する、排出する

[ikskríːt]

▶ **ex**〔外に〕＋**crete**〔ふるいにかける〕

※ **excretion**【名】排泄物、排出物

● 例文――

When we sweat, our bodies excrete salts.

汗をかくと体は塩分を排出する。

---

secrete【動】分泌する

[sikríːt]

▶ **se**〔離れて〕＋**crete**〔ふるいにかける〕

※ **secretion**【名】分泌

● 例文――

Estrogens are secreted by the ovaries.

エストロゲンは卵巣から分泌される。

---

endocrine【名】内分泌腺、ホルモン　【形】内分泌の

[éndəkrin]

▶ **endo**〔中に〕＋**crine**〔ふるいにかける〕

※ **exocrine**【名】外分泌腺　【形】外分泌の

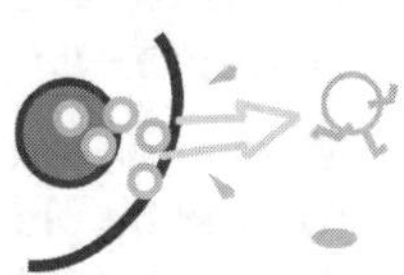

● 例文――

The pancreas has both an endocrine and a digestive exocrine function.

膵臓は内分泌と消化外分泌機能の両方を持つ。

34

cumul＝積む、膨れる

!! 語源ノート

ラテン語の「積み上げる」意味のcumulareから。中が膨れてできた「洞窟(cave)」や「空洞・虫歯(cavity)」なども同じ語源。concaveは《con〔完全に〕＋cave〔穴〕》から「凹面」の意味に。

accumulate 【動】蓄積する、累積する、集積する

[əkjúːmjulèit]

▶ **ac**〔～の方へ〕＋**cumul**〔積む〕＋**ate**〔～化する〕

accumulation【名】蓄積、累積、集積
accumulator【名】蓄圧器

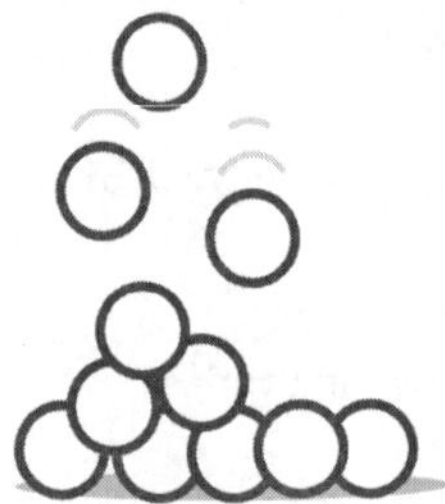

● 例文

Cholesterol, calcium and other substances accumulate on the walls of arteries.
コレステロールやカルシウムや他の物質が動脈の壁にたまる。

Mars and Mercury are usually considered to have been formed by planetesimal accumulation.
火星と水星は通常、微惑星集積により形成されたと考えられている。

cumulus【名】積雲、堆積、累積

[kjú:mjuləs]

▶ cumul〔積む〕＋us〔名詞に〕

※ cumulative【形】累積的な

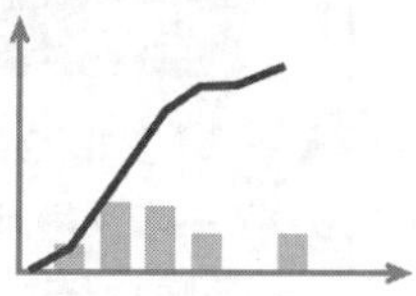

● 例文――

The aircraft penetrated a well-developed cumulus cloud.

飛行機がよく発達した積雲を貫通した。

---

altocumulus【名】高積雲、羊雲（高度2400-6000mの間にある層状の雲）

[æltoukjú:mjuləs]

▶ alto〔高い〕＋cumulus〔積雲〕

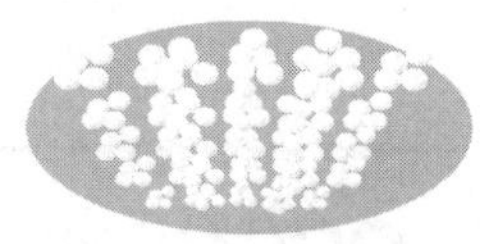

● 例文――

Altocumulus clouds generally refer to clouds that are found in the middle range of the sky.

高積雲は通常、空の中間層に見られる雲のことを指す。

---

stratocumulus【名】層積雲

[strætoukjú:mjuləs]

▶ strato〔広がる、層〕＋cumulus〔積雲〕

⇒152

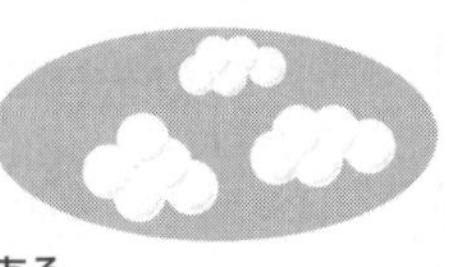

● 例文――

Stratocumulus is a low cloud, with its base usually below 2000 meters.

層積雲は底の部分が普通2000メートル以下にある低い雲である。

---

cirrocumulus【名】巻積雲、まだら雲

[sì:roukjú:mjuləs]

▶ cirro〔巻きひげ〕＋cumulus〔積雲〕

※ cumulonimbus【名】積乱雲、入道雲

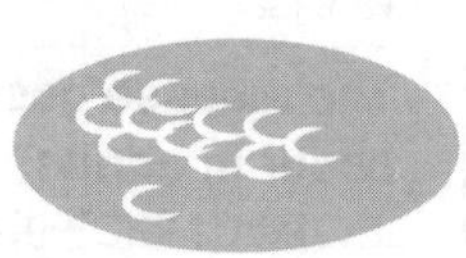

● 例文――

Cirrocumulus along with cirrus and cirrostratus usually occur at an altitude of 5 kilometers to 12 kilometers.

巻積雲は巻雲と巻層雲とともに5㎞から12㎞の高度で発生する。

35

cur＝走る、流れる

語源ノート

「フルコース(full course)」の料理とは、オードブル・スープ・魚料理・肉料理・サラダ・デザート・果物・コーヒーの順に流れるように出される西洋料理。ゴルフコースのcourseはラテン語の「走る」という意味のcurrereから。パソコンの画面上を動くのはマウスの「カーソル(cursor)」。DCは「直流(Direct Current)」、ACは「交流(Alternating Current)」。

occur【動】生じる、発生する、存在する

[əkə́ːr]

▶ **o(c)**〔～に向かって〕＋**cur**〔走る〕

occurrence【名】発生、出来事

● 例文

The disease occurs mainly in children, but can also occur in adults.

その病気は主に子供に発症するが大人にも発症する。

Earthquakes are an unusual occurrence in England.

イングランドでは地震は滅多に発生しない。

recur【動】再発する、(数字が)循環する

[rikə́ːr]

▶ **re**〔再び〕＋**cur**〔走る〕

※ **recurrence**【名】再発

● 例文——

There is a high possibility that the disease may recur.

その病気は再発の可能性は高い。

---

current【名】電流、流れ　【形】今の、流通している、現行の

[kə́ːrənt]

▶ **cur**〔走る〕＋**ent**〔形容詞に〕

※ **concurrent**【形】同時に起こる、同時並行する、コンカレント

● 例文——

Turn off the current before changing the fuse.

ヒューズを換える前に電流を切りなさい。

---

cursorial【形】走行性の、走行動物の

[kəːrsɔ́ːriəl]

▶ **curs**〔走る〕＋**or**〔もの〕＋**ial**〔形容詞に〕

● 例文——

The ostrich is considered to possess the longest legs of all cursorial birds.

ダチョウは全ての走禽類の中で最も長い脚を持つと考えられている。

---

precursor【名】前の形、前兆、前駆体

[prikə́ːrsər]

▶ **pre**〔前に〕＋**curs**〔走る〕＋**or**〔もの〕

● 例文——

The epidermal cell is a precursor of a melanocyte.

その表皮細胞はメラニン細胞の先駆物質である。

36

da, do, dot, dit = 与える、置く

語源ノート

「臓器提供者」の「ドナー (donor)」は《don〔与える〕+ or〔人〕》から。「資料」の「データ (data)」は与えられたもの。「日付」や「デート」を表すdateは、かつて古代ローマで、手紙の日付の前に必ずData Romae (ローマで与えられる) と書きそえられていたことによる。doseは薬の「一服」。

add【動】加える
[ǽd]
▶ **ad**〔～の方へ〕+ **d**〔置く〕

addition【名】追加、足し算

● 例文

If you add 11 and 31, you get 42.
11と**31**を足せば答えは**42**。

She is quick at addition.
彼女は足し算が速い。

additive【形】付加的な 【名】添加物

[ǽdətiv]

▶ ad〔～の方へ〕＋dit〔置く〕＋ive〔形容詞に〕

● 例文――

This product contains no artificial additives.

この商品には人工添加物は含まれていない。

---

antidote【名】解毒剤

[ǽntidòut]

▶ anti〔対〕＋dote〔与える〕

● 例文――

Unless an antidote is given immediately the patient could die.

解毒剤が直ちに与えられない限り、患者は死亡する可能性がある。

---

dosage【名】投薬、服用量

[dóusidʒ]

▶ dos〔与える〕＋age〔名詞に〕

● 例文――

Lowering the dosage can stop some side effects.

投薬量を減らせば副作用を止めることができる。

---

donation【名】（臓器・血液の）提供、寄付

[dounéiʃən]

▶ don〔与える〕＋ate〔～化する〕＋ion〔名詞に〕

※ donate【動】（臓器・血液を）提供する

● 例文――

Blood donation is allowed up to the age of 69.

献血は69歳まで認められている。

37

dan, dom = 支配する、家

語源ノート

「ドメイン(domain)」は、インターネット上でコンピューターや機器を識別するための名前のこと。「国内線(domestic flight)」のdomesticはラテン語の「家」を意味するdomusから。dominantは《domin〔支配する〕+ant〔形容詞に〕》から「主要な」に。

danger 【名】危険

[déindʒər]

▶ 支配者の力→危害

dangerous 【形】危険な

endanger 【動】危険にさらす

● 例文

That species of bird is said to be in danger of extermination.
その鳥は絶滅の恐れがあると言われている。

Loss of habitat is endangering many birds.
生息地の消失が多くの鳥を危機にさらしている。

domestic 【形】国内の、家庭内の

[dəméstik]

▶ dome〔家〕＋tic〔～的な〕

● 例文――

Security on domestic flights in the US has been stepped up considerably.

アメリカの国内線のセキュリティーは、かなり高くなった。

---

domesticate 【動】家畜化する

[dəméstikèit]

▶ domestic〔家の〕＋ate〔～化する〕

● 例文――

Cats were domesticated by the Egyptians.

ネコはエジプト人によって飼い慣らされたものだ。

---

dominate 【動】支配する、そびえる

[dάmənèit]

▶ dome〔支配〕＋ate〔動詞に〕

● 例文――

The area is dominated by dense mangrove forests.

その地域は深いマングローブの森林で占められている。

---

domain 【名】領域、ドメイン

[douméin]

▶ 支配する場所

● 例文――

This issue is outside the domain of medical science.

この問題は医学の領域外だ。

38

dent, dont＝歯

語源ノート

「歯科医院」は「デンタルクリニック(dental clinic)」。「デンタルエステティック(dental aesthetic)」は「審美歯科」。「タンポポ(dandelion)」はフランス語で、葉がlion（ライオン）のdent（歯）に似ていることからつけられた。dentificeは《dent〔歯〕+frice〔こする〕》から「歯磨き粉」。「アルデンテ」は《al〔～の方へ〕+dente〔歯〕》で「歯ごたえのある」、dentは「くぼみ」、indentは《in〔中に〕+dent〔歯〕》で、歯のようにギザギザなことから「字下げ、刻み目」に。

dental【形】歯の

[déntl]

▶ **dent**〔歯〕+ **al**〔形容詞に〕

dentistry【名】歯科
dentist【名】歯科医

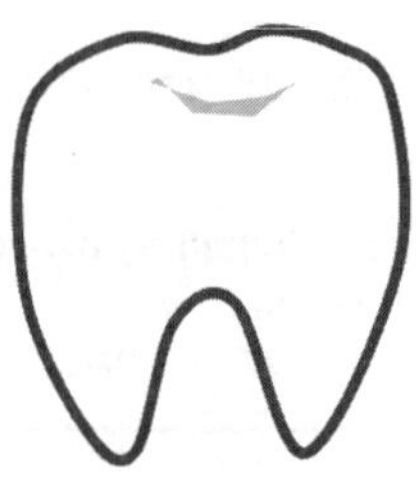

● 例文

His son is a dental technician.
彼の息子は歯科技工士だ。

Nitrous oxide, or laughing gas, is commonly used as an anesthetic in dentistry and surgery.
亜酸化窒素、つまり笑気ガスは、歯科や外科の麻酔薬としてよく使われる。

denture【名】入れ歯

[déntʃər]

▶ dent〔歯〕＋ure〔名詞に〕

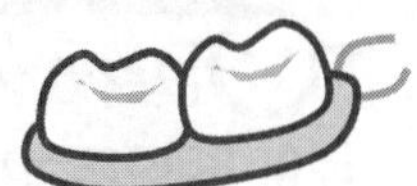

● 例文――

The dentist advised me to have a full denture.

歯科医は私に総入れ歯にすることを勧めた。

---

periodontitis【名】歯周炎

[pèrioudɑntáitis]

▶ peri〔周囲〕＋dont〔歯〕＋itis〔炎症〕

※ periodontics【名】歯周病学

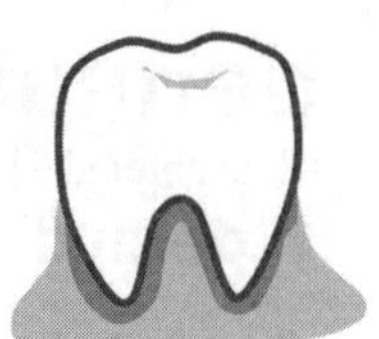

● 例文――

Periodontitis occurs when inflammation of the gums is untreated or treatment is delayed.

歯茎の炎症が未治療であったり治療が遅れたりすると歯周炎は起こる。

---

orthodontics【名】歯科矯正

[ɔ̀ːrθədɑ́ntiks]

▶ orth〔正しい〕＋dont〔歯〕＋ics〔学問〕

※ orthodontic【形】歯科矯正の

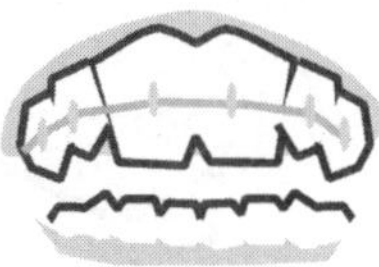

● 例文――

You may need orthodontics if your teeth or jaw do not develop in a normal way.

歯やあごが正常に発達しなければ歯科矯正治療が必要かもしれない。

---

rodent【名】齧歯(げっし)類の動物

[róudnt]

▶ rod〔かむ〕＋dent〔歯〕

● 例文――

A rat is an example of a rodent.

ネズミは齧歯(げっし)類の一例だ。

39

derm(at) = 皮膚

語源ノート

皮膚ガンの早期発見に使われる「ダーモスコープ(dermatoscope)」は、《dermat〔皮膚〕＋scope〔見る〕》から。dermaはギリシャ語で「皮膚」を表す。

dermatology 【名】皮膚病学、皮膚科

[dəːrmətάlədʒi]

▶ **dermat**〔皮膚〕+ **logy**〔学問〕

dermatologist 【名】皮膚科医

● 例文

She's the first patient being treated at the hospital's new dermatology building.
彼女はその病院の新しい皮膚科病棟で治療を受ける最初の患者だ。

I have an appointment with a dermatologist today.
今日は皮膚科の予約があります。

dermatoscope【名】ダーモスコープ

[dəːrmǽtəskoup]

▶ **dermat**〔皮膚〕＋**scope**〔見る〕
⇒139

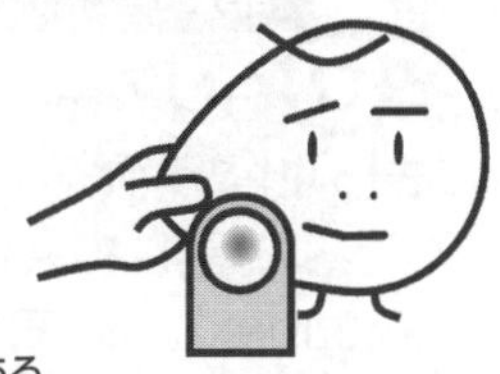

● 例文——

Dermatoscope is a useful tool for melanoma detection.

ダーモスコープは悪性黒色腫の発見には有益な道具である。

---

dermatitis【名】皮膚炎

[dəːrmətáitis]

▶ **dermat**〔皮膚〕＋**itis**〔炎症〕

● 例文——

He's troubled with atopic dermatitis.

彼はアトピー性皮膚炎に悩まされている。

---

melanoderma【名】黒皮症

[mèlənədə́ːrmə]

▶ **melan**〔黒い〕＋**derma**〔皮膚〕
⇒92

● 例文——

Melanization of skin is referred to as melanoderma.

皮膚が黒くなるのは黒皮症と言われる。

---

intradermal【形】皮内の

[ìntrədə́ːrməl]

▶ **intra**〔中に〕＋**dermal**〔皮膚の〕

● 例文——

A more reliable test is an intradermal test.

もっと信頼できる検査は皮内テストだ。

40

dict＝言う、示す

語源ノート

「ディクテーション（dictation）」は「言ったことを書き出す」の意味。表の中などで「同上」を意味するdittoはイタリア語に由来し、「前に言った」の意味。「インデックス（index）」は「知らせる」を意味し、指標、指数、索引などの意味に。人差し指はindex finger。

index 【名】指標、指数、索引

[índeks]

▶ **in**〔中へ〕＋**dex**〔言う〕

● 例文

This is an index to measure the energy efficiency of machines.
これは機械のエネルギー効率を測る指標である。

The productivity index is calculated as output divided by input.
生産性指数はアウトプット÷インプットで計算される。

predict 【動】予測する、予報する、予言する

[pridíkt]

▶ **pre**〔前もって〕＋**dict**〔言う〕

※ **prediction** 【名】予測、予言

● 例文――

The researcher predicted the earthquake.

研究者はその地震を予測した。

---

indicate 【動】指し示す、表示する

[índikèit]

▶ **in**〔対して〕＋**dict**〔示す〕＋**ate**〔～化する〕

※ **indication** 【名】指示、表示、兆候

※ **indicator** 【名】計器、指針

● 例文――

The study indicated that his assumption was correct.

その研究は彼の想定が正しいことを示した。

---

condition 【名】状態、条件

[kəndíʃən]

▶ **con**〔共に〕＋**dict**〔言う〕＋**ion**〔名詞に〕

※ **conditional** 【形】条件付きの

● 例文――

The patients are in a critical condition.

患者たちは危篤状態にある。

---

contradict 【動】否定する、矛盾する

[kɑ̀ntrədíkt]

▶ **contra**〔反対〕＋**dict**〔示す〕

※ **contradiction** 【名】否定、矛盾

● 例文――

The result contradicts the established theory.

その結果は定説と矛盾する。

41

duct, duce＝導く(1)

語源ノート

「プロデューサー (producer)」は《pro〔前に〕＋duce〔導く〕＋er〔人〕》が語源で、映画・演劇・放送などで、作品の企画から完成まで導く制作責任者のこと。環境問題で、3Rとはreduce「(ごみを) 減らす」、reuse「再利用」、recycle「リサイクル」の3つの頭文字から。introductionは《intro〔中に〕+duct〔導く〕+ion〔名詞に〕》から「導入」に。

produce【動】作る、生産する

[prədjúːs]

▶ **pro**〔前に〕＋**duce**〔導く〕

productive【形】生産的な、引き起こす

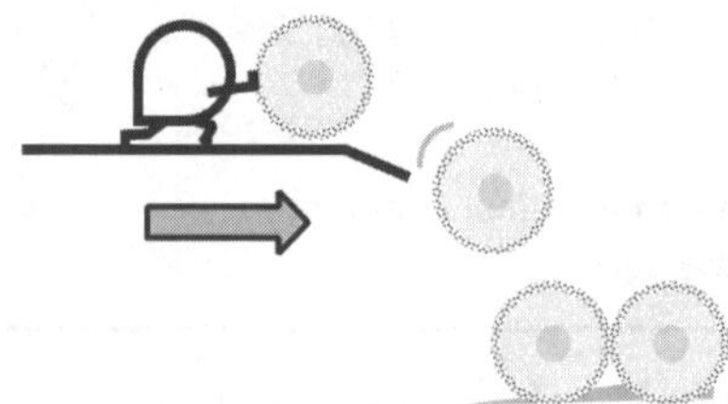

● 例文

Plants produce oxygen.
植物は酸素を作る。

Tobacco smoke is thought to be productive of cancer.
タバコの煙はガンを引き起こすと考えられている。

reproduce【動】再生する、繁殖する、再現する

[rìprədjúːs]

▶ re〔再び〕＋produce〔生産する〕

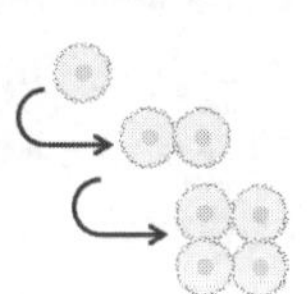

● 例文――

Most plants reproduce by producing seeds.

たいていの植物は種子を生じることによって繁殖する。

---

induce【動】引き起こす、誘導する

[indjúːs]

▶ in〔中に〕＋duce〔導く〕

※ **inducer**【名】誘導因子

※ **inductor**【名】誘導子、感応物質

● 例文――

The drug can induce anything from stomach cramps to comas.

その薬は胃けいれんから昏睡状態まで何でも誘発し得る。

---

reduce【動】減らす、還元する、約分する

[ridjúːs]

▶ re〔後ろに〕＋duce〔導く〕

※ **reduction**【名】減少、縮小、約分、通分

※ **reductant**【名】還元剤

※ **reducible**【形】還元できる、約分できる

● 例文――

You should try to reduce your body fat.

体脂肪を減らす努力をするべきです。

---

transducer【名】変換器

[trænsdjúːsər]

▶ trans〔越えて〕＋duce〔導く〕＋er〔もの〕

※ **transduction**【名】形質導入

● 例文――

A transducer is a device for changing one form of energy into another.

変換器はある形のエネルギーを他の形に換える装置である。

42

duct, duce = 導く(2)

!! 語源ノート

ductは「ダクト、導管」、conduitは《con〔共に〕+duit〔導く〕》から「コンジット、導管」に。「指揮者(conductor)」は《con〔共に〕+ duct〔導く〕+ or〔人〕》、つまり、オーケストラ全員を指揮する人。

conduct 【動】伝導する、導く、(実験などを)実施する

[kəndʌ́kt]

▶ **con**〔共に〕+ **duct**〔導く〕

conductive 【形】伝導性のある
conductivity 【名】伝導性
conduction 【名】熱伝導

● 例文

Aluminum, being a metal, readily conducts heat.
アルミニウムは金属なので容易に熱を伝導する。

Copper is a very conductive metal.
銅は非常に伝導性のある金属である。

conductor【名】伝導体

[kəndʌ́ktər]

▶ con〔共に〕＋duct〔導く〕＋or〔もの〕

● 例文――

Copper is a good conductor of heat.

銅は熱をよく伝える。

---

semiconductor【名】半導体

[sèmikəndʌ́ktər]

▶ semi〔半分、2分の1〕＋conduct〔導く〕＋or〔もの〕

● 例文――

The devices use less power than semiconductor devices.

その装置は半導体の装置に比べて動力を使わない。

---

product【名】生産品、積、生成物

[prɑ́dʌkt]

▶ pro〔前に〕＋duct〔導く〕

※ production【名】生産

※ productivity【名】生産性

● 例文――

Hemoglobin is a product of red blood cells.

ヘモグロビンは赤血球の生成物である。

---

ductile【形】延性のある

[dʌ́ktl]

▶ duct〔導く〕＋ile〔形容詞に〕

ductile steel 延性鋼

● 例文――

Copper is more ductile than brass as it is a pure element.

銅は純物質なので真鍮よりも延性がある。

43

electr＝電気、琥珀

!! 語源ノート

「エレキギター」はelectric guitar (電気のギター)。「エレキ」はラテン語の「琥珀」を意味するelectrumからで、琥珀を擦って電気が作られたことに由来する。「摩擦」を意味するfrictionも同じ語源から。electrostaticは《electro〔電気〕+stat〔立つ〕+ic〔形容詞に〕》から「静電気の」に。

electric 【形】電気の

[iléktrik]

▶ **electr**〔電気〕+ **ic**〔～的な〕

electricity 【名】電気

● 例文

The electric light went out.
電灯が消えた。

Cotton sheets absorb moisture, and create less static electricity.
綿のシーツは湿気を吸収し、静電気があまり起きない。

electron【名】電子

[iléktrɑn]

▶ **electric**〔電気の〕＋**ion**〔イオン〕

※ **electronics**【名】電子工学 ⇒72

※ **electromagnetic**【形】電磁気の

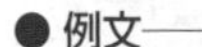
● 例文——

Although small, these single crystals can be studied using an electron microscope.

小さいけれど、これらの結晶は電子顕微鏡を使って調べられる。

---

electrode【名】電極

[iléktroud]

▶ **electr**〔電気〕＋**ode**〔道〕

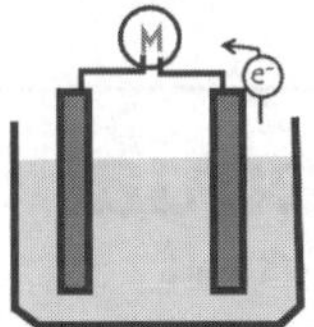

● 例文——

At the active electrode there is a high current density due to the small area of the electrode.

活性電極では電極面積が小さいので電流密度は高い。

---

electrolyte【名】電解質

[iléktrəlàit]

▶ **electr**〔電気〕＋**lyte**〔分解〕

⇒77〜78

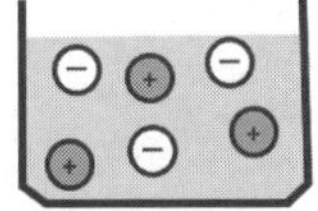

● 例文——

The battery had leaked electrolyte.

電池から電解物が漏洩していた。

---

electrolysis【名】電気分解

[ilektrɑ́ləsis]

▶ **electr**〔電気〕＋**ly**〔解く〕＋**sis**〔名詞に〕

⇒77〜78

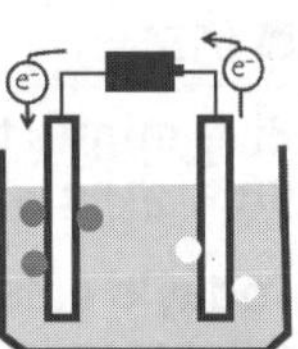

● 例文——

Alkali metals can be separated from their impurities by electrolysis.

アルカリ金属は電気分解によって不純物から分離できる。

44

equa, equi ＝等しい

語源ノート

「赤道(equator)」直下の南米の国は「エクアドル(Ecuador)」。赤道とは北極と南極から等しい距離にある点を結んだ線のこと。「平衡・釣り合い」を表すequilibriumは分解すると、《equi〔等しい〕＋libra〔天秤〕＋ium〔名詞に〕》。「天秤座」はLibraだが、イギリスの通貨単位のポンド＝£はこのLibraの頭文字を取ったもので、かつて、1ポンドの重さの銀に相当する価値を示していたことによる。

equal 【形】同等の、平等の　【動】等しい

[íːkwəl]

▶ **equ**〔等しい〕＋**al**〔形容詞に〕

equality 【名】同等、平等、等式
inequality 【名】不等式、不平等

● 例文

Five minus two equals three.
5引く2は3である。

Today's class continues with inequalities.
今日の授業は不等式の続きです。

(44) equa, equi＝等しい

equation【名】方程式、等式

[ikwéiʒən]

▶ **equ**〔等しい〕＋**ate**〔～化する〕＋**ion**〔名詞に〕

※ **equate**【動】同等とみなす、一致する

● 例文――

Solve a system of simultaneous equations.

1組の連立方程式を解きなさい。

$y = x+4$

equilateral【形】等辺の

[ìːkwəlǽtərəl]

▶ **equi**〔等しい〕＋**late**〔側面〕＋**al**〔形容詞に〕

⇒76

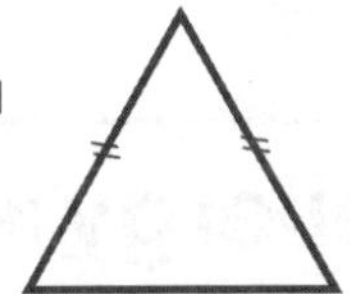

● 例文――

Draw an equilateral triangle on the blackboard.

黒板に正三角形を描きなさい。

equivalent【形】同等の、同価の、同値の【名】同等、同価、同値

[ikwívələnt]

▶ **equi**〔等しい〕＋**val**〔価値〕＋**ent**〔形容詞に〕

⇒167

● 例文――

Eight kilometers are roughly equivalent to five miles.

8kmは大ざっぱに言うと5マイルにあたる。

equidistant【形】等距離の

[ìːkwədístənt]

▶ **equi**〔等しい〕＋**distant**〔遠い〕

⇒148～149

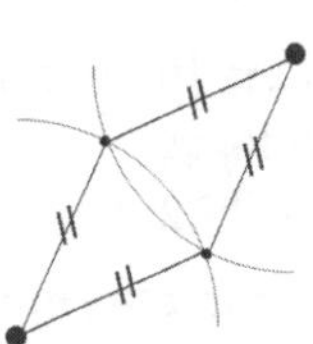

● 例文――

The locus of points equidistant from a given point is a circle.

与えられた点から等距離にある点の軌跡は円になる。

45

erg＝仕事、行動

語源ノート

「エネルギー (energy)」はギリシャ語の「仕事」を意味するergonに由来。「アレルギー (allergy)」は、同じくギリシャ語の「異物」を表すallosとergonから「異物が働きかけたもの」が原義。「別の」とか「他の」を意味するelseやotherもallosと同じ語源。「エルグ(erg)」は10^{-7}ジュールに値するエネルギーの単位のこと。ergonomicsは《erg＋economics》から「人間工学」に。

allergy【名】アレルギー
[ǽlərdʒi]

▶ **all**〔他の〕＋**erg**〔仕事〕＋**y**〔名詞に〕

allergic【形】アレルギーの

● 例文

One in seven people worldwide suffer from pollen allergy.
世界中の7人に1人が花粉症に悩まされている。

He is allergic to pollen.
彼は花粉アレルギーだ。

energy【名】エネルギー

[énərdʒi]

▶ ギリシャ語の「仕事」を表す**ergon**から

※ **energetic**【形】精力的な、活気に満ちた

● 例文――

Potential energy is one of several types of energy that an object can possess.

位置エネルギーは物体が持ちうる数種類のエネルギーの一つだ。

---

allergen【名】アレルゲン、アレルギー抗体

[ǽlərdʒən]

▶ **all**〔他の〕＋**erg**〔仕事〕＋**en**〔物質〕
→他に働きかけること

※ **allergenic**【形】アレルギーを起こす

● 例文――

Certain foods seem to contain more potent allergens than others.

ある特定の食品には他に比べてより強いアレルゲンがあるようだ。

---

antiallergic【形】抗アレルギーの

[æntiələ́:rdʒik]

▶ **anti**〔対〕＋**all**〔他の〕＋**erg**〔仕事〕＋**ic**〔～的な〕

● 例文――

Antiallergic drugs are commonly used for the treatment of allergic rhinitis.

抗アレルギー性薬品はアレルギー性鼻炎の治療によく使われる。

---

hypoallergenic【形】低アレルギー性の

[hàipouələ:rdʒénik]

▶ **hypo**〔下に〕＋**all**〔他の〕＋**erg**〔仕事〕＋**ic**〔～的な〕

● 例文――

Production of hypoallergenic egg white has become possible.

低アレルゲン性卵白の製造が可能になった。

46

fect, fic, fact = する、働き(1)

!! 語源ノート

「工場」のfactoryはラテン語の《fact〔作る〕+ory〔ところ〕》から。fact「事実」はラテン語で「なされたこと」を意味するfactumから。facilityは《fac〔する〕+ile〔形容詞に〕+ity〔名詞に〕》で、「しやすい」ことから「設備、機関」に。

infect 【動】感染する、伝染する

[infékt]

▶ **in**〔中に〕+ **fect**〔働きかける〕

infection 【名】感染、伝染

infectious 【形】伝染する、伝染病の

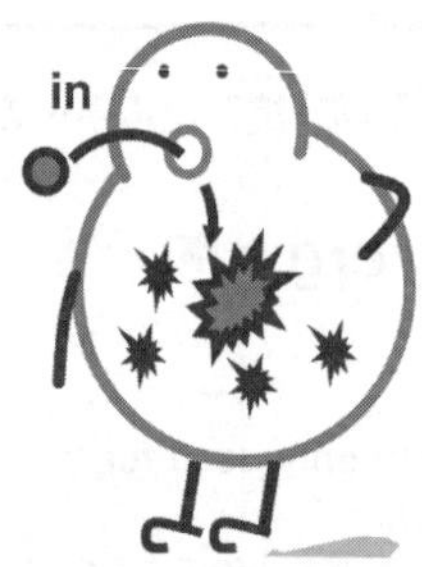

● 例文

A flu virus infected many students in his class.
インフルエンザウイルスが彼のクラスの多くの生徒に感染した。

Cholera is infectious.
コレラは伝染する。

disinfect 【動】消毒する、(ウイルスを)除去する

[dìsinfékt]

▶ dis〔～しない〕+ infect〔感染する〕

● 例文――

Clean and disinfect the toilet with a disinfectant.

消毒剤で便器を洗浄し消毒しなさい。

---

effect 【名】効果、影響、結果

[ifékt]

▶ e(f)〔外に〕+ fect〔働きかける〕

※ **effective** 【形】効果的な、効き目のある

effective value 実効値

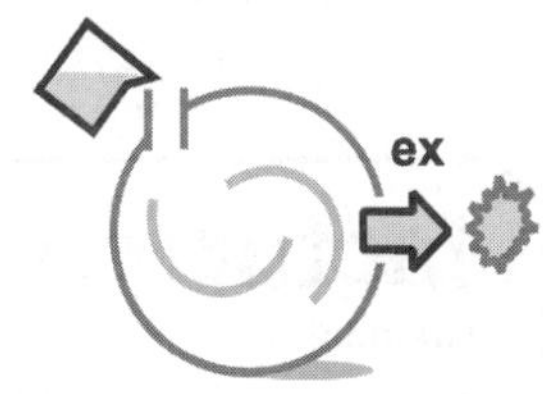

● 例文――

This vaccine is effective against the common cold.

このワクチンは普通の風邪に効く。

---

affect 【動】影響する、作用する、冒す

[əfékt]

▶ a(f)〔～の方へ〕+ fect〔働きかける〕

● 例文――

The disease affects the central nervous system.

その病気は中枢神経系に影響を与える。

---

defect 【名】欠陥、欠点、欠乏、疾患

[dí:fekt]

▶ de〔離れて〕+ fect〔働きかける〕

● 例文――

No defect was found during the pre-flight inspection.

飛行前の検査では何の欠陥も見つからなかった。

47

fect, fic, fact = する、働き(2)

!! 語源ノート

「エイズ(AIDS)」はAcquired Immune Deficiency Syndrome（後天性免疫不全症候群）の頭文字を取った造語。「フィクション(fiction)」は「作り話」。きれいな形や姿を観客に見せる「フィギュアスケート(figure skate)」のfigureは「体形」「計算」「数字」などの意味がある。

factor 【動】因数分解する　【名】要因、要素、因数、因子

[fǽktər]

▶ **fact**〔働きかける〕+ **or**〔もの〕

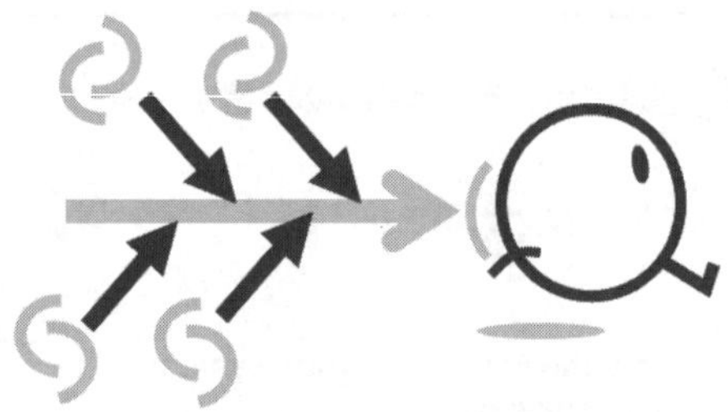

● 例文

Factor the following polynomial completely.
次の多項式を完全に因数分解しなさい。

The greatest common factor of 170 and 255 is 85.
170と255の最大公約数は85である。

deficient 【形】不足した、欠陥のある

[difíʃənt]

▶ **de**〔離れて〕＋**fic**〔働きかける〕＋**icent**〔形容詞に〕

※ **deficiency**【名】不足、欠乏

● 例文――

Your diet is deficient in vitamins.

あなたの食事にはビタミンが欠けている。

He has anemia due to iron deficiency.

彼は鉄欠乏性の貧血です。

---

efficient 【形】効率的な、有効な

[ifíʃənt]

▶ **e(f)**〔外に〕＋**fic**〔働きかける〕＋**ient**〔形容詞に〕

※ **efficiency**【名】効率、能率

fuel efficiency 燃料効率

※ **coefficient**【名】係数

● 例文――

The new model is energy efficient and eco-friendly.

その新型はエネルギー効率が良く、環境に優しい。

---

sufficient 【形】十分な

[səfíʃənt]

▶ **suf**〔下に〕＋**fic**〔作る〕＋**ent**〔形容詞に〕

● 例文――

There is sufficient evidence that they are carcinogenic to animals.

それらが動物にとって発がん性があるという十分な証拠がある。

---

significant 【形】重要な、かなりの

[signífikənt]

▶ **sign**〔印〕＋**fic**〔作る〕＋**ant**〔形容詞に〕

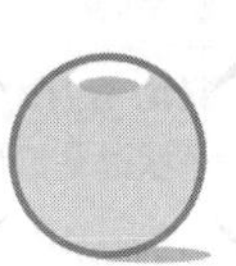

● 例文――

Mushrooms contain significant amounts of minerals.

キノコにはかなりの量のミネラルが含まれている。

48

fer = 運ぶ(1)

語源ノート

「フェリーボート(ferry boat)」とは旅客や貨物を自動車ごと運搬する連絡船のこと。ラテン語の「運ぶ」という意味のferreから。

differ 【動】違う、異なる

[dífər]

▶ **di**〔離れて〕+ **fer**〔運ぶ〕

difference 【名】差異
different 【形】異なった

● 例文

The symptoms did not differ between the two groups.
症状は**2**つのグループで異ならなかった。

Swimming will develop many different muscles.
水泳は体のいろいろな筋肉を発達させる。

prefer 【動】より好む

[prifə́ːr]

▶ pre〔前に〕＋fer〔運ぶ〕

※ preference【名】好み、選択、優先

※ preferable【形】望ましい

● 例文——

I prefer physics to chemistry.

私は化学よりも物理のほうが好きだ。

---

suffer 【動】苦しむ、悩む、患う

[sʌ́fər]

▶ su(f)〔下で〕＋fer〔運ぶ〕

● 例文——

Children can suffer from high blood pressure too.

子供も高血圧を患うことがある。

---

transfer 【動】移る、伝染する [trænsfə́ːr]

【名】移動 [trǽnsfəːr]

▶ trans〔越えて〕＋fer〔運ぶ〕

transfer function 伝達関数

heat transfer 熱伝達

● 例文——

It is unlikely that the disease will be transferred from animals to humans.

その病気は動物から人へ感染することはないであろう。

---

infer 【動】推測する

[infə́ːr]

▶ in〔中に〕＋fer〔運ぶ〕

● 例文——

A lot can be inferred from these statistics.

これらの統計からたくさんのことが推測できる。

fer＝運ぶ(2)

語源ノート

「会議(conference)」は《con〔共に〕＋fer〔運ぶ〕＋ence〔名詞に〕》、つまり、みんなで一緒に足を運ぶことから。「オファー(offer)」は《of〔向かって〕＋fer〔運ぶ〕》で、相手の方に向かって運ぶことから「申し出る」に。referは《re〔元へ〕+fer〔運ぶ〕》で「参照する」、名詞形はreference(参照、参考文献)。

differential【形】差異による、微分の　【名】差異、微分

[dìfərénʃəl]

▶ **di**〔離れて〕+**fer**〔運ぶ〕+**ent**〔形容詞に〕+**ial**〔形容詞に〕

differentiate【動】区別する、微分する、分化させる、差別化する

differential gear 差動歯車

● 例文

Solve the following differential equations.

次の微分方程式を解きなさい。

Differentiate f (x) with respect to x.

f (x)をxで微分しなさい。

conference【名】会議

[kánfərəns]

▶ con〔共に〕＋fer〔運ぶ〕＋ence〔名詞に〕

● 例文──

She is attending a three-day conference on AIDS education.

彼女はエイズ教育に関する3日間の会議に出席している。

---

fertile【形】多産の、肥沃な

[fə́ːrtl]

▶ fer〔運ぶ〕＋tile〔形容詞〕

※ fertility【名】繁殖力のあること、肥沃

● 例文──

The soil in this region is fertile.

この地域の土地は肥沃である。

---

fertilize【動】受精させる、肥料をやる

[fə́ːrtəlàiz]

▶ fer〔運ぶ〕＋tile〔形容詞〕＋ize〔～化する〕

※ fertilization【名】受精、受胎

● 例文──

We should fertilize the soil if we want to grow healthy plants.

健康な植物を育てたいと思うなら、土に肥料をやらないと。

---

proliferate【動】急増させる、繁殖する

[prəlífərèit]

▶ proli〔子孫〕＋fer〔運ぶ〕＋ate〔～化する〕

※ proliferation【名】繁殖

※ proliferative【形】増殖性の

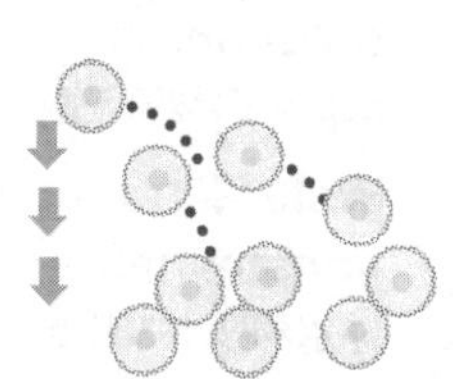

● 例文──

We must not proliferate nuclear arms.

私たちは核兵器を増加させてはならない。

50

fil, fib = 糸、線

語源ノート

ラテン語の「糸」を表すfilumから。細い糸のような繊維質の赤みの肉は「フィレ肉(fillet)」。電球の中にある細い線は「フィラメント(filament)」。「ファイル(file)」は記録を紐で閉じる、「プロファイル(profile)」は「糸で輪郭を描いたような」が語源。

filter【名】濾過、フィルター　【動】濾過する
[fíltər]
▶ 動物の毛を集め、それを圧縮して作るシートのフェルト(felt)から

filtration【名】濾過(作用)

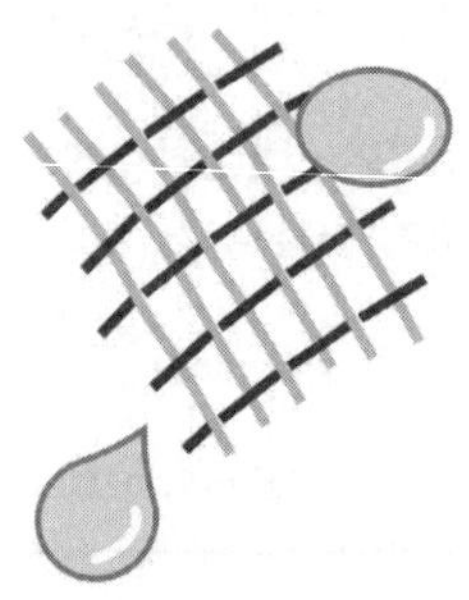

● 例文

You can use filter paper to catch substances in a solution.
溶液中の物質を取るのに濾紙を使うことができる。

Water filtration devices take out the impurities and contaminants that make water taste bad.
浄水器は水の味をまずくさせる不純物と汚染物質を取り除く。

fiber【名】繊維

[fáibər]

▶ fib〔糸〕+er〔もの〕

optical fiber 光ファイバー

※ fibrous【形】繊維質の

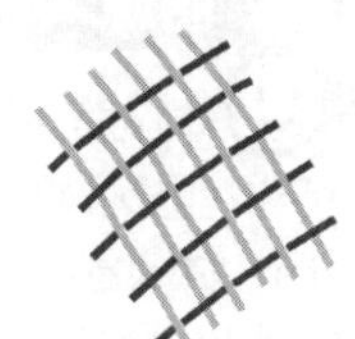

● 例文――

Fruit and vegetables are high in fiber content.

果物や野菜は繊維含有率が高い。

---

infiltrate【動】浸透する

[infíltrèit]

▶ in〔中に〕+filter〔フィルター〕+ate〔〜化する〕

※ infiltration【名】浸透

● 例文――

Computer networks have infiltrated many aspects of our daily life.

コンピュータネットワークは私たちの日常生活の多くの面に浸透している。

---

defibrillator【名】除細動器

[di:fíbrəlèitər]

▶ de〔離れて〕+fiber〔糸〕+ ate〔〜化する〕+or〔もの〕

● 例文――

AED stands for Automated External Defibrillator.

AEDは自動体外式除細動器のことである。

---

fibroblast【名】繊維芽細胞

[fáibrəblæst]

▶ fibro〔糸〕+blast〔芽細胞〕 ⇒11

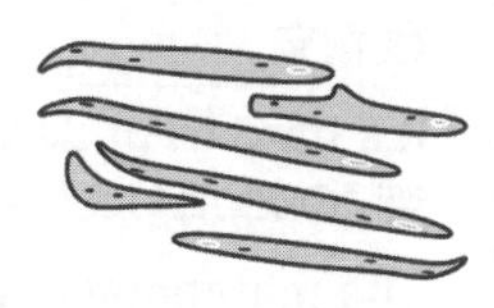

● 例文――

Dermal fibroblasts play an important role in tissue remodeling and wound healing.

皮膚の繊維芽細胞は組織修復や傷の治癒に重要な役割を果たしている。

51

fin＝終わり

語源ノート

体操競技で最後に決める「フィニッシュ(finish)」は、ラテン語の「終わり」を意味するfinireから。fine (すばらしい、洗練された、細かい)は、「仕上げられた」→「見事な」→「細かい」の意味に。

infinite 【形】不定の、無限の

[ínfənət]

▶ **in**〔ない〕＋**fin**〔終わり〕＋**ite**〔形容詞に〕

infinity 【名】無限(大)

● 例文

It's hard to understand the concept of infinite space.

無限の空間という概念を理解することは難しい。

The mathematical symbol for infinity is ∞.

無限大を表す数学記号は∞である。

finite【形】有限の

[fáinait]

▶ fin〔終わり〕＋ite〔形容詞に〕

● 例文――

The world's resources are finite.

世界の資源は有限だ。

---

definite【形】一定の、明確な

[défənit]

▶ de〔下に〕＋fin〔終わり〕＋ite〔形容詞に〕

● 例文――

What is the difference between indefinite integral and definite integral?

不定積分と定積分の違いは何か。

---

refine【動】精製する

[rifáin]

▶ re〔完全に〕＋fine〔洗練された〕

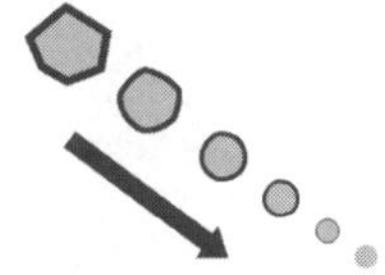

● 例文――

The oil is piped to the coast, where it is refined.

石油は海岸までパイプで輸送され、そこで精製される。

---

define【動】定義する

[difáin]

▶ de〔完全に〕＋fine〔終わり〕

※ definition【名】定義

● 例文――

It is hard to define this scientific terminology.

この科学用語を定義するのは難しい。

52

flame＝炎、燃える

!! 語源ノート

炎のように燃え上がる紅色の鶴（紅鶴）＝フラミンゴ(flamingo)は「炎の色」が原義。「不燃ごみ」はnonflammable、「可燃ごみ」はflammableの表示。

inflammation 【名】炎症

[ìnfləméiʃən]

▶ **in**〔中に〕+ **flam**〔炎〕+ **ate**〔〜化する〕+ **ion**〔名詞に〕

inflammable 【形】燃えやすい

●例文

This medicine soothes the pain of the inflammation.
この薬は炎症の痛みを和らげる。

Gasoline is highly inflammable.
ガソリンは非常に燃えやすい。

flame【名】炎

[fléim]

flame reaction 炎色反応

※ **aflame**【形】燃えて、燃えるように輝いて

● 例文――

Natural gas burns with a bright blue flame.

天然ガスは明るく青い炎で燃える。

---

inflamed【形】炎症を起こす、赤くはれた

[infléimd]

▶ **in**〔中に〕+**flame**〔炎〕+**ed**〔された〕

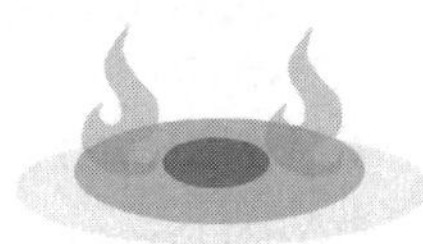

● 例文――

My gums became inflamed.

歯ぐきが炎症を起こした。

---

nonflammable【形】不燃性の

[nὰnflǽməbl]

▶ **non**〔～ない〕+**flam**〔炎〕+**able**〔できる〕

● 例文――

Asbestos is a nonflammable substance, which does not dissolve in water.

アスベストは不燃性の物質で水には溶けない。

---

conflagration【名】猛火、大火災

[kὰnfləgréiʃən]

▶ **con**〔共に〕+**flag**〔炎〕+**ion**〔名詞に〕

● 例文――

The conflagration spread all over the city.

大火災は全市に広がった。

53

flu, flux, fluct＝流れる(1)

語源ノート

かつて、「インフルエンザ(influenza)」は天体の運行や寒気に「影響を受けて(influence)」発生するものと考えられていた。「インフルエンサー(influencer)」は、世間に与える影響力が大きい行動をする人物のこと。

fluctuate【動】変動する

[flʌ́ktʃuèit]

▶ **fluct**〔流れる〕＋**ate**〔～化する〕

fluctuation【名】変動

●例文

The weather fluctuates wildly in this region.

この地域では天候が激しく変動する。

The signal fluctuates slowly relative to the noise fluctuations.

ノイズの変動と比較すると、信号はゆっくりと変動する。

influence 【名】影響　【動】影響を与える

[ínfluəns]

▶ in〔中に〕＋flue〔流れる〕＋ence〔名詞に〕

●例文――

The tides are influenced by the moon and the sun.

潮の干満は月と太陽の影響を受ける。

---

affluent 【形】豊富な

[ǽfluənt]

▶ af〔～の方へ〕＋flu〔流れる〕＋ent〔形容詞〕

●例文――

The land is affluent in natural resources.

その土地は天然資源が豊富だ。

---

fluid 【形】流動体の　【名】流動体、水分

[flú:id]

▶ flu〔流れる〕＋id〔形容詞に〕

fluid dynamics 流体力学

●例文――

Mercury is a fluid substance.

水銀は液状の物質である。

---

flood 【名】洪水　【動】水浸しにする、あふれさせる

[flʌ́d]

●例文――

The town suffered the worst floods for fifty years.

その町は50年間で最悪の洪水に見舞われた。

54

flu, flux, fluct ＝流れる(2)

語源ノート

「フッ素(fluoride)」の由来は「ホタル石(fluorite)」で、古くから鉱石の融剤として用いられていたため「溶けて流れる」という意味のfluereに由来する。

fluorescent 【形】蛍光を発する、蛍光の

[fluərésnt]

▶ **fluore**〔流れる〕＋**sce**〔～化する〕＋**ent**〔形容詞に〕

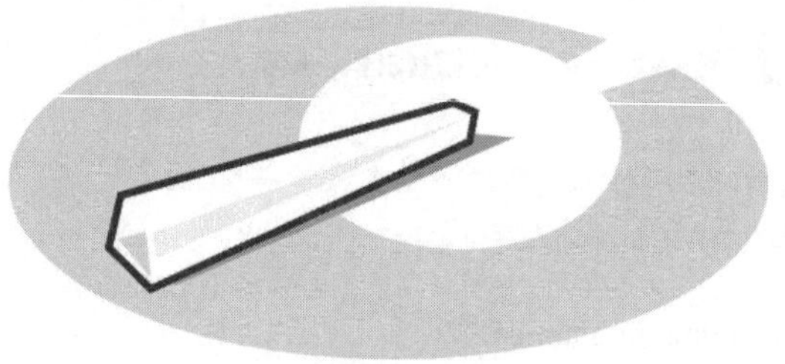

●例文

The fluorescent light won't turn on.
蛍光灯が点灯しない。

Green fluorescent protein is comprised of 238 amino acids.
緑色蛍光タンパク質は238のアミノ酸で構成される。

effluent【形】流出する 【名】下水、廃水

[éfluənt]

▶ ef〔外に〕+flu〔流れる〕+ent〔形容詞に〕

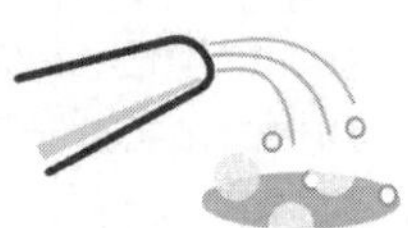

● 例文――

Landfill leachate is a particularly difficult effluent to treat.

埋め立て地の浸出水は特に処理が難しい廃水である。

---

fluoride【名】フッ化物、フッ素

[flúəraid]

▶ fluor〔フッ素〕+ide〔物質〕

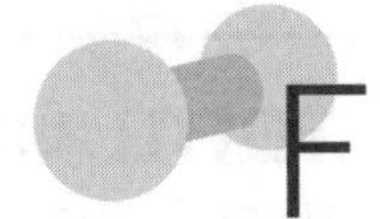

● 例文――

A fluoride treatment makes your teeth strong.

フッ素トリートメントは歯を丈夫にする。

---

fluorite【名】ホタル石

[flúərait]

▶ fluor〔フッ素〕+ite〔物質〕

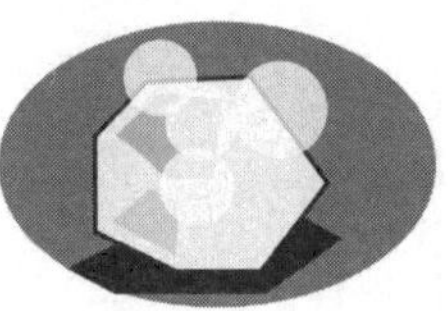

● 例文――

Fluorite is also used for industrial purposes.

ホタル石は産業用にも使われる。

---

fluorocarbon【名】フッ化炭素

[flùəroukɑ́ːrbən]

▶ fluoro〔フッ素〕+carbon〔炭素〕
⇒18

● 例文――

To be recovered, the fluorocarbon is vaporized by heating the 2nd vessel.

フッ化炭素を抽出するには、第2容器を加熱することによって気化させる。

55

form＝形

語源ノート

みんな同じ形をした「制服」の「ユニフォーム(uniform)」は《uni〔1つ〕＋form〔形〕》から。理系で使うuniformは「一様の」「均一の」。形式にかなった正式な服装は「フォーマルウェア(formal wear)」。ディスクを初期の形にするのが「フォーマット(format)」。

form【動】形作る、組織する　【名】形、形態、種類
[fɔ́ːrm]

● 例文

Ice had formed on the road when I went out.
外に出た時、道路に氷が張っていた。

Around 2 billion people carry the TB infection in its latent form.
およそ**20**億人が潜在した形で結核菌に感染している。

formula【名】公式

[fɔ́ːrmjulə]

▶ **form**〔形〕＋**ula**〔小さい〕

※ **formulate**【動】公式化する

● 例文――

The chemical formula for water is H_2O.

水の化学式はH_2Oだ。

The first law of motion was formulated by Isaac Newton.

運動の第一法則はアイザック・ニュートンによって公式化された。

transform【動】変形する、変換する、変わる

[trænsfɔ́ːrm]

▶ **trans**〔越えて〕＋**form**〔形〕

※ **transformation**【名】変換、変態、形質転換

● 例文――

Alternating current is transformed into low-voltage direct current in the computer.

交流電流はコンピューターの中で低電圧の直流電流に変換される。

---

perform【動】行う、実行する

[pərfɔ́ːrm]

▶ **per**〔完全に〕＋**form**〔形〕

※ **performance**【名】性能、実績

● 例文――

The surgeons performed an emergency operation.

外科医たちは緊急手術を行った。

---

deformed【形】奇形の

[difɔ́ːrmd]

▶ **de**〔離れて〕＋**form**〔形〕＋**ed**〔された〕

※ **deform**【動】変形する

※ **deformation**【名】変形

● 例文――

His left arm is congenitally deformed - it's short.

彼の左腕は先天的に奇形で短い。

56

frag, fract = 割れる、もろい

語源ノート

飛行機にチェックインの際、スーツケースに割れ物がある時は、FRAGILE（割れ物注意）のステッカーを。ITで「フラグメンテーション(fragmentation)」とは「断片化」のことで、１つのファイルを成すデータがディスクのあちこちに分散していること。

fracture 【名】骨折、破損、破面　【動】骨折する

[frǽktʃər]

▶ **fract**〔割れる〕＋**ure**〔名詞に〕

● 例文

He had a compression fracture.
彼は圧迫骨折をした。

He fractured both his legs in the car accident.
彼は自動車事故で両脚を骨折した。

fraction【名】分数、破片、少量

[frǽkʃən]

▶ fract〔割れる〕＋ion〔名詞に〕

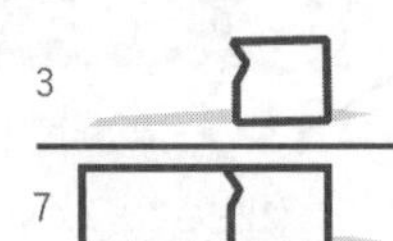

● 例文——

Reduce the following fractions to the lowest terms.

次の分数を約分しなさい。

---

fragile【形】脆弱な、もろい

[frǽdʒəl]

▶ frag〔割れる〕＋ile〔形容詞に〕

● 例文——

His fragile health deteriorated after he left the hospital.

彼の脆弱な健康状態は退院後悪化した。

---

fragment【名】破片　【動】砕ける

[frǽgmənt]

▶ frag〔割れる〕＋ment〔名詞に〕

※ fragmentation【名】断片化

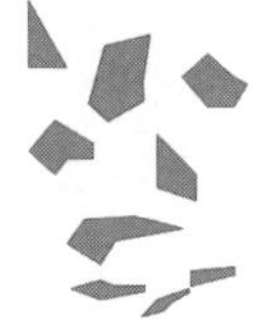

● 例文——

Some glass fragments hit me when the window was smashed.

窓が割られた時、ガラスの破片が当たった。

---

refraction【名】屈折

[rifrǽkʃən]

▶ re〔後ろに〕＋fract〔割れる〕＋ion〔名詞に〕

● 例文——

This color results from the refraction of sunlight by the Earth's atmosphere.

地球の大気による日光の屈折によってこの色ができる。

57

fre, fri, fro = 冷たい

!! 語源ノート

「冷凍庫」は「フリーザー (freezer)」。「フリーズドライ (freeze drying)」食品は、マイナス約30度の凍結庫で凍結させ、真空状態で乾燥させた食品のこと。antifreezeは《anti〔抗〕+freeze〔凍る〕》から「不凍液」に。

frost 【名】霜
[frɔ́:st]

defrost 【動】解凍する

defroster 【名】デフロスタ（霜取り装置）

● 例文

We had the first frost of the season this morning.
今朝、初霜が降りた。

He defrosted frozen noodles in the microwave.
彼は電子レンジで冷凍の麺を解凍した。

refrigerant 【名】保冷剤、冷媒

[rifrídʒərənt]

▶ re〔再び〕+frig〔冷たい〕+ant〔もの〕

※ refrigerate【動】冷蔵する

● 例文——

The refrigerant in the ice maker was running low.

製氷機の冷媒は少なくなっていた。

---

frigid 【形】寒帯の、極寒の

[frídʒid]

▶ fri〔冷たい〕+id〔形容詞に〕

● 例文——

Many of the Frigid Zone animals are covered with heavy fur.

寒帯の動物の多くは重い毛皮で覆われている。

---

frostbite 【名】凍傷

[frɔ́ːstbait]

▶ frost〔霜〕+bite〔かむ〕

● 例文——

Exposure to such conditions can cause frostbite in minutes.

そんな状況にさらされたら数分で凍傷になる可能性がある。

---

permafrost 【名】永久凍土層

[pə́ːrməfrɔ̀ːst]

▶ perma(nent)〔永久の〕+frost〔霜〕

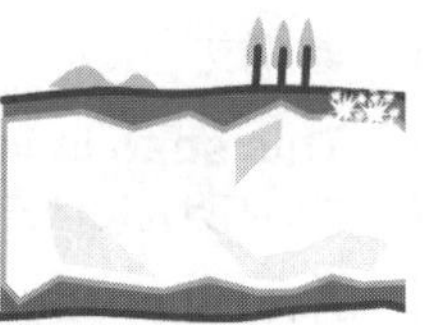

● 例文——

In North America, discontinuous permafrost is present in the Rocky Mountains.

北米では不連続永久凍土層はロッキー山脈にある。

58

fuse＝注ぐ

語源ノート

「フュージョン(fusion)とは、ジャズ・ロック・ラテン音楽など、ジャンルの異なる音楽を融合した音楽のことだが、「原子核の融合」「溶解」などの意味もある。fuse(ヒューズ)は動詞なら、「熱によって溶ける」こと。

infuse【動】注入する

[infjúːz]

▶ **in**〔中に〕＋**fuse**〔注ぐ〕

infusion【名】注入(液)、点滴

● 例文

This soap is infused with natural fragrances.
この石けんには天然香料が入っている。

A local anesthetic drug was given by infusion drip.
部分麻酔薬が点滴で投与された。

transfusion【名】輸血、注入

[trænsfjúːʒən]

▶ **trans**〔越えて〕＋**fus**〔注ぐ〕＋**ion**〔名詞に〕

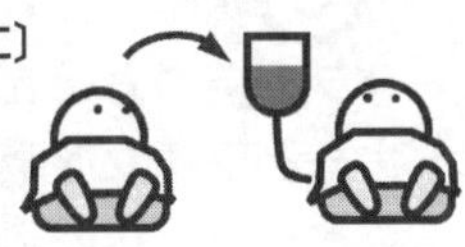

● 例文——

A blood transfusion is necessary.

輸血が必要だ。

---

diffusion【名】拡散、散布

[difjúːʒən]

▶ **dif**〔離れて〕＋**fus**〔注ぐ〕＋**ion**〔名詞〕

※ **diffuse**【動】拡散する、放散する、広める

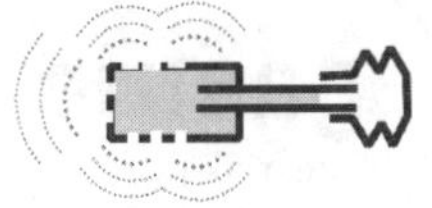

● 例文——

Diffusion is one of several transport phenomena that occur in nature.

拡散は自然界で起こる、いくつかの輸送現象の1つである。

---

effuse【動】流出させる、流出する、発散させる

[ifjúːz]

▶ **ef**〔外に〕＋**fuse**〔注ぐ〕

※ **effusion**【名】流出(物)

● 例文——

The gases effuse into another container.

その気体は別の容器に流出する。

---

refuse【名】ゴミ、廃棄物 [réfjuːs]　【動】拒否する [rifjúːz]

▶ **re**〔後に〕＋**fuse**〔注ぐ〕

● 例文——

They are gradually developing more effective methods of refuse disposal.

彼らは徐々にゴミ処理のより効果的な方法を開発している。

59

gaster, gastr = 胃

!! 語源ノート

イギリスで「ガストロパブ(gastropub)」と言えば、パブの持つカジュアルな雰囲気を残しつつ、本格的なディナーとワインを楽しむことができる新しいタイプのパブのことだが、この語はgastronomy（美食）＋pub（パブ）の合成語。gastroはギリシャ語で「胃」を表すgasterに由来する。

gastric【形】胃の、胃部の

[gǽstrik]

▶ **gastr**〔胃〕＋**ic**〔～的な〕

● 例文

That medicine reduces gastric acid.
その薬は胃酸を抑える。

I was diagnosed with a gastric ulcer.
私は胃潰瘍の診断を受けた。

gastroscope【名】胃カメラ

[gǽstrəskoup]

▶ **gastr**〔胃〕＋**scope**〔見る〕
⇒139

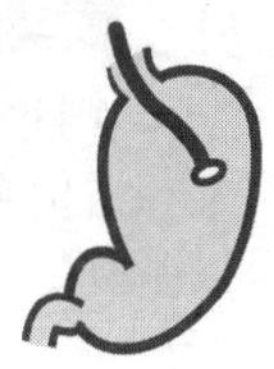

● 例文──

A gastroscope was inserted into his stomach.

胃カメラが彼の胃に挿入された。

---

gastritis【名】胃炎

[gæstráitis]

▶ **gastr**〔胃〕＋**itis**〔炎症〕

● 例文──

Gastritis is an inflammation of the lining of the stomach, and has many possible causes.

胃炎は胃の内側の炎症で、考えられる原因はたくさんある。

---

gastrotomy【名】胃切開

[gæstrɑ́təmi]

▶ **gastr**〔胃〕＋**tom**〔切る〕＋**y**〔名詞に〕
⇒161

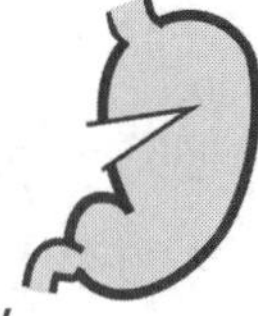

● 例文──

Gastrotomy is a major surgical procedure of endoscopy.

胃切開は内視鏡の大きな外科手術である。

---

gastroptosis【名】胃下垂

[gæ̀strɑptóusis]

▶ **gastr**〔胃〕＋**pto**〔落ちる〕＋
osis〔症状〕

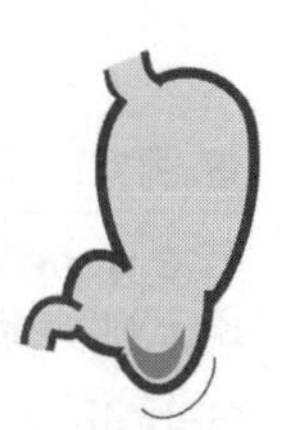

● 例文──

Gastroptosis frequently causes digestive symptoms and constipation, and is much more prominent in women than men.

胃下垂はしばしば消化器症状や便秘の原因となり、男性より女性に顕著である。

60

gen(e) = 種、生まれる (1)

!! 語源ノート

「遺伝子」のgeneはギリシャ語の「世代」を表すgeneaに由来し、20世紀当初のデンマークの科学者・ウィリヘルム・ヨハンセンによる造語。

gene 【名】遺伝子
[dʒíːn]

genetic 【形】遺伝子の

genetics 【名】遺伝学、遺伝子的特徴

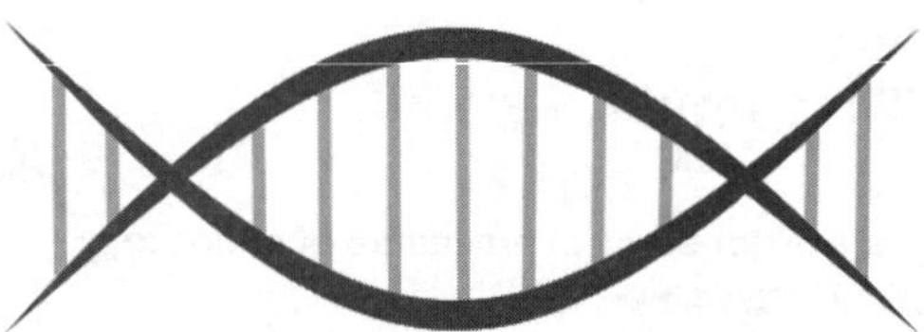

● 例文

The gene is activated by a specific protein.
遺伝子は特定のタンパク質で活性化する。

Genetic engineering will probably mark the threshold of a new era of life science.
遺伝子工学は新しい生命科学時代の発端となるだろう。

transgene 【名】導入遺伝子

[trænsdʒíːn]

▶ **trans**〔越えて〕+**gene**〔種〕

※ **transgenic** 【形】導入遺伝子の、遺伝子組み換えの

● 例文――

Animals carrying a transgene are called transgenic animals.

導入遺伝子を持つ動物は遺伝子組み換え動物と呼ばれる。

---

genesis 【名】起源、発端、創世記

[dʒénəsis]

▶ **gene**〔種〕+**sis**〔名詞に〕

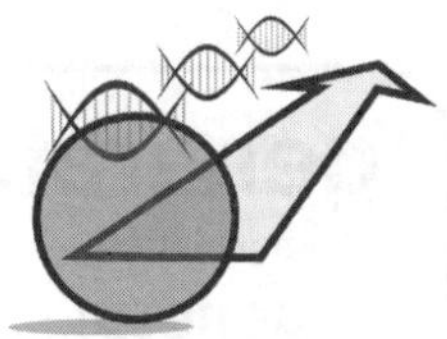

● 例文――

The professor specializes in the genesis of the Earth's magnetism.

教授は地球磁場の起源が専門だ。

---

progeny 【名】子孫

[prɑ́dʒəni]

▶ **pro**〔前に〕+**gen**〔種〕+**y**〔名詞に〕

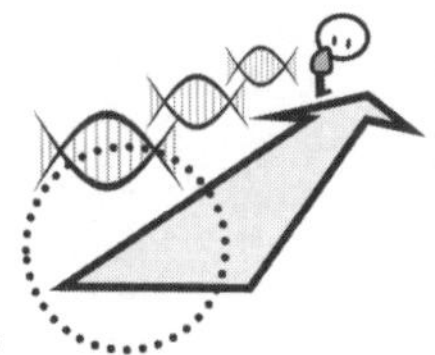

● 例文――

The small plants are the progeny of an oak tree.

その小さな植物は樫の木の子孫である。

---

pathogen 【名】病原体

[pǽθədʒən]

▶ **path**〔感じる、病気〕+**gen**〔種〕

⇒117

● 例文――

Cryptosporidium is the second most common pathogen causing calf diarrhea.

クリプトスポリジウムは子牛の下痢の原因となる2番目に一般的な病原体だ。

61

gen(e)＝種、生まれる(2)

語源ノート

自動車のエンジン(engine)は「動力を生み出す装置」。エンジンを作る人はエンジニア(engineer)。子供―両親―祖父母など世代間行動や考え方の差は「ジェネレーションギャップ(generation gap)」。generationとは「生み出されたもの」。「ジェネリック薬品」は、特許が切れた医薬品を他社が作成したものでgenericは「一般的な」から。

generate【動】引き起こす、発生させる

[dʒénərèit]

▶ **gene**〔種〕＋**ate**〔～化する〕

generation【名】発生、生成、世代
generator【名】発電機、発生器

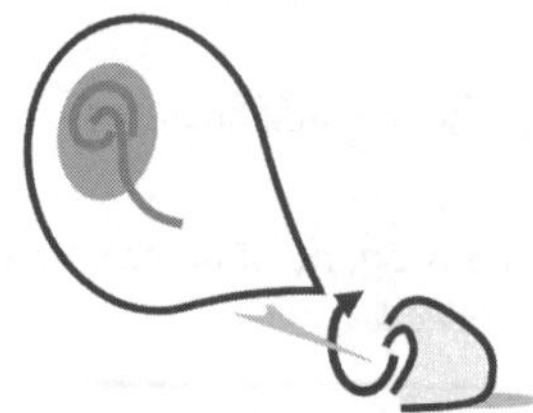

● 例文

France generates a large part of its electricity from nuclear power.
フランスは原子力で電気の大部分を起こしている。

What is a renewable resource used for the generation of electricity?
発電に使われる再生資源はなんであろうか。

regenerate【動】再生する

[ridʒénərèit]

▶ **re**〔再び〕＋**gene**〔種〕＋**ate**〔～化する〕

※ **regenerative**【形】再生力のある

● 例文――

Given time, the forest will regenerate itself.

時間が経てば、森林は自ら再生する。

---

degenerate【動】悪化する、退化する、変質する

[didʒénəreit]

▶ **de**〔離れて〕＋**gene**〔種〕＋**ate**〔～化する〕

※ **degenerative**【形】退化しやすい、進行性の、変性の

※ **degeneration**【名】変質、退化

● 例文――

Flowers, if left uncultivated, degenerate into weeds.

花は栽培しないと、退化してもとの雑草に返る。

---

engineering【名】技術、工学

[èndʒəníəriŋ]

▶ **engine**〔エンジン〕＋**er**〔人〕＋**ing**〔～すること〕

● 例文――

Her major is human engineering.

彼女の専攻は人間工学です。

---

congenital【形】先天的な

[kəndʒénətl]

▶ **con**〔共に〕＋**geni**〔生まれる〕＋**tal**〔形容詞に〕

● 例文――

The data showed that congenital cataracts are common in Cambodia.

先天性白内障はカンボジアではよくあるとデータが示していた。

gen(e) = 種、生まれる (3)

語源ノート

「ゲノム (genome)」とは、ある生物種を規定する遺伝情報全体のこと。「genius (天才)」は「生まれつきもった才能」から。アラビアンナイトに登場するジーニー (genie)「魔神」「妖精」も同じ語源。genialは「人間が生まれつきもった性格」から「親切な」の意味に。genuineは「本物の、生粋の、純粋な」、genuine partsは「純正部品」、genderは「性、ジェンダー」の意味に。

generalized【形】全身の、一般化された

[dʒénərəlaizd]

▶ **gene**〔種〕+ **al**〔形容詞に〕+ **ize**〔～化する〕+ **ed**〔された〕

generalize【動】一般化する

general【形】一般的な

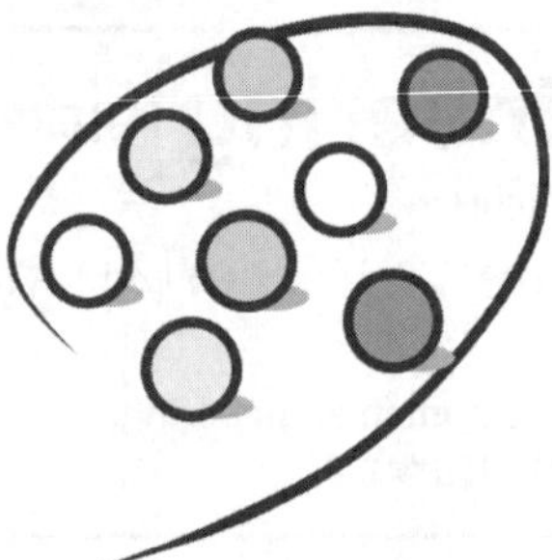

● 例文

Fibromyalgia is a common, chronic, generalized pain syndrome of unknown origin.

線維筋痛は、よくある原因不明の全身慢性痛症である。

We should not generalize from inadequate evidence.

不十分な証拠から一般化するべきではない。

heterogeneous 【形】不均質な、異質な

[hètərədʒíːniəs]

▶ hetero〔他の〕＋gene〔種〕＋ous〔形容詞に〕

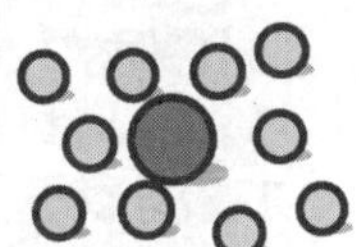

● 例文――

The U.S. has a very heterogeneous population.

アメリカの人口は雑多だ。

---

homogeneous 【形】均質な

[hòumədʒíːniəs]

▶ home〔同じの〕＋gene〔種〕＋ous〔形容詞に〕

● 例文――

Gently invert the infusion bag to obtain a homogeneous solution.

均一な溶液にするために注入袋を静かに逆さまにします。

---

monogenetic 【形】単生の、単成の

[mɑ̀nədʒənétik]

▶ mono〔1〕＋gene〔種〕＋tic〔～的な〕

● 例文――

Higashi Izu monogenetic volcanic field is located in the Izu Peninsula.

東伊豆の単成火山域は伊豆半島にある。

---

polygenetic 【形】複成の、多因生成の、多元発生の

[pɑ̀lidʒənétik]

▶ poly〔たくさんの〕＋gene〔種〕＋tic〔～的な〕
⇒128

● 例文――

A polygenetic volcano is one which erupts many times, mainly from the same vent.

複成火山は主に同じ火口から、何度も噴火する火山である。

63

geo = 地球、土地

!! 語源ノート

図形や空間の性質について研究する数学の分野である「幾何学(geometry)」は《geo〔土地〕+ metry〔測定〕》から。geoは「地球」を表すギリシャ語に由来する。ナショナル ジオグラフィック (National Geographic) は「ナショジオ」「NGC」とも略される科学雑誌や専門チャンネル。

geography【名】地理(学)

[dʒiágrəfi]

▶ **geo**〔地球、土地〕+ **graph**〔書く〕+ **y**〔名詞に〕

geographical【形】地理学の、地理的な

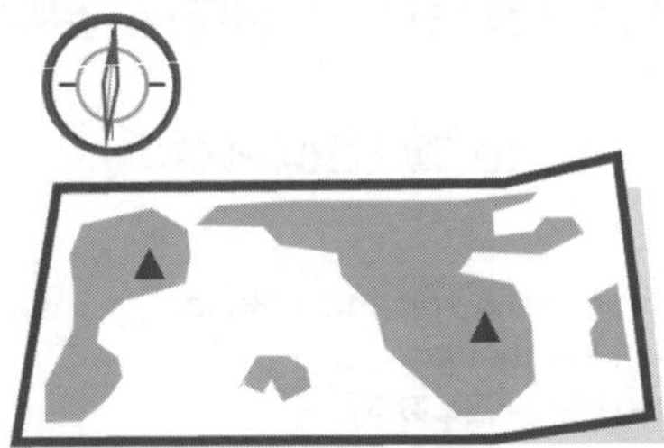

● 例文

I don't know much about the geography of this area.
私はこの辺の地理に詳しくない。

One major geographical feature of Japan is its insularity.
日本の大きな地理的な特徴の１つは島国であることだ。

geology【名】地質学

[dʒiάlədʒi]

▶ **geo**〔地球、土地〕＋**logy**〔学問〕

※ **geological**【形】地質学の、地質の

● 例文——

I studied geology at college.

私は大学で地質学を勉強した。

---

geometry【名】幾何学

[dʒiάmətri]

▶ **geo**〔地球、土地〕＋**meter**〔計測〕＋**y**〔名詞に〕
⇒94

※ **geometric**【形】幾何学の（＝**geometrical**）

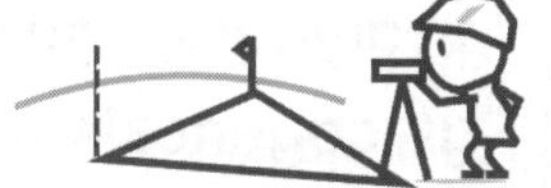

● 例文——

The Greeks made theoretical models of geometry.

ギリシャ人たちは幾何学の理論的原形を作った。

---

geochemistry【名】地球化学

[dʒiəkémәstri]

▶ **geo**〔地球、土地〕＋**chemistry**〔化学〕
⇒24

● 例文——

She is a geochemistry professor.

彼女は地球化学の教授だ。

---

geophysics【名】地球物理学

[dʒiəfíziks]

▶ **geo**〔地球、土地〕＋**physics**〔物理学〕
⇒125

● 例文——

I'm studying how to apply geophysics to environmental problems.

地球物理学の環境問題への応用方法を学んでいる。

64

glyco, gluco(s) = 糖

語源ノート

「グリコーゲン(glycogen)」は、肝臓や筋肉に含まれていてブドウ糖に変化し、エネルギー源として重要な役割を果たすもの。江崎グリコのホームページによると『栄養素グリコーゲンを食べやすく、おいしくしたのが「グリコ」』とある。

glycogen 【名】グリコーゲン、糖質
[gláikədʒən]

▶ **glyco**〔糖〕+ **gen**〔種、生まれる〕

glycogenesis 【名】グリコーゲン形成

● 例文

Glycogen is the source of energy most often used for exercise.

グリコーゲンは運動で最も頻繁に使われるエネルギー源である。

Glycogenesis is stimulated by the hormone insulin.

グリコーゲン形成はインシュリンホルモンに刺激される。

glycolipid 【名】糖脂質

[glàikəlípid]

▶ **glyco**〔糖〕＋**lip**〔脂肪〕＋**ide**〔物質〕
⇒82

● 例文——

Glycolipids are fats that have attached carbohydrate groups, called glycans.

糖脂質はグリカン(多糖)と呼ばれる炭水化物にくっついた脂肪である。

---

glycosuria 【名】糖尿

[glàikousjúəriə]

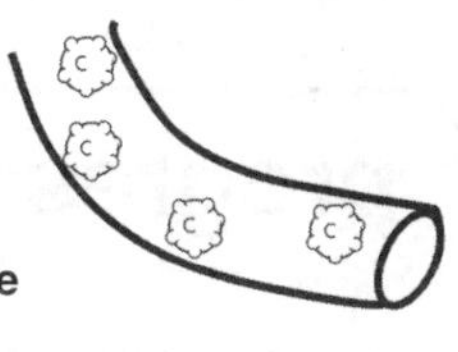

▶ **glycos**〔糖〕＋**uri**〔尿〕＋**ia**〔症状〕
⇒166

● 例文——

The most common symptoms of glycosuria are abdominal pain, thirst, and high blood sugar.

糖尿の最も一般的な症状は腹部の痛みと喉の渇きと高血糖である。

---

glucose 【名】グルコース、ブドウ糖

[glúːkous]

▶ **glucs**〔糖〕＋**ose**〔糖を含む物質〕ギリシャ語の「甘いワイン」から

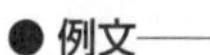

● 例文——

Glucose is a major source of energy for most cells of the body, including those in the brain.

グルコースは脳の細胞を含む体のほとんどの細胞にとって主要なエネルギー源である。

---

glucosamine 【名】グルコサミン

[gluːkóusəmin]

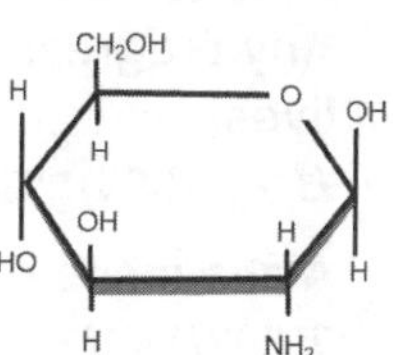

▶ **glucos**〔糖〕＋**amine**〔アミノ酸〕

● 例文——

Glucosamine is a natural compound that is found in healthy cartilage.

グルコサミンは健康な軟骨に見られる自然の合成物である。

65

grad, gress = 段階、歩

語源ノート

「等級」「段階」「階級」を意味する「グレード(grade)」はラテン語で「段階」を意味するgradusから。等級や階級を上げるのは「アップグレード(upgrade)」。徐々に色が変化するのが「グラデーション(gradation)」。「卒業」の意味を持つgraduationは《grad〔段階〕+ate〔動詞に〕+ion〔名詞に〕》から「目盛り」に。

progress 【名】進歩 [prá:gres]
【動】進行する、進歩する [prəgrés]

▶ **pro**〔前に〕+ **gress**〔段階〕

progressive 【形】進行性の
progression 【名】進歩、発達、数列

● 例文

Any progress in cancer research may help to save lives.
ガン研究のいかなる進歩も生命を救う一助となりうる。

Alzheimer's disease is a progressive brain disorder.
アルツハイマー病は進行性の脳疾患である。

grad, gress＝段階、歩

degree【名】程度、度、学位

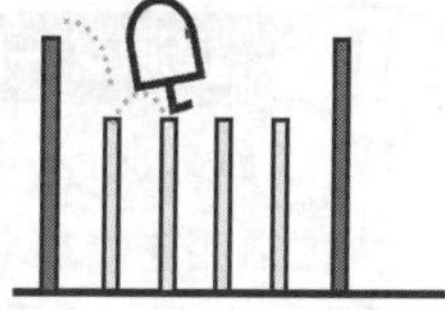

[digríː]

▶ de〔下に〕＋gree〔段階〕

● 例文——

The temperature dropped to five degrees Centigrade.

温度が摂氏5度まで下がった。

gradually【副】だんだんと、徐々に

[grǽdʒuəli]

▶ grad〔段階〕＋al〔形容詞に〕＋ly〔副詞に〕

● 例文——

The climate is gradually becoming drier and warmer.

気候は徐々に乾燥し、暖かくなってきた。

degrade【動】劣化する

[digréid]

▶ de〔下に〕＋grade〔段階〕

※ **degradation**【名】退化、分解、（エネルギーの）減損

※ **degradable**【形】分解可能な

biodegradable plastic 生分解性プラスチック

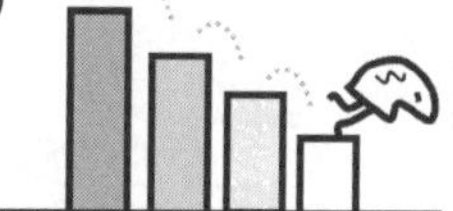

● 例文——

Erosion is degrading the land.

浸食によって土地が劣化している。

regress【動】退行する

[rigrés]

▶ re〔後ろに〕＋gress〔段階〕

※ **regression**【名】退行、回帰

regression analysis 回帰分析

● 例文——

The tumors regressed and then they appeared to stabilize.

腫瘍は退行して、その後は安定しているようだった。

66

graph, gram ＝書く、描く

語源ノート

「電報」のtelegramやtelegraphは「遠くの (tele)」人に情報を書く (gram, graph) こと。列車のダイヤ (運行表) はダイヤグラム (diagram) で、始発から終電まで《dia〔通して〕＋gram〔書く〕》ことから。pictogramは「絵文字」。

graph【名】グラフ、図表
[græf]

graphic【形】グラフの、図で示した

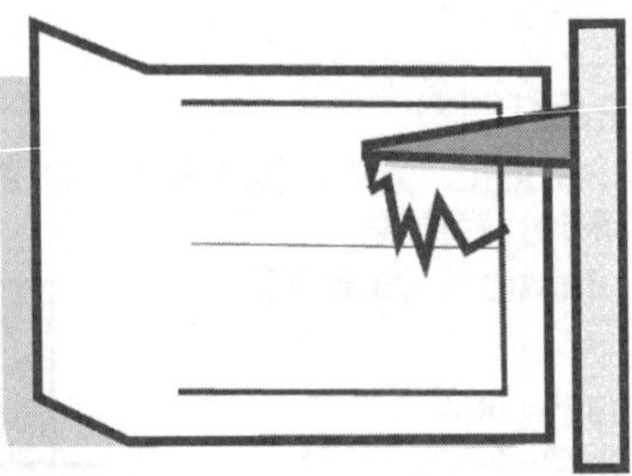

● 例文

When smaller changes exist, line graphs are better to use than bar graphs.
小さな変化がある場合は棒グラフより折れ線グラフの方が使いやすい。

This shows a graphic representation of the migratory habits of swallows.
これはツバメの移住傾向を図で表したものです。

66 graph, gram＝書く、描く

radiograph 【名】レントゲン写真

[réidiougræ̀f]

▶ **radio**〔放射線〕＋**graph**〔描く〕
⇒133

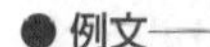

● 例文——

The radiograph shows that there is still one stone present.

石がまだ1つあることがレントゲン図で示されている。

---

diagram 【名】図表、図式、図解、（列車の）運行表

[dáiəgræ̀m]

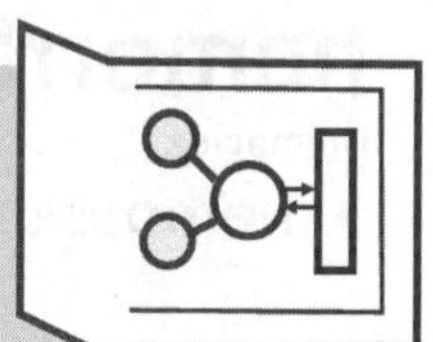

▶ **dia**〔通して〕＋**gram**〔描く〕

● 例文——

The tree diagram shows the probabilities associated with events A and B.

その樹形図は事象AとBに関連する確率を示している。

---

micrograph 【名】顕微鏡写真　【動】顕微鏡で写真を撮る

[máikrəgræ̀f]

▶ **micro**〔小さい〕＋**graph**〔描く〕
⇒95

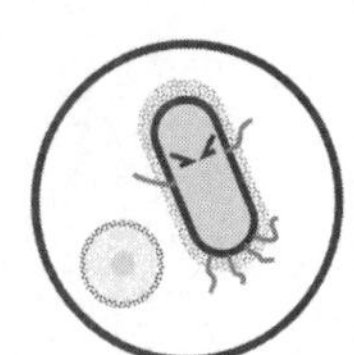

● 例文——

The specimen was micrographed with a transmission electron microscope.

その標本は透過型電子顕微鏡で写真に撮られた。

---

histogram 【名】柱状図、ヒストグラム

[hístəgræ̀m]

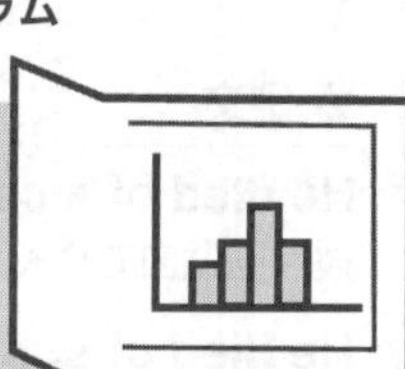

▶ **(hi)sto**〔立つ〕＋**gram**〔描く〕
⇒148〜149

● 例文——

A histogram is a graphical display of data using bars of different heights.

ヒストグラムは様々な高さの棒を使ってデータを図的に示したものである。

67

hemo＝血液

!! 語源ノート

赤血球中の大部分を占めている「血色素」の「ヘモグロビン(hemoglobin)」は、《hemo〔血液〕＋globin〔球〕》から。血友病のhemophiliaは《hemo〔血液〕＋philia〔好き〕》が語源。⇒122のphilia参照

hemorrhage【名】大出血

[hémərid͡ʒ]

▶ **hemo**〔血液〕＋**rhage**〔破裂〕

● 例文

He died of a cerebral hemorrhage.
彼は脳溢血で亡くなった。

He died of subarachnoid hemorrhage at the age of 50.
彼は**50**歳の時に、くも膜下出血で亡くなった。

hemostat【名】止血剤

[híːməstæ̀t]

▶ **hemo**〔血液〕＋**stat**〔止まる〕
⇒148〜149

● 例文——

A small hemostat was used to pull the buried catheter out.

埋められたカテーテルを引き出すために小さな止血剤が使われた。

---

hemostasis【名】止血

[hiːməstéisis]

▶ **hemo**〔血液〕＋**sta**〔止まる〕＋**sis**〔状態〕
⇒148〜149

● 例文——

Hemostasis was achieved with hemostatic forceps as a rescue therapy.

救援療法として止血鉗子を使って止血が行われた。

---

hemorrhoid【名】痔

[héməɔ̀id]

▶ **hemo**〔血液〕＋**rhoid**〔流れ〕

● 例文——

My hemorrhoid problem has gotten worse.

痔の状態が悪化した。

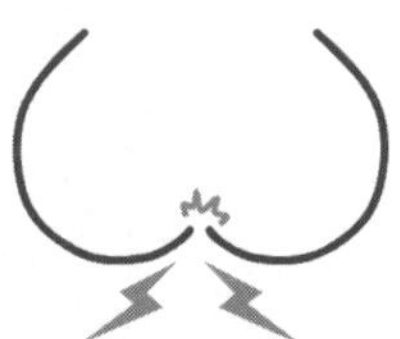

---

hemorrhoidectomy【名】痔核切除

[hèmərɔidéktəmi]

▶ **hemorrhoid**〔痔〕＋**ect**〔外に〕＋**tom**〔切る〕＋**y**〔名詞に〕
⇒161

● 例文——

Surgical hemorrhoidectomy is the most effective treatment for hemorrhoids.

外科的痔核切除は痔の治療には最も効果的なものである。

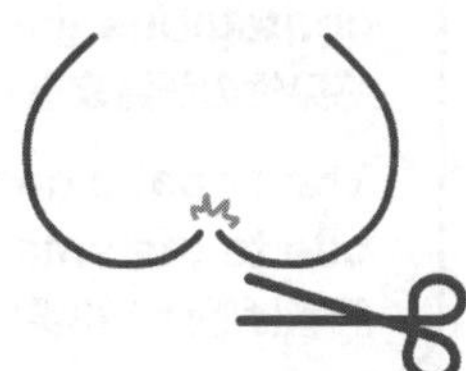

68

hepat = 肝臓

語源ノート

某製薬会社の「ヘパリーゼ(hepalyse)」は《hepa〔肝臓〕+ lyse〔分解〕》から「肝臓水解物」のこと。「肝臓」の日常的な英語はliver。

hepatitis【名】肝炎

[hèpətáitis]

▶ **hepat**〔肝臓〕+ **itis**〔炎症〕

hepatic【形】肝臓の

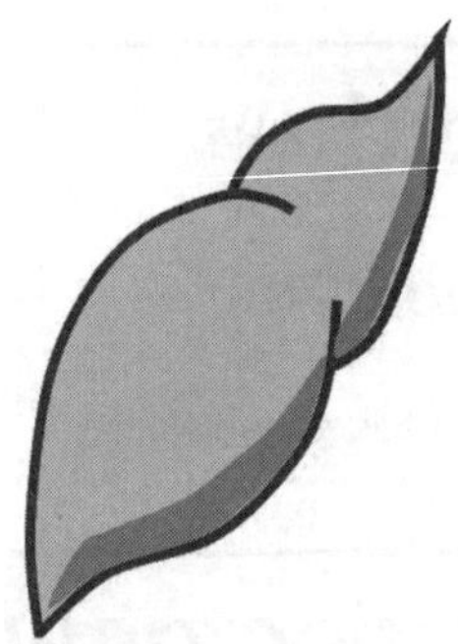

● 例文

Hepatitis, an infectious liver disease, is more contagious than HIV.

感染性の肝臓疾患である肝炎はHIVよりも感染力がある。

The hepatic duct is a small tube in the liver that carries bile to the small intestine.

肝管は胆汁を小腸に運ぶ肝臓内の小さな管である。

hepatocyte【名】肝細胞

[hepǽtəsàit]

▶ **hepato**〔肝臓〕＋**cyte**〔細胞〕

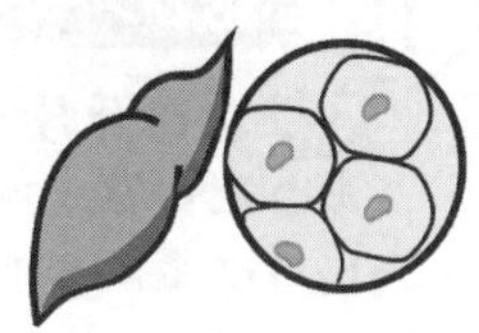

● 例文──

Roughly 80% of the mass of the liver is contributed by hepatocytes.

肝臓の質量のざっと80%が肝細胞でできている。

---

hepatocellular【形】肝細胞の

[hèpətəséljələr]

▶ **hepato**〔肝臓〕＋**cellular**〔細胞の〕
⇒20

● 例文──

Hepatocellular carcinoma is relatively rare in the U.S. and other Western countries.

肝細胞ガンはアメリカや他の西洋の国々では比較的まれである。

---

hepatoma【名】肝臓ガン

[hèpətóumə]

▶ **hepato**〔肝臓〕＋**oma**〔腫瘍〕

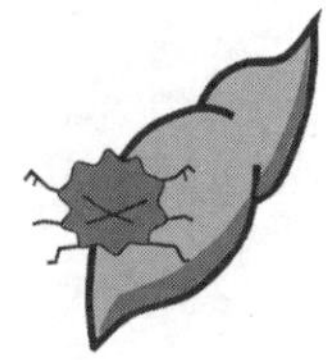

● 例文──

Hepatoma is one of the most common cancers in the world.

肝臓ガンは世界で最もよくあるガンの1つである。

---

hepatocirrhosis【名】肝硬変(症)

[hèpətəsəróusis]

▶ **hepato**〔肝臓〕＋**cirrho**〔黄褐色の〕＋**osis**〔症状〕

● 例文──

Hepatocirrhosis is a chronic progressing condition caused by damage to hepatocytes.

肝硬変は、肝細胞への損傷によって引き起こされる、慢性的な進行性の症状である。

69

hydro＝水

語源ノート

水の化学式はH_2Oで、Hはhydrogenの頭文字を取ったもの。hydroはラテン語で「水」、genは「生む」という意味。「紫陽花(あじさい)の花」はhydrangea《hydro〔水〕＋angea〔器〕》に由来する。hydrodynamicsは「流体力学」、hydrostatic pressureは「静水圧」の意味に。

hydraulic 【形】水圧式の、油圧式の

[haidrɔ́:lik]

▶ **hydro**〔水〕＋**aulo**〔管〕＋**ic**〔～的な〕

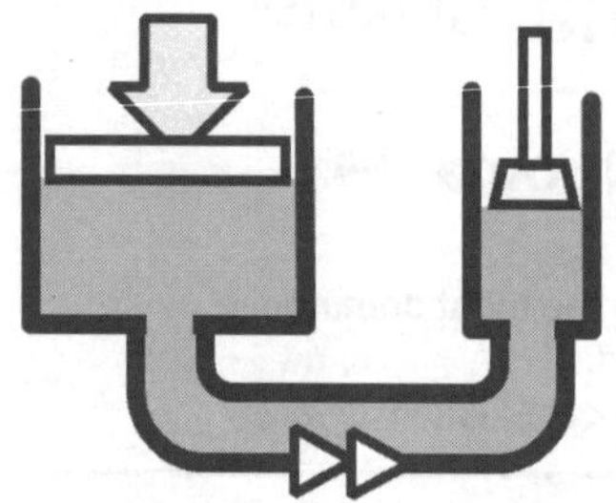

● 例文

Many hydraulic power plants are being built in this country.
この国では水力発電所がたくさん建設されている。

The company started to use hydraulic brakes in 1939.
その会社は**1939**年に油圧式ブレーキを使い始めた。

hydrate【動】水を与える　【名】水和物

[háidreit]

▶ **hydro**〔水〕+**ate**〔～化する〕

※ **hydration**【名】水和、水化

● 例文――

After you run, drink plenty of water to stay well hydrated.

走った後は水分を十分に保つためにたくさん水を飲みなさい。

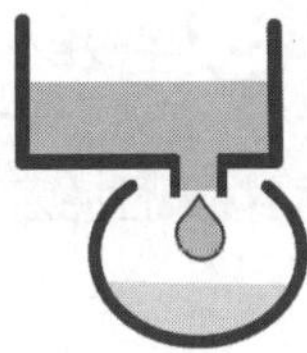

dehydrate【動】脱水させる、乾燥させる

[diːháidreit]

▶ **de**〔離れて〕+**hydro**〔水〕+**ate**〔～化する〕

● 例文――

High temperatures make people dehydrate very quickly.

高熱によって人は直ぐに脱水状態になる。

hydrogen【名】水素

[háidrədʒən]

▶ **hydro**〔水〕+**gen**〔生む〕→水を生じる

⇒60～62

● 例文――

China exploded its first hydrogen bomb in western China in 1967.

中国は1967年に最初の水爆を爆発させた。

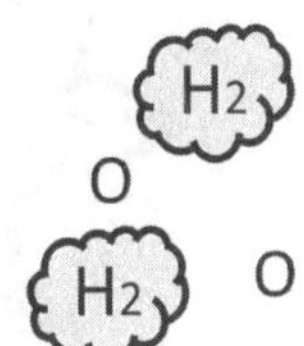

hydroelectric【形】水力発電の

[hàidrəiléktrik]

▶ **hydro**〔水〕+**electr**〔琥珀〕+**ic**〔～的な〕

⇒43

● 例文――

The hydroelectric plant needs to generate more electricity.

水力発電所はもっと多くの電気をつくる必要がある。

70

immuno = 免疫

語源ノート

ギリシャ語の「兵役を免除する」意味のimmunから。AIDS（＝acquired immunodeficiency syndrome）は「後天性免疫不全症候群」。

immune【形】免疫のある
[imjú:n]

immunity【名】免疫（性）

immune system 免疫システム

● 例文

Adults are often immune to rubella.
大人は風疹には免疫があることが多い。

This vaccine will give you immunity for two years.
このワクチンで2年間免疫が得られるだろう。

immunization【名】予防接種、免疫化

[imjunəzéiʃən]

▶ immuni〔免疫の〕＋ize〔～化する〕＋tion〔名詞に〕

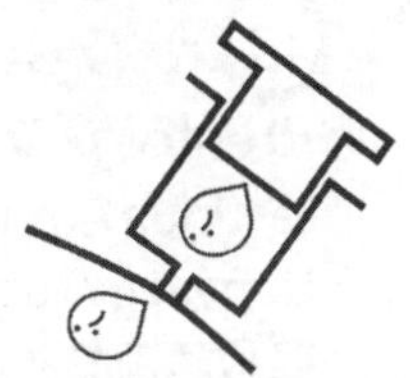

● 例文――

Where did you get your immunization shot?

どこで予防接種を打ちましたか。

---

immunology【名】免疫学

[ìmjunálədʒi]

▶ immuno〔免疫の〕＋logy〔学問〕

● 例文――

She is an expert on immunology.

彼女は免疫学の権威だ。

---

immunotherapy【名】免疫療法

[imjunouθérəpi]

▶ immuno〔免疫の〕＋therapy〔療法〕

● 例文――

Immunotherapy is a well-established treatment for certain severe allergies.

免疫療法は、ある重度のアレルギーの治療法として確立している。

---

autoimmunity【名】自己免疫

[ɔ̀:touimjúnəti]

▶ auto〔自ら〕＋immune〔免疫の〕＋ity〔名詞に〕

● 例文――

Autoimmunity is a result of the immune system's confusion.

自己免疫は免疫系の混乱の結果である。

71

intest, entero＝腸

!! 語源ノート

「腸」を表すintestineは印欧祖語で「中に」という意味のentosがラテン語でintus になり、さらに形容詞のintestinusなどに変化し、「腸」の意味になった。「～に入る」という意味のenterや「間に」の意味を持つ接頭辞のinterも同じ語源である。

intestine【名】腸

[intéstin]

▶ **intest**〔中に〕+ **ine**〔名詞に〕

intestinal【形】腸の

● 例文

The large intestine absorbs water.
大腸は水分を吸収する。

Intestinal parasites could cure us of bowel diseases.
寄生虫で腸の疾患を治療できる可能性がある。

71 intest, entero＝腸

enteric 【形】腸の

[entérik]

▶ enter〔腸〕＋ic〔～的な〕

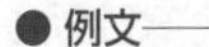

● 例文——

He died of enteric fever.

彼は腸チフスで亡くなった。

---

enterobacteria 【名】腸内細菌

[entərəbæktíəriə]

▶ entero〔腸〕＋bacteria〔細菌〕

● 例文——

He detected enterobacteria in pig feces.

彼は豚の排泄物の中に腸内細菌を見つけた。

---

enterotoxin 【名】腸毒素

[entərətɑ́:ksin]

▶ entero〔腸〕＋toxin〔毒素〕
⇒162

● 例文——

If it acts as an enterotoxin, diarrhea will occur.

腸毒素として作用すれば下痢が起こる。

---

gastroenteritis 【名】胃腸炎

[gæ̀strouentəráitis]

▶ gastro〔胃〕＋enter〔腸〕＋itis〔炎症〕
⇒59

● 例文——

Gastroenteritis is a mild illness caused by a viral infection.

胃腸炎はウイルス性感染症によって引き起こされる軽症疾患である。

72

ion = 行く、進む

語源ノート

水に溶けると電気を通す物質が「イオン (ion) (アイアンと発音する)」。「イオン(ion)」の語源は「行く、進む」という意味のギリシャ語に由来する。「マイナスイオン」は和製英語で、正しくはanion。

ion 【名】イオン

[áiən]

▶ ラテン・ギリシャ語の「行く、進む」の意味から

ionic 【形】イオンの

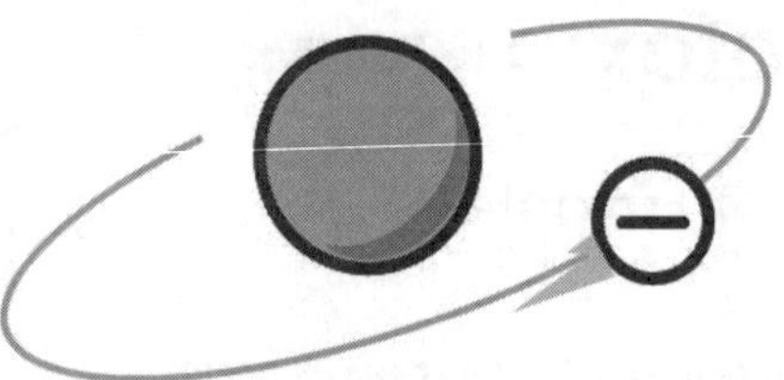

● 例文

Ions can be created by both chemical and physical means.

イオンは化学的方法と物理的方法で形成できる。

Ionic bond is a bond formed by the attraction between two oppositely charged ions.

イオン結合は反対の電荷を持った2つのイオンが引きつけ合うことでできた結合である。

anion 【名】陰イオン、負イオン

[ænáiən]

▶ an〔ない〕＋ion〔イオン〕

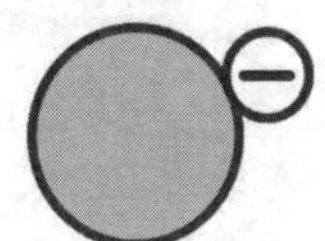

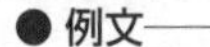

● 例文――

The hydrogen anion is an important constituent of the atmosphere of stars, such as the Sun.

水素陰イオンは太陽のような恒星の大気の重要な構成物質である。

---

cation 【名】陽イオン

[kætáiən]

▶ cata〔下に〕＋ion〔イオン〕

cation electrodeposition coating

カチオン電着塗装

● 例文――

Cation exchange is of importance in the natural environment.

陽イオン交換は自然環境ではとても重要である。

---

ionosphere 【名】電離層、イオン圏

[aiάnəsfiər]

▶ ion〔イオン〕＋sphere〔球〕

⇒146

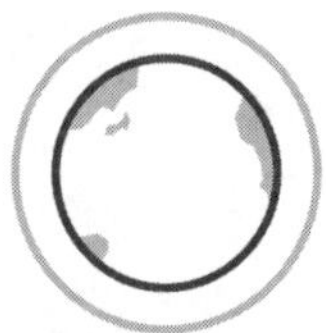

● 例文――

The ionosphere represents less than 0.1% of the total mass of the Earth's atmosphere.

電離層は地球大気の全体の0.1%未満に相当する。

---

ionize 【動】イオン化する、電離する

[áiənàiz]

▶ ion〔イオン〕＋ize〔～化する〕

※ ionization 【名】イオン化、電離

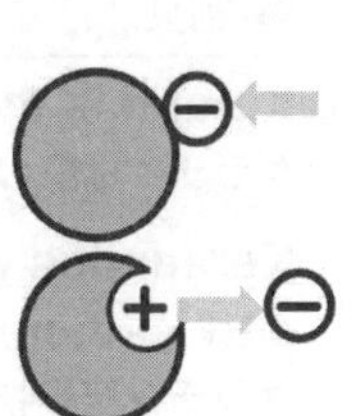

● 例文――

It is common technical knowledge that iron has a higher tendency to ionize than copper.

鉄が銅よりもイオン化傾向が大きいことは技術常識である。

73

kerato＝角

!! 語源ノート

「大脳」のcerebrumのcerは印欧祖語で「頭」や「角」を表すkerにさかのぼるが、kerがそのままの形で残ったのがkerato（角）。

keratin 【名】ケラチン、角質

[kérətin]

▶ **kerat**〔角〕＋**in**〔物質〕

keratinous 【形】ケラチンの、角質の

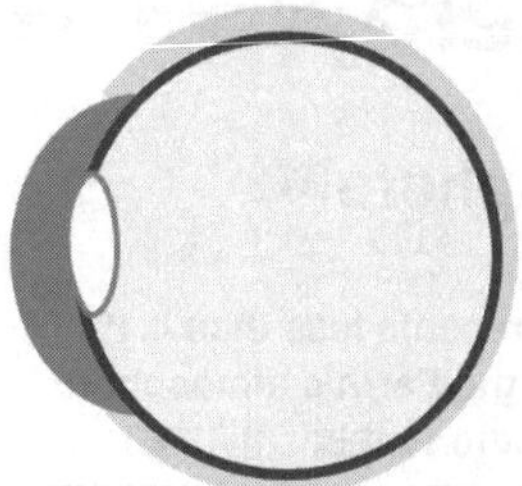

● 例文

Keratin is the major protein in hair and nails.
ケラチンは髪の毛や爪に含まれる主なタンパク質である。

Keratinous waste mainly emanates from the poultry and leather industries.
ケラチン廃棄物は主に家禽産業や皮革産業から出される。

keratoderma【名】角皮症

[kèrətədə́ːrmə]

▶ kerato〔角〕＋derma〔皮膚〕
⇒39

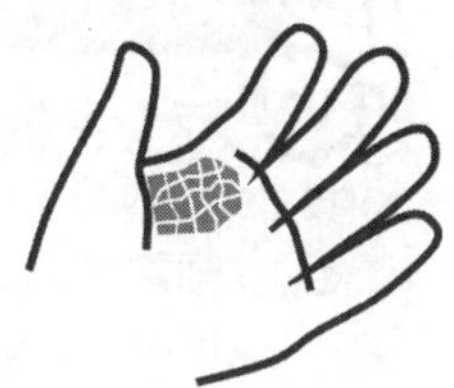

● 例文――

Acquired palmoplantar keratoderma is more likely to present in adulthood.

後天性掌蹠角皮症は大人になってから出やすい。

---

keratitis【名】角膜炎

[kèrətáitis]

▶ kerat〔角〕＋itis〔炎症〕

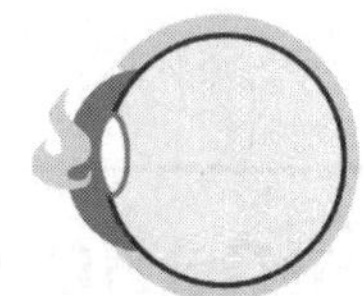

● 例文――

My poor eyesight results from keratitis.

角膜炎が原因で目がよく見えない。

---

keratoma【名】角化腫

[kèrətóumə]

▶ kerat〔角〕＋oma〔腫瘍〕

● 例文――

Histopathology revealed the mass to be a keratoma.

組織病理学で、その塊は角化腫だとわかった。

---

keratoplasty【名】角膜移植術

[kèrətəplǽsti]

▶ kerato〔角〕＋plasty〔形成術〕

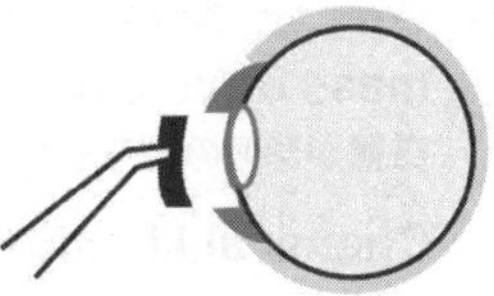

● 例文――

Penetrating keratoplasty is the most common type of corneal transplant.

全層角膜移植は角膜移植の最も一般的なタイプである。

74

kine(sis) = 運動

語源ノート

「テレキネシス (telekinesis)」は《tele〔遠くに〕+ kinesis〔運動〕》が語源で、「精神で物体を動かす能力」のこと。「細胞分裂 (cytokinesis)」はギリシャ語の《cyto〔細胞〕+ kinesis〔運動〕》から。「映画」のcinemaはかつてkinemaと綴ったが、「動画」が原義。日本では「死ね」を連想されるために「シネマ」ではなく「キネマ」とも呼んだ。

kinetic 【形】運動の、動力学の

[kinétik]

▶ **kine**〔運動〕+ **tic**〔~的な〕

kinetics 【名】動力学

kinesis 【名】運動

● 例文

We can increase kinetic energy by increasing either mass or velocity.

質量か速度のどちらかを増やせば運動エネルギーを増すことができる。

Chemical kinetics is the study of rates of chemical reactions.

反応速度論は、化学反応速度の研究である。

kinematics 【名】運動学

[kìnəmǽtiks]

▶ kine〔運動〕+ics〔学問〕

※ kinematic 【形】運動学の

※ kinematically 【副】運動学的に

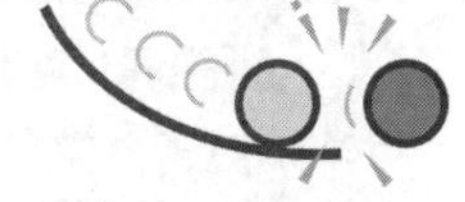

● 例文——

Kinematics is a science that studies the motion of bodies.

運動学とは物体の動きを研究する学問である。

---

hypokinesis 【名】運動機能低下

[hàipəkiní:sis]

▶ hypo〔下に〕+kinesis〔運動〕

● 例文——

Hypokinesis or akinesis occurs in the mid- and apical segments of the left ventricle.

運動機能低下や運動不能は左心室の中心部や頂上部に発生する。

---

kinesiology 【名】運動生理学

[kinì:siάlədʒi]

▶ kinesis〔運動〕+logy〔学問〕

● 例文——

He is a professor of kinesiology at London University.

彼はロンドン大学の運動生理学の教授だ。

---

hyperkinesia 【名】運動性亢進症

[hàipərkiní:ʒə]

▶ hyper〔上に〕+kines〔運動〕+ia〔症状〕

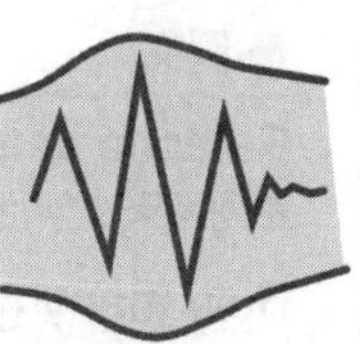

● 例文——

Hyperkinesia occurs in a variety of diseases including Huntington's and Parkinson's.

運動性亢進症はハンチントン病やパーキンソン病を含む様々な病気に発症する。

75

lact(o), galact(o) = 乳

語源ノート

「銀河」や「天の川」はMilky Wayだが、正式には、Galaxy (ギャラクシー) と呼ばれる。ギリシャ語でgalaxyとは「乳白の道」に由来する。乳固形分が３％以上のアイスクリームは「ラクトアイス」と言うが、「ラクト(lacto)」とはラテン語の「乳」に由来する。

galactic【形】乳の、銀河系の、星雲の

[gəlǽktik]

▶ **galact**〔乳〕+ **ic**〔～的な〕

galaxy【名】銀河、星雲

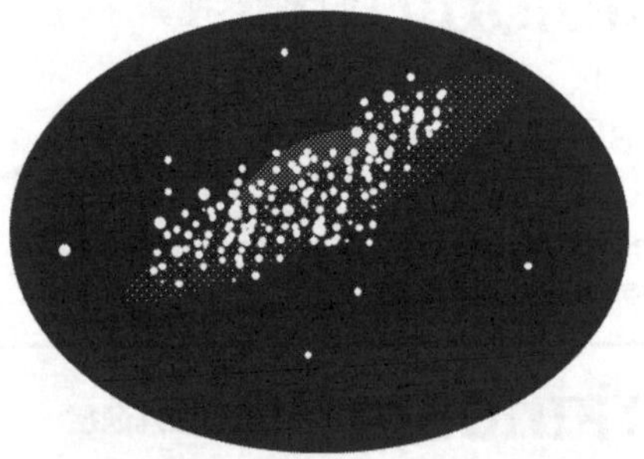

● 例文

Galactic astronomy is the study of the Milky Way.
銀河系天文学は天の川の研究だ。

How many galaxies are there in the universe?
宇宙にはいくつの銀河があるのだろう。

lactic【形】乳の

[lǽktik]

▶ **lact**〔乳〕＋**ic**〔〜的な〕

● 例文——

I'm tired because my lactic acid is accumulating.

乳酸がたまっているので疲れている。

---

galactose【名】ガラクトース、乳糖

[gəlǽktous]

▶ **galact**〔乳〕＋**ose**〔糖を含む物質〕

※**lactose**【名】乳糖、ラクトース

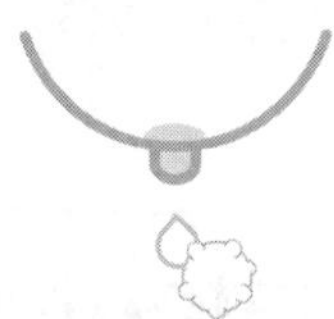

● 例文——

Galactose is a type of sugar found in dairy products and sugar cane.

ガラクトースは酪農品やサトウキビに見られる糖の一種だ。

---

lactobacillus【名】乳酸桿菌

[læktəbəsíləs]

▶ **lacto**〔乳〕＋**bacillus**〔棒状の細菌〕

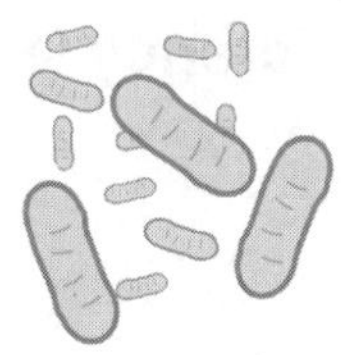

● 例文——

Lactobacillus is a bacterium normally found in the mouth, intestinal tract, and vagina.

乳酸桿菌は普通、口・腸管・膣に見られる細菌である。

---

lactorrhea【名】乳汁漏出(症)

[læktəríːə]

▶ **lacto**〔乳〕＋**rrhea**〔漏出〕

● 例文——

The most common pathologic cause of lactorrhea is a pituitary tumor.

乳汁漏出の病理学的原因で最もよくあるのは下垂体腫瘍だ。

76

late(r) = 側面

語源ノート

赤道を0度として、それと平行に南北に地球を横に切る線の目盛りが「緯度(latitude)」で、ラテン語でside(側面)を表すlatusから。unilateralは《uni〔1つ〕+later〔側面〕+al〔形容詞に〕》から「一方的な」。equilateralは《equi〔等しい〕+lateral〔側面の〕》で、equilateral triangleは「正三角形」。multilateralは《multi〔多くの〕+lateral〔側面の〕》から「多角的な」の意味に。
ALS(amyotrophic lateral sclerosis)は「筋萎縮性側索硬化症」。

latent 【形】潜在の、潜伏性の

[léitənt]

▶ **late**〔側面〕+ **ent**〔形容詞に〕

latency 【名】潜在、潜伏

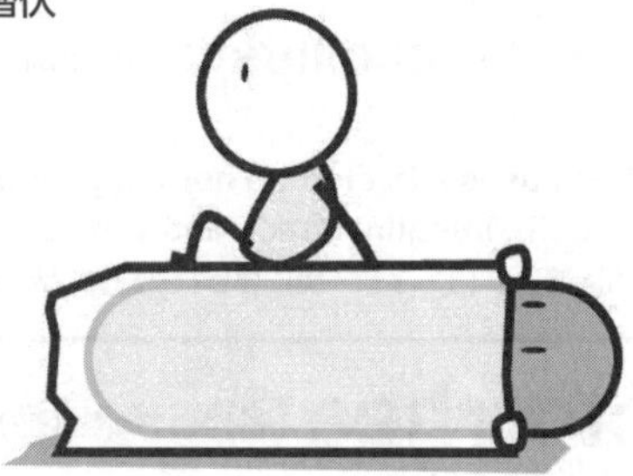

● 例文

The disease has a long latent period.
その病気は潜伏期が長い。

What is the latency period of this virus?
このウイルスの潜伏期間はどれくらいですか。

76 **late(r)=側面**

lateral 【形】横方向の

[lǽtərəl]

▶ **later**〔側面〕+**al**〔形容詞に〕

lateral load 水平荷重

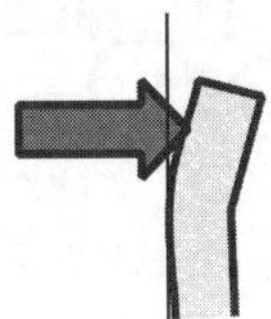

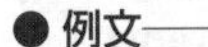

● 例文——

He had a lateral malleolus fracture.

彼は外側のくるぶしを骨折した。

---

bilateral 【形】左右両側の

[bailǽtərəl]

▶ **bi**〔2〕+**later**〔側面〕+**al**〔形容詞に〕

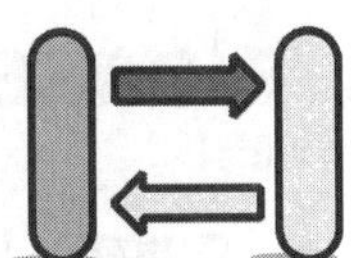

● 例文——

I have bilateral coloboma of the iris and retina.

私は両眼の虹彩と網膜に欠損がある。

---

collateral 【形】平行する、付随する

[kəlǽtərəl]

▶ **col**〔共に〕+**later**〔側面〕+**al**〔形容詞に〕

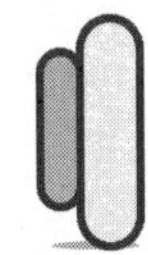

● 例文——

Collateral circulation can be visualized on coronary angiography.

側副循環は冠動脈造影法で視覚化できる。

---

latitude 【名】緯度、地帯

[lǽtətjùːd]

▶ **lat**〔側面〕+**tude**〔名詞に〕

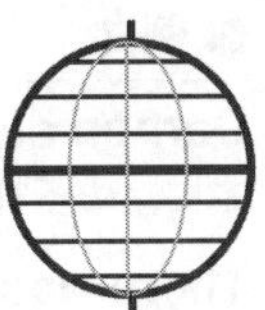

● 例文——

That part of the United States is in the same latitude as Hokkaido.

アメリカのその地方は北海道と同緯度にある。

77

lax, lyse＝ゆるめる(1)

語源ノート

体の緊張をゆるめて「くつろぐ（relax）」は《re〔再び〕＋lax〔ゆるめる〕》から。CDを「リリースする」のreleaseは《re〔元に〕＋lease〔ゆるめる〕》から、緊張・苦痛・固定されたもの・情報などを「解く」「放つ」「公開する」の意味。

release 【動】放出する、解放する、落下させる

[rilíːs] 【名】放出、解放

▶ **re**〔再び〕＋**lease**〔ゆるめる〕

● 例文

Carbon stored in trees is released as carbon dioxide.
木にためられた炭素は二酸化炭素として放出される。

There was an accidental release of toxic waste.
毒性廃棄物が放出する事故があった。

relax【動】ゆるめる、くつろぐ

[rilǽks]

▶ re〔再び〕＋lax〔ゆるめる〕

※ relaxation【名】ゆるみ、軽減

● 例文――

Gentle exercise can relax stiff shoulder muscles.

軽い運動で、張った肩の筋肉をほぐすことができる。

---

laxative【名】下剤　【形】下剤の

[lǽksətiv]

▶ lax〔解く〕＋ive〔形容詞に〕

※ lax【形】弛緩した

● 例文――

Coconut milk is a natural laxative.

ココナッツミルクは自然の下剤だ。

---

hydrolysis【名】加水分解

[haidrɑ́lisis]

▶ hydro〔水〕＋ly〔解く〕＋sis〔名詞に〕

⇒69

● 例文――

Hydrolysis means the cleavage of chemical bonds by the addition of water.

加水分解とは水を加えることによって化学結合が分裂することである。

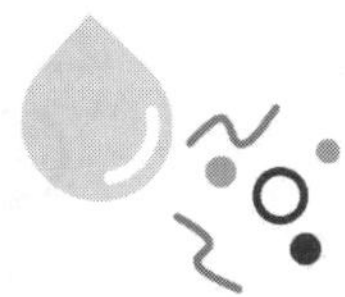

---

cytolysis【名】細胞崩壊

[saitɑ́lisis]

▶ cyto〔細胞〕＋ly〔解く〕＋sis〔名詞に〕

● 例文――

Cytolysis is cell death that occurs because of a rupture in the cell's membrane.

細胞崩壊は細胞膜の破裂によって細胞が死滅することである。

78

lax, lyse = ゆるめる(2)

語源ノート

アレルゲン等が体内に入ることにより、複数の臓器や全身にアレルギー症状が表れ、生命に危機を与え得る過敏反応を「アナフィラキシーショック(anaphylaxis)」と言うが、語源は《ana〔全体〕+ phy〔体〕+ lax〔ゆるむ〕+ is〔名詞に〕》。

analyze【動】分析する
[ǽnəlàiz]

▶ **ana**〔上に〕+ **lyze**〔解く〕

analysis【名】分析
analytical【形】分析の

● 例文

Experts are still analyzing the DNA evidence in the case.
専門家たちは未だにその事件のDNA証拠の分析をしている。

Blood samples were sent for analysis.
分析のために血液サンプルが送られた。

paralyze【動】麻痺させる

[pǽrəlàiz]

▶ para〔側〕＋lyze〔ゆるめる〕

※ paralysis【名】麻痺

● 例文──

The injections paralyze the nerves that signal sweating.

その注射は、汗の信号を送る神経を麻痺させる。

---

catalyze【動】触媒する

[kǽtəlàiz]

▶ cata〔下へ〕＋lyze〔ゆるめる〕

※ catalysis【名】触媒作用

● 例文──

The reaction is catalyzed by the enzyme urease.

その反応はウレアーゼという酵素によって触媒される。

---

dialysis【名】透析、分離、分解

[daiǽləsis]

▶ dia〔通して〕＋lys〔解く〕＋is〔名詞に〕

※ dialyze【動】透析する

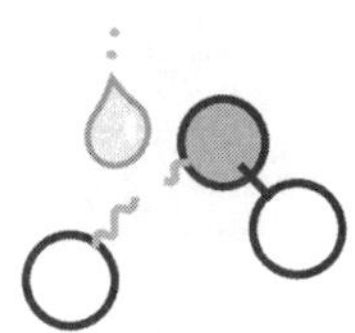

● 例文──

He has been on dialysis for the past three years.

彼は過去3年間、透析を受けている。

---

anaphylactic【形】アナフィラキシーの

[æ̀nəfilǽktik]

▶ ana〔上に〕＋phy〔体〕＋lac〔ゆるめる〕＋tic〔～的な〕
⇒125

※ anaphylaxis【名】アナフィラキシーショック

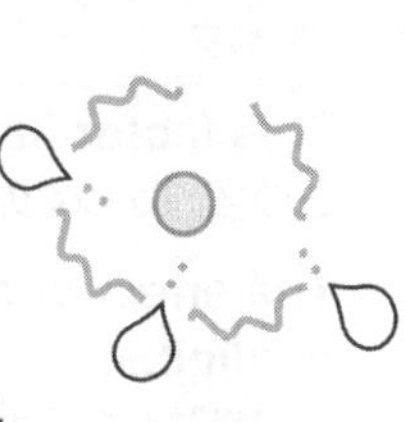

● 例文──

Many people die of anaphylactic shock each year.

毎年、たくさんの人々がアナフィラキシーショックで亡くなっている。

79

lect, leg, lig = 集める、選ぶ、読む、話す

!! 語源ノート

細部やノイズなどを「無視する」ときに「ネグる」と言うことがあるが、それはneglect（無視する）の略。lectはselectやcollectのlectで「選ぶ」の意味。「読む、話す」の意味もあり、lectureは「講演」、dialectは「方言」。ligibleは「読み取れる」。legendは「読むべきもの」から「伝説」の意味のほかに、図などの「凡例」の意味にも使われる。

neglect【動】軽視する、無視する、怠る

[niglékt]

▶ **neg**〔でない〕+ **lect**〔集める〕

negligible【形】無視してかまわない、ささいな

● 例文

This factor has been neglected in many cases.

この要因は多くの場合、無視されてきた。

The effect of gravity on the droplet behavior was negligible.

水滴挙動への重力の影響は僅かであった。

lect, leg, lig＝集める、選ぶ、読む、話す

eligible【形】適格である、資格がある

[élidʒəbl]

▶ e〔外に〕+lig〔選ぶ〕+ible〔できる〕

● 例文――

Eligible nurses can apply for this program.

有資格の看護師がこのプログラムに応募できる。

intelligence【名】知能、理解力

[intélədʒəns]

▶ intel〔間に〕+lig〔選ぶ〕+ence〔名詞に〕

● 例文――

AI is an abbreviation of artificial intelligence.

AIは人工知能の略語である。

select【動】選択する、精選する

[silékt]

▶ se〔離れて〕+lect〔選ぶ〕

※ selection【名】選択、淘汰

● 例文――

Natural selection is a mechanism of evolution.

自然淘汰(とうた)はひとつの進化のメカニズムである。

legend【名】伝説、偉人、説明、凡例

[lédʒənd]

▶ leg〔読む〕+end〔もの〕

● 例文――

The legends are shown in Figure 1.

凡例は図1に示されている。

leuko, leuco＝白い

語源ノート

ギリシャ語で「白い」はleukosだが、この語は印欧祖語で「輝き」とか「光」を意味するleukにさかのぼることができる。「ルナLuna)」は月の女神、lunarは「月の」、夜空に輝く「明けの明星（金星）」はLucifer、「ホタル(firefly)」のように、光の素の発光を触媒する酵素は「ルシフェラーゼ(luciferase)」。leukoはイギリス英語ではleucoと綴る。

leukocyte【名】白血球

[lúːkəsàit]

▶ **leuko**〔白い〕＋**cyte**〔細胞〕

leukocytosis【名】白血球増加症

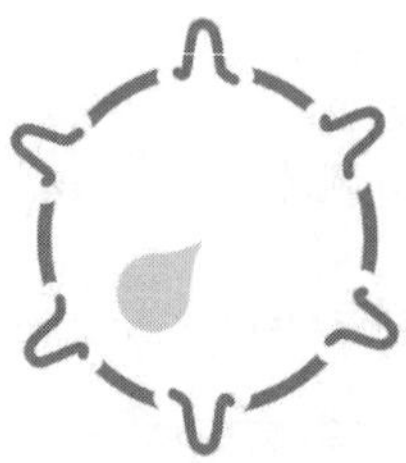

● 例文

If you have leukocytes in the urine you will need to get medication to clear the offending infection.

尿の中に白血球がある場合、それを引き起こしている感染を除去する治療が必要になる。

Leukocytosis is often seen as a result of infection.

白血球増加症はしばしば感染の結果として見られる。

leukemia 【名】白血病

[lu:kí:miə]

▶ **leuk**〔白い〕＋**emia**〔血液〕

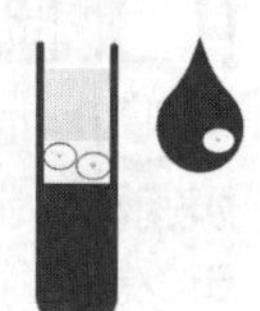

● 例文――

The patient was diagnosed with leukemia.

その患者は白血病の診断が下された。

---

luciferase 【名】ルシフェラーゼ、発光酵素

[lu:sífəreiz]

▶ **luci**〔光る〕＋**fer**〔運ぶ〕＋**ase**〔物質〕

⇒48〜49

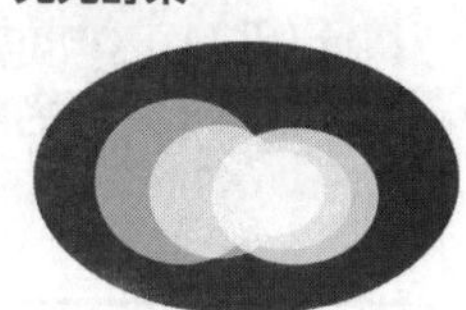

● 例文――

Luciferase enables fireflies to produce light.

ルシフェラーゼによってホタルは発光できる。

---

leukoderma 【名】白斑

[lù:kədə́:rmə]

▶ **leuko**〔白い〕＋**derma**〔皮膚〕

⇒39

● 例文――

Chemical leukoderma is an acquired, depigmented dermatosis caused by repeated exposure to chemicals.

化学白斑は化学物質に繰り返し晒されることによって引き起こされる後天的脱色性皮膚疾患である。

---

leukopenia 【名】白血球過少症

[lù:kəpí:niə]

▶ **leuko**〔白い〕＋**penia**〔過少症〕

● 例文――

Leukopenia is a shortage of white blood cells in the system, which can be caused by anemia, menorrhagia, etc.

白血球過少症は貧血や月経過多などに起因する、組織内の白血球不足のことである。

81

lig, liga ＝結ぶ

!! 語源ノート

国連（国際連合）＝the United Nationsの前身は国際連盟＝the League of Nations。League（リーグ）はラテン語で「結ぶ」意味のligareから。「宗教」のreligionは《re〔強意〕＋lig〔結ぶ〕＋ion〔名詞に〕》から、神との強い結びつきに由来する。liabilityは《li〔結ぶ〕+able〔できる〕+ity〔名詞に〕》から「責務」で、product liabilityは「製造物責任（PL）」、obligationは《ob〔向かって〕+lig〔結ぶ〕+ate〔動詞に〕+ion〔名詞に〕》から「義務、責任」に。

rely【動】信頼する、当てにする
[rilái]
▶ **re**〔完全に〕＋**ly**〔結ぶ〕

reliable【形】信頼できる
reliability【名】信頼性

● 例文

Many people now rely on the Internet for news.
今ではたくさんの人がニュースをインターネットに頼っている。

So far reliability and accuracy has been excellent.
今のところ、信頼性と正確性はすばらしい。

ligament【名】靱帯

[lígəmənt]

▶ **liga**〔結ぶ〕＋**ment**〔名詞に〕

● 例文――

I tore a ligament in my left knee.

私は左の膝の靱帯を切った。

---

ligate【動】結紮(けっさつ)する

[láigeit]

▶ **liga**〔結ぶ〕＋**ate**〔～化する〕

※ **ligature**【名】結紮糸

● 例文――

The enzyme ligated the plasmid.

酵素がプラスミドを結紮した。

---

ligase【名】リガーゼ、合成酵素

[láigeis]

▶ **liga**〔結ぶ〕＋**ase**〔酵素〕

※ **ligand**【名】リガンド

● 例文――

In molecular biology, DNA ligase is a specific type of enzyme.

分子生物学ではDNAリガーゼは特殊な酵素である。

---

alloy【名】合金

[ǽlɔi]

▶ **a(l)**〔～の方へ〕＋**loy**〔結ぶ〕

● 例文――

Brass is an alloy of copper and zinc.

真鍮は銅と亜鉛の合金だ。

82

lip(o) = 脂肪

語源ノート

某製薬会社の「リポビタンD」は「脂肪分解」を表すlipolysisと「ビタミン(vitamin)」を合わせた造語である。vitaminはラテン語で、《vit〔生命〕+ amin〔アミノ酸〕》が語源。

lipid 【名】脂質

[lípid]

lipoid 【形】脂肪に似た　【名】リポイド、類脂質

● 例文

The lipid is insoluble in water.
脂質は水溶性ではない。

This seems to suggest that lipoid is not necessary for clotting.
これはリポイドが凝固には必要ないことをほのめかしているようだ。

lipoma 【名】脂肪腫

[lipóumə]

▶ lipo〔脂肪〕＋oma〔腫瘍〕

● 例文――

Lipoma is a growth of a lump or mass on the skin which is made up of fat cells.

脂肪腫は皮膚上の、脂肪細胞で構成される塊が成長したものである。

---

lipophilic 【形】親油性の

[lìpəfílik]

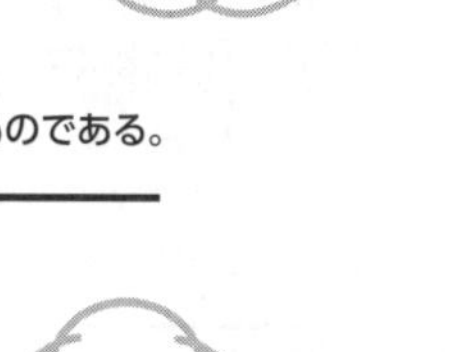

▶ lipo〔脂肪〕＋phil〔好む〕＋ic〔～的な〕
⇒122

● 例文――

Lipophilic substances show the characteristic feature of being more soluble in lipids than in water.

親油性物質は水よりも油脂によく溶けるという特徴を示す。

---

lipolysis 【名】脂肪分解

[lipáləsis]

▶ lipo〔脂肪〕＋ly〔解く〕＋sis〔名詞に〕
⇒77～78

● 例文――

Lipolysis is a medical procedure of melting and removing unwanted fatty deposits on the body.

脂肪分解は人体で不要な脂肪沈着物を溶解し除去する医療処置である。

liposuction 【名】脂肪吸引法

[lipousʌ́kʃən]

▶ lipo〔脂肪〕＋suck〔吸う〕＋ion〔名詞に〕

● 例文――

She decided to have liposuction.

彼女は脂肪吸引法を受けようと決めた。

83

liqu＝液、流れ

語源ノート

「リキュール(liqueur)」は甘味と香料入りの強いお酒、liquorは単に強いお酒の意味。液体化粧品の「リキッド(liquid)」は、ラテン語の「流れ」という意味のliquidusから。「固体」はsolid、「気体」はgas。

liquefy【動】(気体や固体が)液化する

[líkwəfài]

▶ **lique**〔流れる〕+ **fy**〔～化する〕

liquefaction【名】液化、液状化

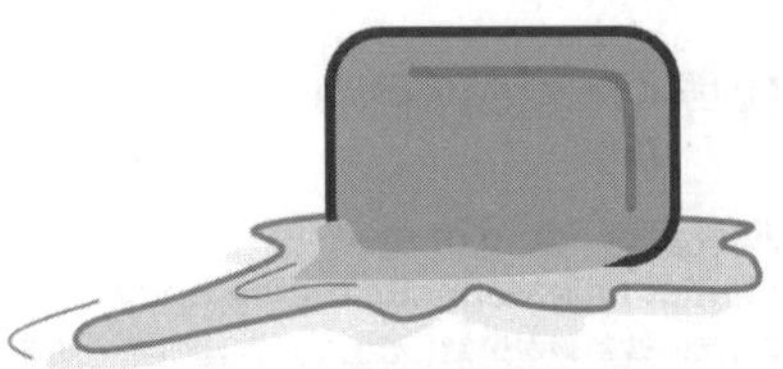

● 例文

Some gases liquefy at cold temperatures.

気体の中には低温で液化するものもある。

The soil liquefaction phenomenon was observed over a wide area along the Pacific Coast.

太平洋岸の広い地域で液状化現象が観測された。

liquid 【名】液体　【形】液体の

[líkwid]

▶ ラテン語のliquidusから

liquid crystal 液晶

※ **solid**【名】固体、立体　【形】固体の、立体の

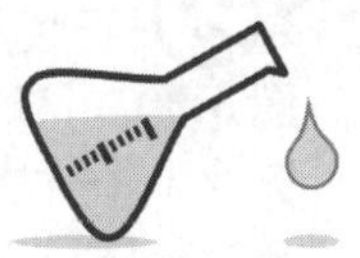

● 例文――

Liquid nitrogen is used to freeze and destroy warts.

液体窒素はイボを凍らせて死滅させるために使われる。

---

liquor 【名】アルコール飲料、蒸留酒、溶液

[líkər]

▶ **liqu**〔流れ〕＋**or**〔もの〕

● 例文――

Last night's liquor still remains.

昨日飲んだお酒がまだ残っている。

---

liquidize 【動】液状化する

[líkwidàiz]

▶ **liquid**〔液体〕＋**ize**〔～化する〕

● 例文――

Heat the lead to liquidize it, then pour it into the mold.

鉛を熱し、液化してから鋳型に流し込むこと。

---

deliquesce 【動】（空気中の水分を吸収して）溶解する、潮解する

[dèlikwés]

▶ **de**〔離れて〕＋**lique**〔流れる〕＋
esce〔～化する〕

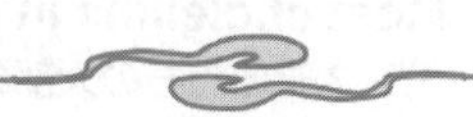

● 例文――

When plants deliquesce, they lose rigidity as they age.

植物は潮解すると、時間の経過とともに堅さを失う。

84

lith(o) = 石

語源ノート

「石版画」は「リトグラフ(lithograph)」。アルカリ金属元素の「リチウム(lithium)」はスウェーデンの化学者ヨアン・オーガスト・アルフェドソンがペタル石(葉長石)の分析をしていた時に発見された。

cholelith【名】胆石

[káːləliθ]

▶ **chole**〔胆汁〕+ **lith**〔石〕

cholelithiasis【名】胆石症

lithiasis【名】結石症

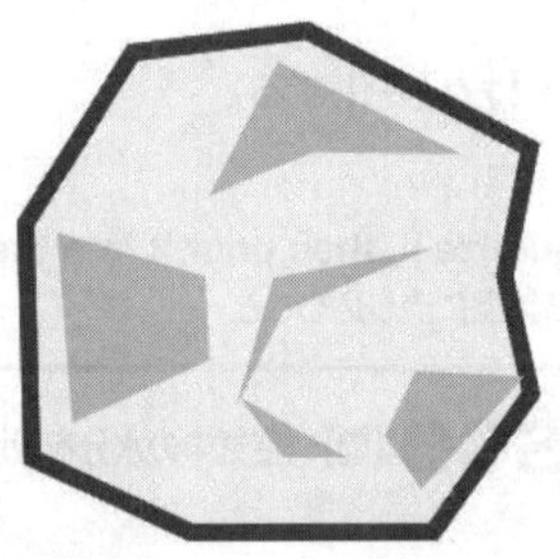

● 例文

Most choleliths in dogs and cats are clinically silent.

犬やネコの胆石の大部分は臨床上サイレントである。

Renal lithiasis is a multifactorial disease.

腎臓結石症は多因子疾病である。

litholysis 【名】結石溶解

[liθálisis]

▶ **litho**〔石〕+ **ly**〔解く〕+ **sis**〔名詞に〕
⇒77～78

● 例文――

There were repeated attempts of litholysis, all being not successful.

結石溶解は何度も試みられたが全てうまく行かなかった。

lithotomy 【名】結石切除術、内視鏡的結石摘出術

[liθátəmi]

▶ **litho**〔石〕+ **tom**〔切る〕+ **y**〔名詞に〕
⇒161

● 例文――

A lithotomy is a medical procedure for extracting kidney stones.

結石切除術は、腎臓結石を取り出すための医療処置である。

lithotripsy 【名】砕石術

[líθətrìpsi]

▶ **litho**〔石〕+ **trips**〔擦る〕+ **y**〔名詞に〕

※ **lithotripter** 【名】超音波腎石粉砕器

● 例文――

Lithotripsy is a medical procedure that uses shock waves to break up stones in the kidney, bladder, or ureter.

砕石術は衝撃波を使って、腎臓、膀胱、尿管の石を粉砕する医術である。

Neolithic 【形】新石器の

[nìːəlíθik]

▶ **neo**〔新しい〕+ **lith**〔石〕+ **ic**〔～的な〕

※ **Paleolithic** 【形】旧石器の

※ **Mesolithic** 【形】中石器の

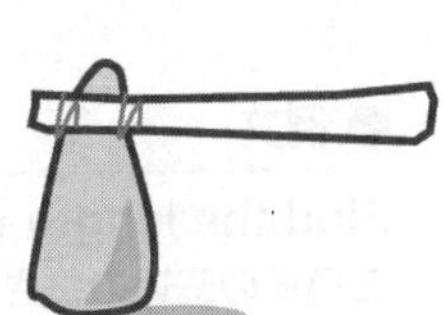

● 例文――

The area was first inhabited in the Neolithic Period.

新石器時代に、この地域に初めて人が居住した。

85

long, leng = 長い

語源ノート

「長い」を表すlongはラテン語のlongusから。「ワンレン(one length cut)」は、ストレートの髪でフロントから後ろまでを同じ長さに真直ぐ切り揃えたもの。lingerは《ling〔長い〕+er〔反復〕》から「残存する、なかなか消えない」、prolongは《pro〔前に〕+long〔長い〕》から「延長する、延期する」、elongationは《e〔外に〕+long〔長い〕+ate〔動詞に〕+ion〔名詞に〕》から「伸び、変形量」に。

length 【名】長さ

[léŋθ]

▶ **leng**〔長い〕+ **th**〔名詞に〕

lengthen 【動】長くなる、長くする

lengthy 【形】長期にわたる、長たらしい

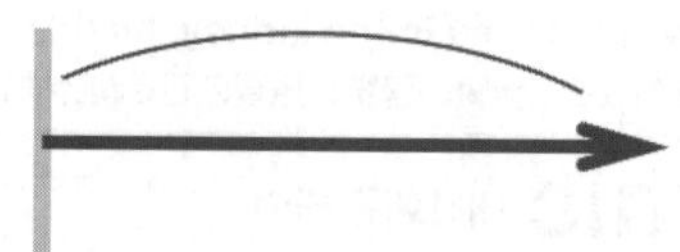

● 例文

Find the length of the base of the triangle.
三角形の底辺の長さを求めよ。

The days lengthen in spring.
春には日がのびる。

longitude【名】経度

[lándʒətjùːd]

▶ long〔長い〕＋tude〔名詞に〕

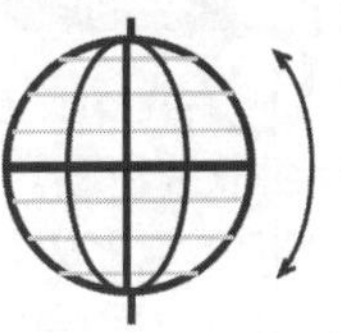

● 例文――

Canada is so large that it spreads over 80 degrees of longitude.

カナダはとても大きく、経度80度に渡って広がっている。

---

oblong【名】長方形、楕円形　【形】長方形の、楕円形の

[áblɔ̀ːŋ]

▶ ob〔向かって〕＋long〔長い〕

● 例文――

These oblong leaves are covered with short hairs.

これらの楕円形の葉は短い毛で覆われている。

---

longevity【名】寿命、長寿

[lɑndʒévəti]

▶ long〔長い〕＋evi＝age〔年齢〕＋ity〔名詞に〕

● 例文――

The people of this village enjoy good health and longevity.

この村の人たちは健康と長寿の恵みを受けている。

---

wavelength【名】波長

[wéivleŋθ]

▶ wave〔波〕＋length〔長さ〕

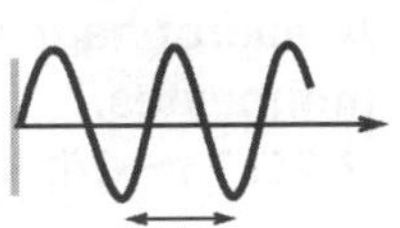

● 例文――

Light is measured by its wavelength or frequency.

光はその波長か周波数で測定される。

macro＝大きい、長い

語源ノート

ギリシャ・ラテン語の「長い」「大きい」を表すmakrosから。足の大きいカンガルー類はmacropod。EXCELなどの「マクロ」はmacroinstructionの略で、複数の小さな命令(コマンド)を合わせて大きくして自動的に実行させる機能のこと。

macrophage 【名】大食細胞、マクロファージ

[mǽkrəfèidʒ]

▶ **macro**〔巨大な〕+**phage**〔食べる〕

bacteriophage 【名】バクテリオファージ、バクテリア破壊ウイルス

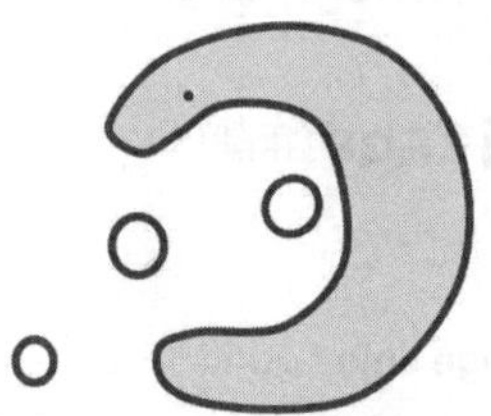

● 例文

A macrophage is a white blood cell, produced by monocytes.
マクロファージは単核球によって作られた白血球である。

A bacteriophage is a virus that only infects bacteria.
バクテリオファージはバクテリアだけが感染するウイルスである。

macroscopic 【形】巨視的な

[mǽkrəskɑ́pik]

▶ **macro**〔巨大な〕＋**scope**〔見る〕＋**ic**〔～的な〕
⇒139

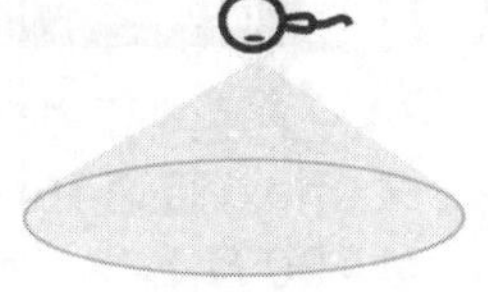

● 例文――

Stockpiling has macroscopic and microscopic aspects.

備蓄保管には、マクロの見方とミクロの見方がある。

---

macrocyte 【名】大赤血球

[mǽkrəsàit]

▶ **macro**〔巨大な〕＋**cyte**〔細菌〕

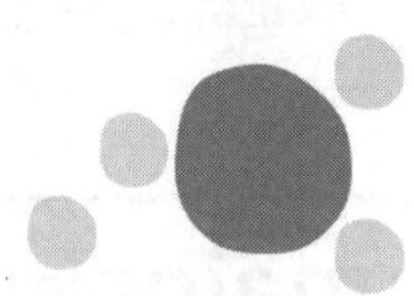

● 例文――

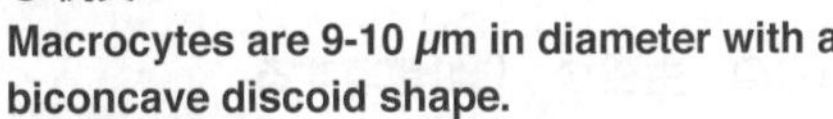

Macrocytes are 9-10 μm in diameter with a biconcave discoid shape.

大赤血球は両凹(おう)の円盤状で直径9～10マイクロメートルである。

---

macrodontia 【名】巨大歯症

[mæ̀krədɑ́nʃiə]

▶ **macro**〔巨大な〕＋**dont**〔歯〕＋**ia**〔症〕
⇒38

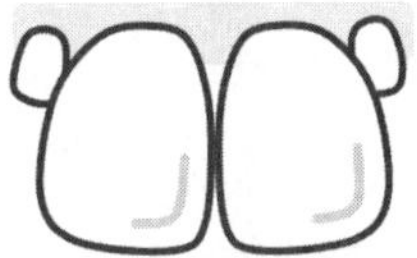

● 例文――

Macrodontia is very much less common than microdontia.

巨大歯症は矮小歯に比べると、はるかに希である。

---

macrospore 【名】大胞子

[mǽkrəspɔ̀:r]

▶ **macro**〔長い〕＋**spore**〔蒔く〕

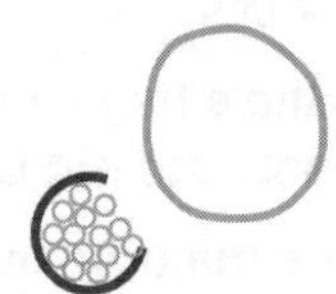

● 例文――

The growth of the fertile mother-cell of the macrospore is vigorous.

多産な大胞子母細胞の成長は活発である。

87

mag, max, maj, megalo = 大きい

語源ノート

アメリカの大リーグはMajor League。マックス(max)時速160kmの剛速球。「メガトン(megaton)」は100万トン。地震の規模を測る「マグニチュード(magnitude)」は「大きな」を表すラテン語のmagnusから。「メガロザウルス(megalosaur)」は、ジュラ紀または白亜紀前期の欧州産の巨大肉食二足恐。「メガホン(megaphone)」は音(phone)を大きくする道具。「マグマ(magma)」や「質量・塊」のmassも同じ語源。

major 【形】大きい方の、主要な 【動】専攻する

[méidʒər]

▶ **maj**〔大きい〕+ **or**〔より〜〕

majority 【名】大多数

● 例文

She's had a major surgery, but she's doing fine.
彼女は大手術をしたが、元気でやっている。

He majored in physics in college.
彼は大学で物理学を専攻した。

magnify【動】拡大する

[mǽgnəfài]

▶ magn〔大きい〕＋fy〔～化する〕

※ magnification【名】倍率

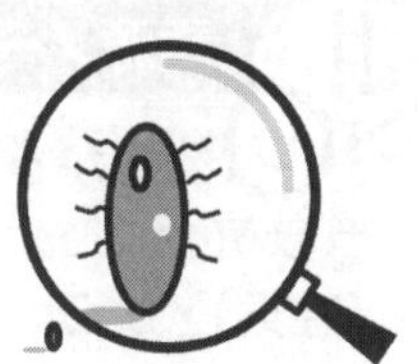

● 例文――

This microscope can magnify an object up to forty times.

この顕微鏡を使えば物体を40倍まで拡大することができる。

---

maximum【名】最大量

[mǽksəməm]

▶ maxi〔大きい〕＋mum〔最上級〕

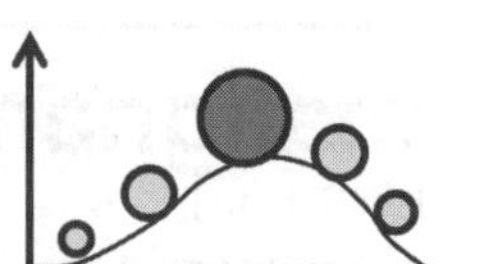

● 例文――

Find the local maximum and minimum values and saddle points of the function.

関数の極大値と極小値と鞍点を求めなさい。

---

maximize【動】最大化する

[mǽksəmàiz]

▶ maxi〔大きい〕＋ize〔～化する〕

● 例文――

Maximize the window to full screen.

ウインドーを極大化しフルスクリーンにしなさい。

---

magnitude【名】マグニチュード、規模、等級

[mǽgnətjù:d]

▶ magni〔大きい〕＋tude〔名詞に〕

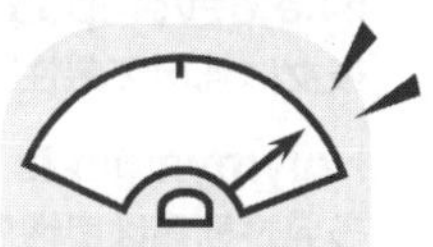

● 例文――

The magnitude of the earthquake was 9.2.

その地震のマグニチュードは9.2だった。

88

mal = 悪い

!! 語源ノート

熱帯から亜熱帯に広く分布する原虫感染症の「マラリア(malaria)」はイタリア語で《mal〔悪い〕＋aria〔空気〕》から。胎児の「位置異常」は「マルポジション(malposition)」。「医療ミス」はmalpractice。「マルウェア(malware)」は、悪意のあるソフトウェアのこと。

malignant 【形】悪性の

[məlígnənt]

▶ **mal**〔悪い〕＋**gn**〔生まれ〕＋**ant**〔形容詞に〕

⇒104

benign 【形】良性の、温和な

● 例文

She developed a malignant tumor in her breast.
彼女は乳房に悪性腫瘍ができた。

Polymyalgia is not a benign disease.
多発性筋痛は良性疾患ではない。

malaria【名】マラリア

[məléəriə]

▶ mal〔悪い〕＋aria〔空気〕

● 例文――

Nearly one million people die of malaria every year in Africa.

アフリカでは、毎年、百万人近くの人たちがマラリアで亡くなっている。

---

malnutrition【名】栄養失調

[mælnju:tríʃən]

▶ mal〔悪い〕＋nutrition〔栄養〕

● 例文――

Many of the children showed signs of malnutrition.

子供の多くが栄養失調の徴候を示していた。

---

malfunction【動】うまく機能しない　【名】不調、機能不全

[mælfʌ́nkʃən]

▶ mal〔悪い〕＋function〔機能〕

● 例文――

The cause of the malfunction is still unknown.

不具合の原因はまだ不明である。

---

malformation【名】奇形、先天異常

[mælfɔ:rméiʃən]

▶ mal〔悪い〕＋form〔形〕＋tion〔名詞に〕
⇒55

● 例文――

Malformations occur in both plants and animals and have a number of causes.

奇形は植物にも動物にも起こり、原因はたくさんある。

89

mal, mel＝柔らかい

語源ノート

「融点」はmelting pointだが、meltは印欧祖語で「柔らかい」という意味のmelにさかのぼる。大麦の麦芽から作ったウイスキーである「モルトウイスキー(malt whiskey)」のmaltも同じ語源で、トウモロコシやライ麦、小麦等の原料を使わずに、単式蒸留器で蒸留して作られたもの。

melt【動】とかす、とける
[mélt]
meltdown【名】炉心溶解

● 例文

Iron melts at 1,535 degrees Celsius.
鉄は摂氏**1,535**度でとける。

A meltdown at the reactor was narrowly avoided.
原子炉の炉心溶解は辛うじて免れた。

89 mal, mel＝柔らかい

smelt【動】(鉱石を)溶解する、(金属を)製錬する
[smélt]

● 例文——

Charcoal was traditionally used to smelt iron from its ore.

伝統的に木炭は鉱石から鉄を溶解して製錬するために利用されていた。

---

malacia【名】軟化症
[məléiʃiə]

▶ **malac**〔柔らかい〕＋**ia**〔症状〕

● 例文——

The cerebrum showed malacia and edema.

大脳は軟化症と浮腫を示した。

---

osteomalacia【名】骨軟化症
[àstiouməléiʃiə]

▶ **osteo**〔骨〕＋**malacia**〔軟化症〕
⇒113

● 例文——

We should take more calcium lactate to prevent and cure osteomalacia.

骨軟化症の予防と治療のためには乳酸カルシウムをもっと取るべきだ。

---

chondromalacia【名】軟骨軟化症
[kàndrəməléiʃiə]

▶ **chondro**〔軟骨〕＋**malacia**〔軟化症〕

● 例文——

He had chondromalacia in both kneecaps.

彼は両方の膝蓋骨(膝小僧)に軟骨軟化症があった。

90

mamma, masto = 乳房

語源ノート

ママが持つ乳房。mammo, mammaはラテン語の「乳房」の意味から。mastoはギリシャ語源。乳房X線撮影は「マンモグラフィー(mammography)」。

mammal【名】哺乳動物

[mǽml]

▶ 乳を与える動物から

mammalia【名】哺乳類

mammalian【形】【名】哺乳類(の)

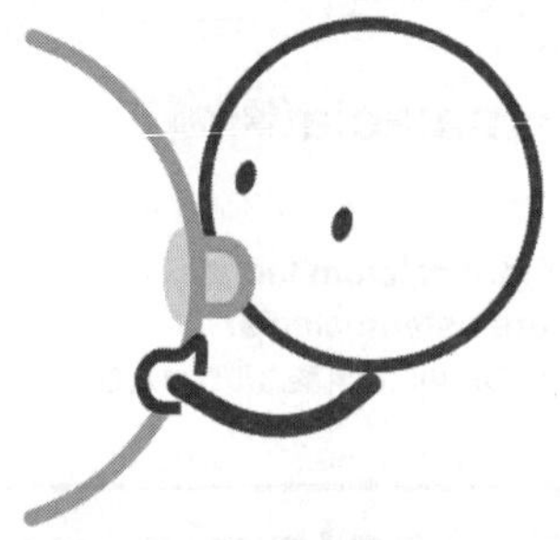

● 例文

The whale is well known to be the largest mammal.

鯨は最大の哺乳動物であることはよく知られている。

The sperm whale's cerebrum is the largest in all mammalia.

マッコウクジラの大脳は全哺乳類の中で最も大きい。

mastodon 【名】マストドン（象の祖先の化石動物）

[mǽstədɑ̀n]

▶ mast（乳房）＋don(t)（歯）
⇒38

● 例文──

Lots of mastodon bones have been discovered around North America.

たくさんのマストドンの骨が北米周辺で発見されてきた。

---

mammitis 【名】乳房炎

[mæmáitis]

▶ mamm〔乳房〕＋itis〔炎症〕

※ mastitis 【名】乳腺炎

● 例文──

The rate of mammitis is lower in the colder period of the year.

乳房炎の率は一年の寒い時期に下がる。

---

mastectomy 【名】乳房切除

[mæstéktəmi]

▶ mast〔乳房〕＋ec〔外に〕＋
tom〔切る〕＋y〔名詞に〕
⇒161

● 例文──

She overcame cancer without a mastectomy.

彼女は乳房切除を受けずにガンを克服した。

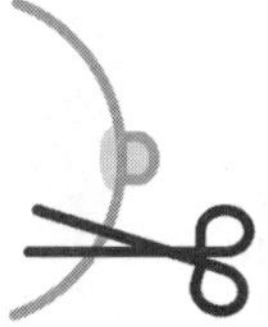

---

mammoplasty 【名】乳房形成術

[mǽməplæ̀sti]

▶ mammo〔乳房〕＋plasty〔形成術〕

● 例文──

Augmentation mammoplasty is performed to reconstruct congenital or acquired deformities.

拡大乳房形成は先天的および後天的奇形を元の状態に戻すために行われる。

91

man＝手

語源ノート

「手や爪の手入れ」はmanicure《mani〔手〕＋cure〔世話〕》、「手引書」は「マニュアル(manual)」。「マナー(manner)」は「手で扱うこと」から「作法」のほか「方式」、「様式」などの意味に。

manufacture【動】製造する　【名】製造

[mænjufǽktʃər]

▶ **manu**〔手〕＋**fact**〔作る〕＋**ure**〔名詞に〕
⇒46〜47

manufacturer【名】製造業者、メーカー

● 例文

This factory manufactures toys.
この工場ではおもちゃを製造している。

The amount of recycled paper used in manufacture doubled in ten years.
製造過程で使われる再生紙の量は10年間で倍増した。

manuscript【名】原稿

[mǽnjuskrìpt]

▶ **manu**〔手〕＋**script**〔書く〕

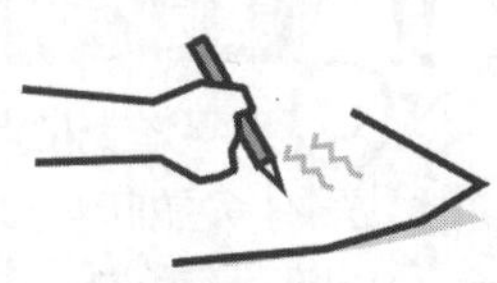

● 例文――

I have to complete my manuscript by next week.

来週までに原稿を書き終えなければならない。

---

manure【名】肥料

[mənjúər]

▶ 手で耕すことから

● 例文――

The global demand for organic fertilizer as an alternative for artificial manure is growing significantly.

人工肥料に代わるものとしての有機肥料に対する世界的な需要はかなり増えてきている。

---

manual【形】手を使う、体力を使う　【名】マニュアル、手引き書

[mǽnjuəl]

▶ **manu**〔手〕＋**al**〔形容詞に〕

manual labor 手作業、単純労働

● 例文――

I prefer a camera with a manual focus.

私は手動で焦点を合わせるカメラの方が好きです。

---

demand【名】要求、需要　【動】要求する、必要とする

[dimǽnd]

▶ **de**〔完全に〕＋**mand**〔手〕→手で指図する

● 例文――

Natural gas prices are not regulated but are set according to supply and demand.

天然ガスの価格は規制されず需要と供給に従って設定される。

92

melan = 黒い

語源ノート

太平洋上に浮かぶ「メラネシア(Melanesia)」は「黒い島々」の意味。「メラニン(melanin)」は「黒い物質」という意味であるが、この色素は、紫外線から体を守るためにはなくてはならない物質である。

melancholy 【名】憂鬱　【形】憂鬱な

[mélənkɑ̀li]

▶ **melan**〔黒い〕+ **choly**〔胆汁〕→憂鬱な感情は黒い胆汁の過剰な分泌によって引き起こされると信じられていたことによる

melancholia 【名】うつ病

● 例文

There was a deep melancholy in his voice.
彼の声には深い憂鬱があった。

Melancholia is a kind of psychological disease which is hard to cure.
うつ病は治療が難しい一種の心理的な疾患である。

melanize【動】黒くする

[mélənàiz]

▶ melan〔黒い〕＋ize〔～化する〕

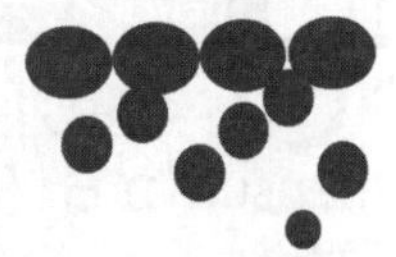

● 例文——

A mole is an elevated patch of melanized skin.

ほくろは黒くなった皮膚が盛り上がった斑点である。

---

melanocyte【名】メラニン細胞

[məlǽnəsàit]

▶ melan〔黒い〕＋cyte〔細胞〕

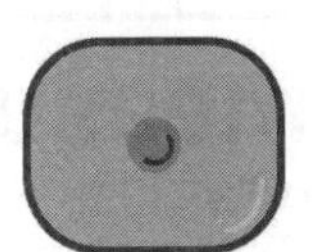

● 例文——

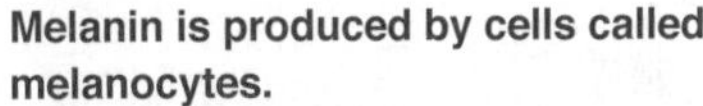

Melanin is produced by cells called melanocytes.

メラニンはメラニン細胞（メラノサイト）と呼ばれる細胞で作られる。

---

melanoma【名】（悪性）黒色腫、メラノーマ

[mèlənóumə]

▶ melan〔黒い〕＋oma〔腫〕

● 例文——

Melanoma is the most dangerous type of skin cancer.

メラノーマ（悪性黒色腫）は皮膚ガンの中で最も危険な種類である。

---

melanoblast【名】メラニン芽細胞

[melǽnəblæst]

▶ melan〔黒い〕＋blast〔芽細胞〕

⇒11

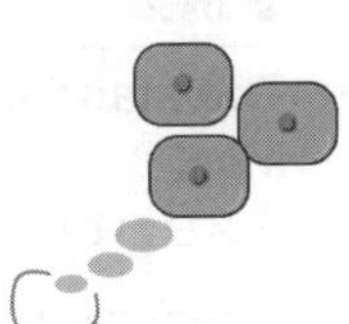

● 例文——

A melanoblast is a precursor of a melanocyte.

メラニン芽細胞はメラニン細胞の前駆体である。

93

mens = 測る

語源ノート

「物差し」の「メジャー (measure)」はラテン語のmensuraから。「3D画面」はthree dimensional screen。「対策・処置」の意味のmeasureは、「バランスをとる」ことから。

measure【名】基準、計量の単位、約数、測定　【動】測る
[méʒər]

▶ **meas**〔測る〕+ **ure**〔名詞に〕

measurement【名】測定、測量

● 例文

The standard measure of distance in the U.S. is the mile.
アメリカでは、距離の標準単位はマイルである。

Measurement of such distances is extremely difficult.
そのような距離の測定はきわめて困難だ。

measurable【形】測定できる、ある程度の

[méʒərəbl]

▶ measure〔測る〕＋able〔できる〕

● 例文——

Measurable amounts of nicotine were found in some of the vegetables.

ある程度の量のニコチンがいくつかの野菜に発見された。

immense【形】膨大な

[iméns]

▶ im〔～でない〕＋mense〔測る〕

※ immensity【名】無限

● 例文——

Migrating birds cover immense distances every winter.

毎冬、渡り鳥は膨大な距離を移動する。

commensurable【形】通約できる

[kəménsərəbl]

▶ com〔共に〕＋mens〔測る〕＋able〔できる〕

● 例文——

Ten is commensurable with 30.

10は30と通約できる。

dimension【名】次元、寸法

[diménʃən]

▶ di〔離れて〕＋mens〔測る〕＋ion〔名詞に〕

※ dimensional【形】次元の

● 例文——

A square has two dimensions and a cube has three dimensions.

正方形は2次元、立方体は3次元だ。

94

meter, metr = 計測

語源ノート

1cmのcmはcentimeterで《centi〔百〕＋meter〔メートル〕》が語源で、1メートルの百分の1。1mmのmmはmilimeter《mile〔千〕＋meter〔メートル〕》で、1メートルの千分の1に由来する。「メートル法」はmetric systemで、metricには名詞で「指標、基準」の意味もある。

symmetry 【名】左右対称

[símətri]

▶ **sym**〔共に〕＋**metry**〔計測〕

symmetrical 【形】左右対称の

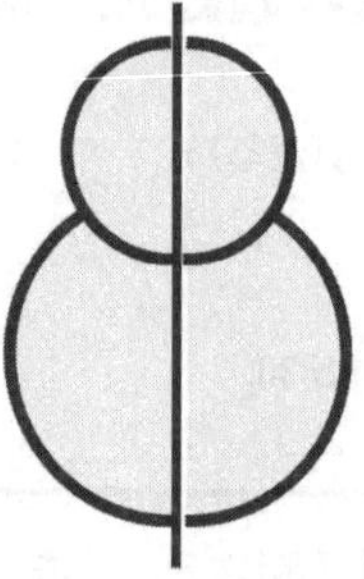

● 例文

European gardens are noted for their symmetry.
ヨーロッパ庭園はその均整美で有名です。

The leaves of most trees are symmetrical in shape.
大部分の木の葉の形は左右対称である。

asymmetrical【形】非対称の

[èisəmétrikl]

▶ a〔ない〕＋sym〔共に〕＋meter〔計測〕＋ ical〔形容詞に〕

※ asymmetry【名】非対称

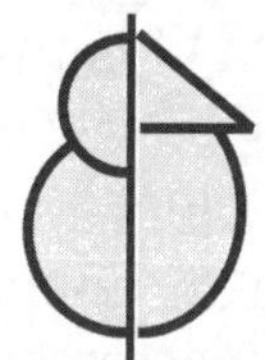

● 例文——

These figures are asymmetrical.

これらの図形は非対称である。

diameter【名】直径

[daiǽmətər]

▶ dia〔通して〕＋meter〔測定〕

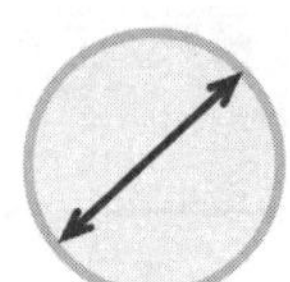

● 例文——

The diameter of the Earth is about 13,000 km.

地球の直径は約13,000kmである。

barometer【名】気圧計、晴雨計、尺度、バロメーター

[bərɑ́mitər]

▶ baro〔気圧〕＋meter〔測定〕

● 例文——

The barometer is falling, which shows that it will probably rain.

気圧計が下がっているということは多分雨が降るだろう。

trigonometric【形】三角法の

[trìgənəmétrik]

▶ tri〔3〕＋gon〔角〕＋meter〔測定〕＋ ic〔～的な〕

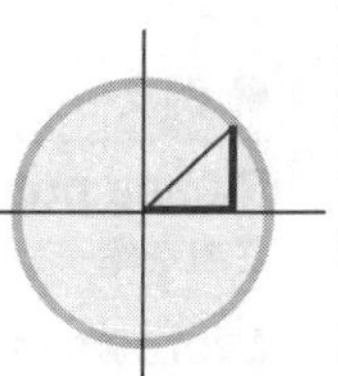

● 例文——

An inverse trigonometric function is used to find the value of an unknown obtuse angle in a triangle.

逆三角関数は三角形の未知の鈍角の値を見つけるために使われる。

95

micro = 小さい

語源ノート

microは「小さい」意味のギリシャ語のmikrosから。「マイクロチップ(micro chip)」は動物の個体識別等を目的とした電子標識器具で、大きさは直径2mm、全長約12mmの円筒形。microは10^{-6}を表し、「マイクロ(micrometer)」は1000分の1mm(10^{-6}メートル)の長さ(ミクロン)。マイクはmicrophoneで、小さな(micro)音(phone)を大きくする機械。microplastics(マイクロプラスチック)は「微小プラスチック粒子」のこと。

microwave 【名】マイクロ波、電子レンジ

[máikrəwèiv] 【動】電子レンジにかける

▶ **micro**〔小さい〕+ **wave**〔波〕

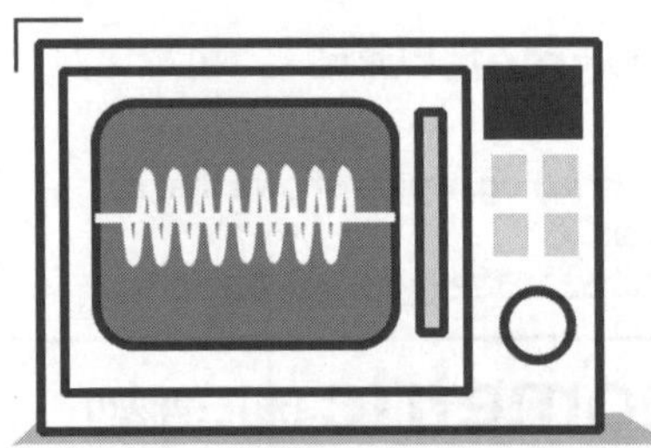

● 例文

Please put this in the microwave oven.
これを電子レンジに入れて下さい。

Microwaves penetrate the food in the oven.
マイクロ波はオーブンの中の食物を突き抜ける。

microscope【名】顕微鏡

[máikrəskòup]

▶ micro〔小さい〕＋scope〔見る〕

※ microscopic【形】微視的な ⇒139

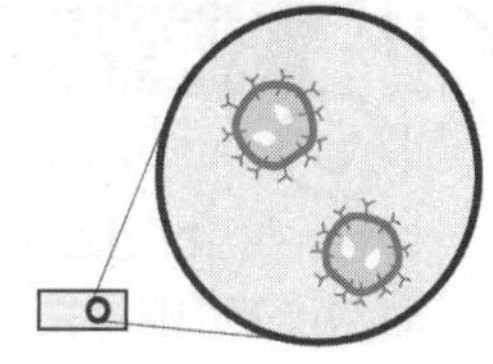

● 例文──

The solution was examined under a microscope.

その溶液は顕微鏡で観察された。

---

microbe【名】微生物

[máikroub]

▶ micro〔小さい〕＋be〔生命〕

※ microbial【形】微生物の ⇒10

● 例文──

Each microbe was made up of atoms and molecules.

それぞれの微生物は原子と分子からできていた。

---

antimicrobial【形】抗菌の

[æntaimaikróubiəl]

▶ anti〔対〕＋micro〔小さい〕＋bi〔生きる〕＋al〔形容詞に〕 ⇒10

● 例文──

Aloe vera has an antimicrobial effect against bacteria, viruses, fungi and yeast.

アロエベラには細菌、ウイルス、カビ、イースト菌への抗菌作用がある。

---

microfiber【名】マイクロファイバー

[máikrəfàibər]

▶ micro〔小さい〕＋fiber〔糸〕 ⇒50

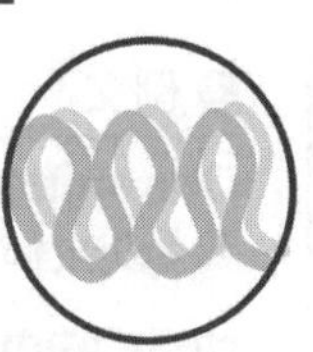

● 例文──

This product has microfiber material which is soft to the touch.

この商品はふわふわした肌ざわりのマイクロファイバー素材だ。

96

mid, medi＝中間

!! 語源ノート

新聞やテレビのことを「メディア」というが、これはmass mediaを短縮したもので、mediaはmediumの複数形で「媒体」。「Mサイズ（medium size）」で分かるように「中間」を表し、統計ではmeanは「平均」でmedianは「中央値」。immediateは《im〔ない〕+medi〔間〕+ate〔形容詞に〕》「間に入るものがない」で「即座の」「一番近い」という意味。immediate supervisorは「直属の上司」、immediatelyは「間髪容れず」の意味に。

immediate【形】即座の、直接の

[imíːdiət]

▶ **im**〔でない〕+ **med**〔中間〕+ **ate**〔形容詞に〕

immediately【副】直ちに、即座に、直接に

● 例文

Our immediate task is to rectify the problem.
我々の当面の課題はその問題を是正することである。

He is immediately responsible for the accident.
彼はその事故に直接責任を負う。

medium （複数形media） 【名】媒体、手段 【形】中間の、中くらいの

[míːdiəm]

▶ medi〔中間〕＋ium〔名詞に〕

● 例文——

The data file can be saved to read-only media such as DVDs.

データはDVDのような読み取り専用のメディアに保存できる。

---

mean 【名】平均 【形】中間の

[míːn]

※ median 【名】中央値

● 例文——

The mean value is defined as the sum of all values divided by the number of values.

平均値は数値の合計を数値の個数で割った値として定義される。

---

amid 【前】〜の中で、〜の最中に

[əmíd]

▶ a〔〜の方へ〕＋mid〔中間〕

● 例文——

Hospitals are facing staffing shortages amid the pandemic.

パンデミックの渦中で病院はスタッフ不足に直面している。

---

intermediate 【形】中間の、中級の

[ìntərmíːdiət]

▶ inter〔間で〕＋medi〔中間〕＋ate〔形容詞に〕

● 例文——

The engine was running at an intermediate speed.

エンジンは中間速度で動いていた。

97

mini＝小さい

!! 語源ノート

レストランの「メニュー (menu)」は店にある料理を1つの表に小さくまとめたもの。「ミニチュア (miniature)」はラテン語で「本の中に小さな絵を描く」という意味のminiaturaから。「大臣 (minister)」は《mini〔小さな〕＋ster〔人〕》から、国民に仕える人が原義。「マイナス (minus)」は「小さくしたもの」、「議事録」のminutesは「議事を手短に記録したもの」から。

minimum 【形】最小の 【名】最小

[mínimәm]

▶ **mini**〔小さい〕＋**mum**〔最上級〕

minimal 【形】最小限の

minimize 【動】最小化する

● 例文

Find the minimum value of integer x if 3x ＞ 2x.
3x＞2xのときの整数**x**の最小値を求めよ。

Click on the top of the window to minimize it.
最小化するにはウィンドーの上をクリックします。

minor 【形】小さい方の

[máinər]

▶ **min**〔小さい〕+**or**〔より～〕

● 例文――

She suffered some minor injuries in the accident.

彼女は事故で軽傷を負った。

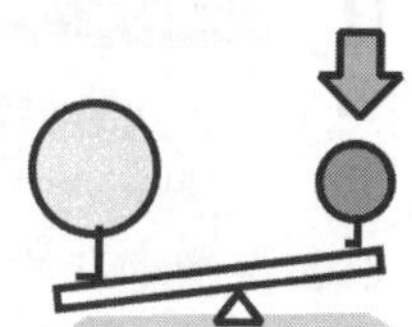

minute 【形】わずかな、細かい [mainjú:t]
【名】（時間の）分 [mínət]

▶ 小さくされたもの

● 例文――

The substance is so toxic that even a minute dose of it could be fatal.

その物質は毒性が強いので、極わずかな量でも致命的になる。

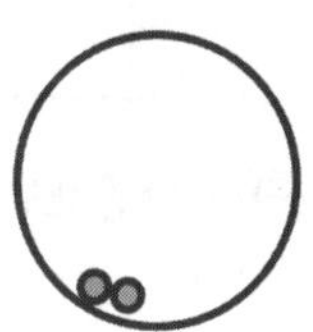

administer 【動】投与する、施す、管理する

[ədmínistər]

▶ **ad**〔～の方へ〕+**mini**〔小さい〕+**ster**〔人〕→**minister**（大臣）は〔小さい人〕から国民に使える小さな人が本来の意味。

※ **administration** 【名】投与、管理、行政

● 例文――

Painkillers were administered to the girl.

鎮痛剤が少女に投与された。

diminish 【動】減少する、減少させる

[dimíniʃ]

▶ **di**〔離れて〕+**min**〔小さい〕+**ish**〔～化する〕

● 例文――

These drugs diminish blood flow to the brain.

これらの薬は脳への血流を減少させる。

98

mit, miss = 送る

語源ノート

missionは《miss〔送る〕＋ion〔名詞に〕》が語源で、「送り出されたもの」から「使命、任務、使節団」の意味に。敵地をめがけて発射される「ミサイル(missile)」も、ラテン語の「送る」という意味のmittereから。LEDはlight-emitting diode（光を発するダイオード）の略称。intermittentは《inter〔間に〕+mit〔送る〕+ent〔形容詞に〕》から「断続的な」に。

emit【動】放射する

[imít]

▶ **e**〔外に〕＋**mit**〔送る〕

emission【名】放出、排気
gas emissions 排出ガス
zero emission ゼロエミッション
（廃棄物を出さない製造技術を開発する計画のこと）

● 例文

The Earth emits natural radiation.
地球は自然の放射能を放射している。

U.S. emissions of carbon dioxide are still increasing.
アメリカの二酸化炭素の排出量は依然として増加している。

transmit【動】伝達する

[trænzmít]

▶ **trans**〔越えて〕＋**mit**〔送る〕

※ **transmission**【名】伝達、変速機

※ **transmitter**【名】送信機

● 例文――

Mosquitoes transmit malaria.

マラリアは蚊の媒介によって伝染する。

---

submit【動】提出する、投稿する

[səbmít]

▶ **sub**〔下に〕＋**mit**〔送る〕

● 例文――

The scientist submitted a paper to Nature.

その科学者はネイチャーに論文を投稿した。

---

admit【動】余地がある、認める

[ædmít]

▶ **ad**〔～の方へ〕＋**mit**〔送る〕

● 例文――

The facts admit of no other explanation.

これらの事実は他に説明の余地がない。

---

premise【名】前提、仮定

[prémis]

▶ **pre**〔前に〕＋**mise**〔送る〕

● 例文――

The program is based on the premise that drug addiction can be cured.

そのプログラムは薬物中毒が治せるという前提に基づいている。

99

mod, mode ＝型

語源ノート

modがつく単語は「型」や「尺度」に関係がある。modeは「方式」「方法」。modelのelは「小さいもの」の意味で、「小さな尺度」から「模型」「模範」に。「鋳型」などのモールド（mold）も同じ語源。moduleは「機能単位」「測定基準」で、modulateは「尺度に合わせて調子をそろえる」、modifyも「合うように修正する」の意味。modernは「今の尺度」から「現代の」「現代的な」。commodityは「尺度が共通な日用品」という意味に。

modify【動】修正する、変更する

[mádəfài]

▶ **mod**〔型〕＋**fy**〔～化する〕

modification【名】変更、改良

● 例文

These countries approved genetically modified food products.

これらの国は遺伝子組み換え食品を承認した。

The equipment can be used without modification.

その装置は改良しなくても利用できる。

accommodate【動】収容できる、提供する

[əkáməmədèit]

▶ **ac**〔の方へ〕＋**com**〔共に〕＋**mod**〔型〕＋**ate**〔～化する〕

※ **accommodation**【名】収容能力、宿泊施設

● 例文――

The hall accommodates 100 people.

このホールは100名収容できる。

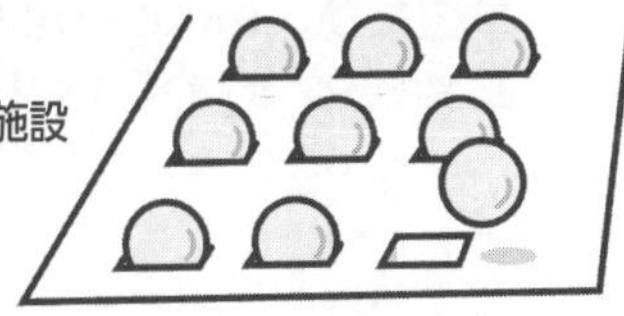

commodity【名】日用品

[kəmádəti]

▶ **com**〔共に〕＋**mod**〔型〕＋**ity**〔名詞に〕

● 例文――

PCs are now commodity products.

パソコンは今や日用製品である。

moderate【形】適度の、控えめな

[mádərət]

▶ **mode**〔型〕＋**ate**〔形容詞に〕

● 例文――

Doctors recommend moderate excersise.

医者は適度な運動を推奨する。

module【名】単位、基準、要素、(歯車の)モジュール

[mádʒuːl]

▶ **mod**〔型〕＋**ule**〔小さい〕

※ **modular**【形】組み立てユニット式の

※ **modulus**【名】率、係数

※ **modulation**【名】変調

● 例文――

Modular design is to decompose complex systems into simple modules.

モジュール設計は複雑なシステムを単純なモジュールに分解するためのものである。

100

mol = 塊

語源ノート

化学で「モル(mol, mole)」と言えば、物質量の基本単位だが、moleの元の意味はラテン語で「かたまり」の意味。「モグラ」や「ほくろ」もmoleだが、これは別の語源。

molecule 【名】分子

[málәkjùːl]

▶ **mole**〔かたまり〕+ **cule**〔小さい〕

molecular 【形】分子の

● 例文

The molecules of oxygen gas contain just two atoms.
酸素ガスの分子には2個の原子しかない。

From its function and molecular structure, it is thought to be a B vitamin.
その機能と分子構造からビタミンB群であると考えられている。

mole【名】モル

[móul]

▶ molecule から

● 例文──

Calculate the number of moles of H_2.

H_2のモル数を計算せよ。

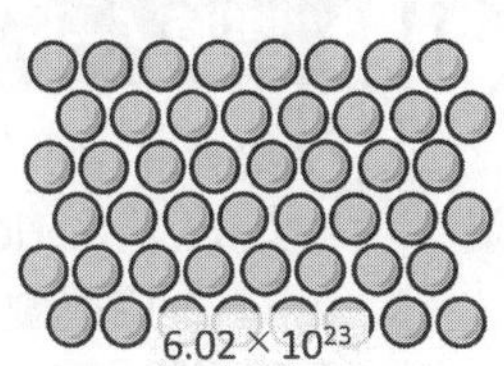

molar【形】モル濃度の

[móulər]

▶ mol〔モル〕＋ar〔形容詞に〕

※ morality【名】モル濃度

● 例文──

The molar ratio indicates the relative number of molecules involved in a chemical reaction.

モル比は化学反応に関わる相対的な分子数を示す。

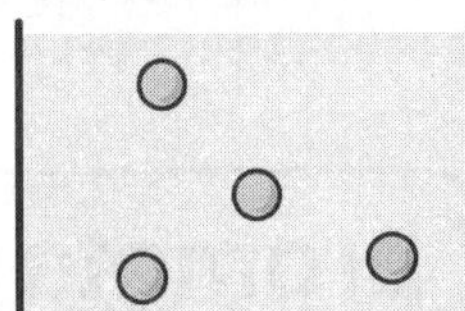

demolish【動】破壊する

[dimáliʃ]

▶ de〔離れて〕＋mol〔かたまり〕＋ish〔～化する〕

※ demolition【名】破壊

● 例文──

A blockbuster is a large bomb used to demolish extensive areas such as a city block.

ブロックバスターは都市ブロックのような広範囲の地域を破壊するのに使う大型爆弾である。

macromolecule【名】高分子、巨大分子

[mækroumáləkju:l]

▶ macro〔大きな〕＋molecule〔分子〕

● 例文── ⇒86

A macromolecule is a molecule with a very large number of atoms.

高分子は非常に多くの原子を持った分子である。

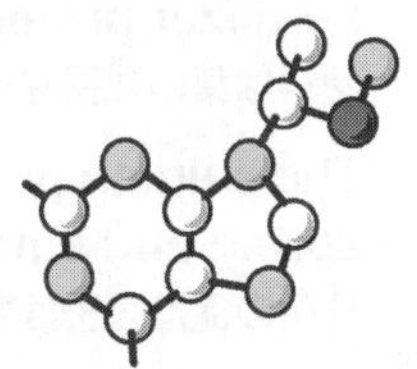

101

mom, move, mot = 動く

語源ノート

動画はmovie、ゆっくりとした動きはスローモーション(slow motion)。motionは「動き」「運動」の意味で、「ニュートンの運動の第一法則」は、Newton's first law of motion。「モーター (motor)」は動かすもの、「リモート(remote)」は《re〔後ろで〕+mote〔動かす〕》から「遠隔操作の、遠く離れた」の意味に。

promote 【動】促進させる、増進させる、昇進させる

[prəmóut]

▶ **pro**〔前に〕+ **mote**〔動く〕

promoter 【名】促進因子

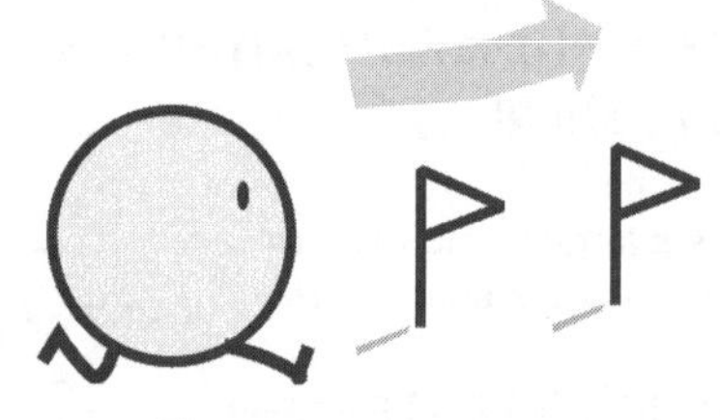

● 例文

Fertilizer promotes leaf growth.
肥料は葉の成長を促進させる。

The salmon promoter gene is only active during the spring and summer.
サケの促進因子は春と夏の間しか活動しない。

remove【動】取り除く

[rimúːv]

▶ re〔後に〕＋move〔動く〕

※ removal【名】移動、転移、除去

● 例文――

During respiration, plants remove oxygen from the water.

呼吸の間、植物は水から酸素を取り除く。

mobility【名】可動性、機動性

[moubíləti]

▶ mob〔動く〕＋ile〔形容詞に〕＋ity〔名詞に〕

※ mobile【形】可動性の　【名】携帯電話

● 例文――

This structure lacks in mobility.

この仕組みは機動性に欠ける。

momentum【名】運動量、勢い、推進力

[mouméntəm]

▶ moment（力、モーメント）から

● 例文――

The validity of the momentum conservation law is not restricted to Newtonian mechanics.

運動量保存の法則の有効性はニュートン力学に制限されない。

electromotive【形】起電の、電動の

[ilèktrəmóutiv]

▶ electr〔電気〕＋mot〔動く〕＋ive〔形容詞に〕
⇒43

※ motive【名】動機　【形】起動の、原動力となる

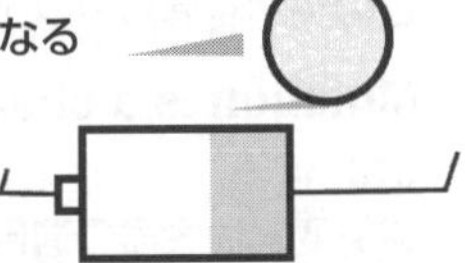

● 例文――

The power generation elements output electromotive force.

発電素子は起電力を出力する。

102

mute＝変わる、動く

!! 語源ノート

家から会社（学校）までの移動、つまり「通勤する」や「通学する」のcommuteは《com〔共に〕＋mute〔移動する〕》が語源。形を変えるようにして動く原生生物である「アメーバ（amoeba）」も同じ語源。

mutant 【形】突然変異体の　【名】突然変異体

[mjúːtnt]

▶ **mute**〔変わる〕＋**ant**〔形容詞に〕

mutation 【名】突然変異（体）、変化

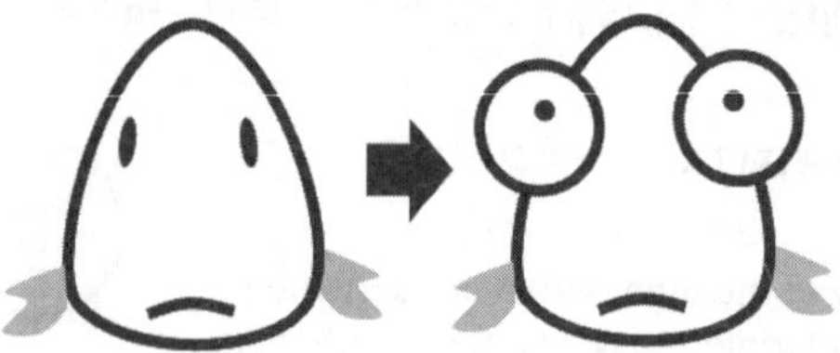

● 例文

This mutant luciferase is obtained from beetles.

この突然変異ルシフェラーゼは甲虫類から採られる。

Mutation is a change in DNA, the hereditary material of life.

突然変異は生命の遺伝物質であるＤＮＡが変化することである。

commutate【動】（電流の）方向を転換する、整流する

[kámjutèit]

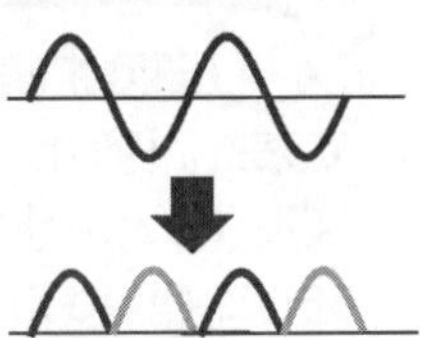

▶ com〔完全に〕＋mute〔変わる〕＋ate〔～化する〕

※ commutation【名】整流、交換、通勤

● 例文――

Additional diodes are installed to commutate current.

電流を整流するために付加的なダイオードがインストールされる。

---

mutagenesis【名】突然変異誘発

[mjuːtədʒénəsis]

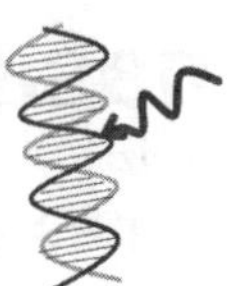
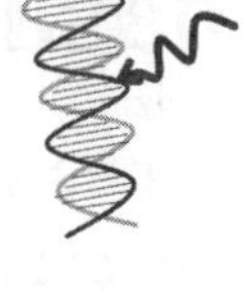

▶ mute〔変わる〕＋genesis〔発生〕

⇒60～62

● 例文――

In vitro mutagenesis is used to purposefully change genetic information.

生体外突然変異誘発は遺伝子情報を意図的に変化させるために使われる。

---

permutation【名】順列、置換、置き換え

[pə̀ːrmjutéiʃən]

▶ per〔完〕＋mute〔変わる〕＋ion〔名詞に〕

※ permute【動】並べ替える、順列する

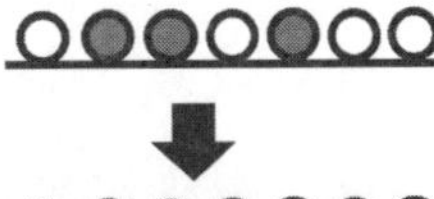

● 例文――

There are two types of permutation, horizontal and vertical.

置換には横方向と縦方向の2種類がある。

---

transmute【動】変える

[trænsmjúːt]

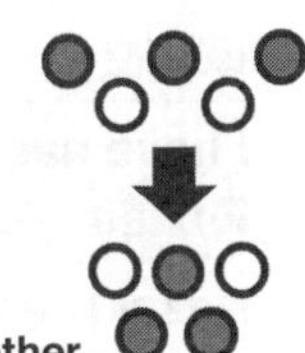

▶ trans〔越えて〕＋mute〔変わる〕

● 例文――

It's possible to transmute one form of energy into another.

ある形態のエネルギーを別のものに変えることができる。

103

nas, rhin = 鼻

語源ノート

印欧祖語で「鼻」の意味のnasは英語にそのまま入って来た。「鼻(nose)」の形容詞はnasal(鼻の)。ホースの「ノズル(nozzle)」も同じ語源。動物の「サイ」はrhinoceros、略してrhinoだが、ギリシャ語の《rhino〔鼻〕+ceros〔角〕》に由来する。rhinovirus(ライノウイルス)は鼻風邪の原因となるウイルスのこと。

nasal【形】鼻の

[néizl]

▶ **nas**〔鼻〕+**al**〔形容詞に〕

nasalize【動】鼻音化する

● 例文

I have nasal congestion.
鼻が詰まっている。

Nasal breathing has many advantages.
鼻呼吸にはたくさんの利点がある。

nostril 【名】鼻孔

[nástrəl]

▶ nos〔鼻〕＋tril〔穴〕

● 例文――

Gorillas have big nostrils.

ゴリラの鼻孔は大きい。

---

rhinitis 【名】鼻炎

[raináitis]

▶ rhino〔鼻〕＋itis〔炎症〕

● 例文――

The primary symptom of rhinitis is nasal dripping.

鼻炎の初期症状は鼻水である。

---

rhinoplasty 【名】鼻形成術

[ráinəplæ̀sti]

▶ rhin〔鼻〕＋plasty〔形成術〕

● 例文――

Many plastic surgeons perform rhinoplasty from within the nose.

多くの整形外科医は鼻の内部から鼻形成術を行う。

---

rhinorrhea 【名】鼻漏

[ràinəríə]

▶ rhin〔鼻〕＋rrhea〔漏出〕

● 例文――

The rhinitis symptom complex consists of rhinorrhea, congestion, itchy mucosa, itchy eyes, and sneezing.

鼻炎症候群は鼻漏、鼻づまり、粘膜のかゆみ、目のかゆみ、くしゃみから成る。

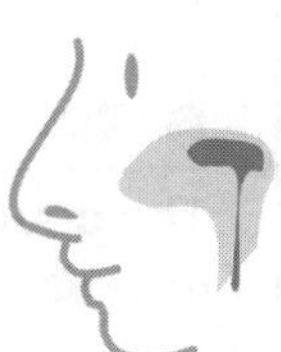

104

nat, gna = 種、生まれる

語源ノート

natもgnaも共に「生まれる」「種」を表す印欧祖語のgeneに由来する。「国家」や「国民」のnationや、その土地に生まれた人の「ネイティブ(native)」も同じ語源。

natural 【形】天然の、自然の

[nǽtʃərəl]

▶ **nat**〔生まれる〕+ **al**〔形容詞に〕

natural frequency 固有振動数

nature 【名】自然、本質

● 例文

The country is rich in natural resources.
その国は天然資源が豊富にある。

The hardest substance found in nature is diamond.
自然界で最も固い物質はダイヤモンドである。

104 nat, gna＝種、生まれる

pregnant 【形】妊娠している

[prégnənt]

▶ **pre**〔前に〕＋**gna**（生まれる）＋
ant〔形容詞に〕

● 例文――

She is five months pregnant.

彼女は妊娠5か月です。

---

prenatal 【形】胎児期の、出生前の

[priːnéitl]

▶ **pre**〔前に〕＋**nat**〔生まれる〕＋
al〔形容詞に〕

● 例文――

This gym offers prenatal workout classes for pregnant women.

このジムは妊婦のために出産前トレーニングのクラスを提供している。

---

postnatal 【形】出産後の、出生後の

[pòustnéitl]

▶ **post**〔後に〕＋**nat**〔生まれる〕＋
al〔形容詞に〕

● 例文――

She suffered postnatal depression.

彼女は産後うつ病を患った。

---

innate 【形】生まれつきの、生得的な、先天性の

[inéit]

▶ **in**〔中に〕＋**nate**〔生まれる〕

● 例文――

Innate immunity is activated immediately upon infection.

先天性免疫は感染して直ちに活性化される。

105

neo, new, nov ＝新しい

語源ノート

印欧祖語で「新しい」という意味のnewoがそのまま英語に入って来たが、ラテン語経由ではnovに変化した。原子番号10の「ネオン(neon)」は「新しい元素」に由来し、空気中に微量に存在するもので、低圧放電によって赤色に光るのでネオン管として利用される。

innovate【動】刷新する、導入する

[ínəvèit]

▶ **in**〔中に〕＋**nov**〔新しい〕＋**ate**〔～化する〕

innovation【名】革新、導入

innovative【形】革新的な

● 例文

The drive to constantly innovate product and process technology is strongly visible.

製品と工程技術を常に刷新しようとする意欲は強く見られる。

The iPad is one of the latest innovations in computer technology.

iPadはコンピューター技術における最新の革新の一つである。

(105) neo, new, nov＝新しい

nova 【名】新星

[nóuvə]

● 例文――

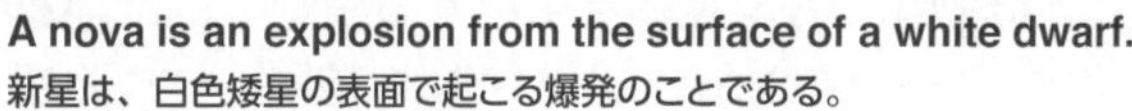

A nova is an explosion from the surface of a white dwarf.

新星は、白色矮星の表面で起こる爆発のことである。

---

novel 【形】新型の、奇抜な　【名】小説

[nɑ́vl]

▶ **nov**〔新しい〕＋**el**〔小さい〕

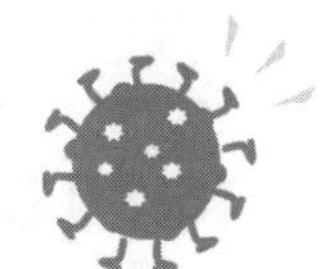

● 例文――

The novel coronavirus is a global threat to human health.

新型コロナウイルスは人類の健康に対する世界的な脅威だ。

---

renewable 【形】再生可能な

[rinjúːəbl]

▶ **re**〔再び〕＋**new**〔新しい〕＋**able**〔できる〕

● 例文――

Environmentalists would like to see fossil fuels replaced by renewable energy sources.

環境保護論者たちは、再生可能エネルギー資源が化石燃料に取って代わるのを望んでいる。

---

renovate 【動】修理する、リフォームする

[rénəvèit]

▶ **re**〔再び〕＋**nov**〔新しい〕＋**ate**〔～化する〕

※ **renovation** 【名】リフォーム

● 例文――

The museum will be renovated this year.

その博物館は今年改装される。

106

nerv, neuro = 腱、神経

語源ノート

ラテン語の「腱」を表すnervusに由来。「ニューロン(neuron)」とは動物の神経組織を形成する細胞のこと。「神経症」の「ノイローゼ(neurosis)」は《neur〔神経〕＋osis〔症状〕》から。

nerve 【名】神経

[nə́ːrv]

nervous 【形】神経の

● 例文

Once nerve cells in the brain die, they cannot be regenerated.
脳細胞は、一度死んでしまうと再生できない。

The disease affects the nervous system.
その病気は神経系に影響を与える。

neuron【名】ニューロン、神経単位

[njúərɑn]

▶ neuro〔神経〕＋on〔物質〕

※ neural【形】神経の

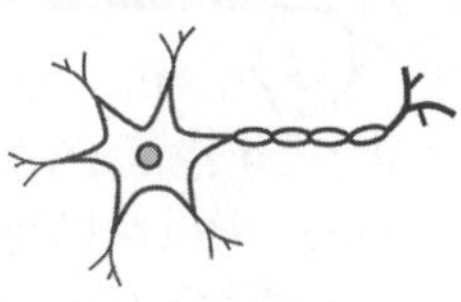

● 例文——

A neuron is a specialized type of cell found in the bodies of most animals.

ニューロンはたいていの動物の体に見られる特殊な種類の細胞である。

---

neuralgia【名】神経痛　神経の痛み

[njuərǽldʒə]

▶ neur〔神経〕＋algia〔痛み〕
⇒5

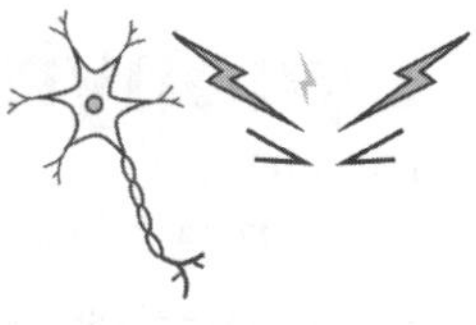

● 例文——

The medicine has the specific virtue of curing neuralgia.

その薬は神経痛の治療に特別な効果がある。

---

neuritis【名】神経炎

[njuəráitis]

▶ neur〔神経〕＋itis〔炎症〕

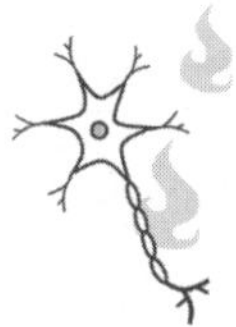

● 例文——

I'm suffering from neuritis.

私は神経炎を患っている。

---

neurologist【名】神経科医

[njuərálədʒist]

▶ neuro〔神経〕＋log〔言葉〕＋ist〔人〕

※ neurology【名】神経学

● 例文——

It seems he needs to have an evaluation by a neurologist.

彼は神経科医による診断が必要なようだ。

107

nomi, nym = 名前

語源ノート

nomi、nymはnameのこと。nominalは「名前だけの」で技術用語としては「公称の」という意味でよく使われる。「a（ない）」がつくanonymousは「匿名の、無記名の、無著者の」。「ノミネート(nominate)」は「指名する」。acronym（頭文字）は《acro〔高い〕＋nym〔名前〕》から、頭文字だけ取ってつなげてひとつの語のように発音するもの。

synonym 【名】同義語、異名

[sínənìm]

▶ **syn**〔共に、同じ〕＋**nym**〔名前〕

antonym 【名】反意語

● 例文

Some people use "gender" as a synonym for sex.
sexの同意語として**gender**を使う人もいる。

"Short" is the antonym of "long."
「短い」は「長い」の反意語だ。

acronym 【名】頭文字語（1語として発音される略語）

[ǽkrənìm]

▶ acro〔高い〕＋nym〔名前〕
⇒1

● 例文――

SWOT analysis is an acronym for Strengths, Weaknesses, Opportunities and Threats.

SWOT分析は「強み」「弱み」「機会」「脅威」の略語である。

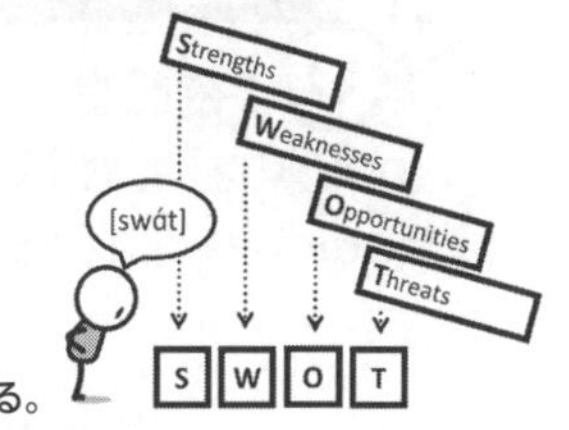

nominal 【形】名目上の、公称の、呼びの

[námənl]

▶ nomin〔名前〕＋al〔形容詞に〕

● 例文――

A nominal dimension is a standardized measurement of parts.

呼び寸法とは、部品の標準化された寸法である。

nomenclature 【名】（分類上の）学名命名法、専門語、学名、術語

[nóumənklèitʃər]

▶ nomen〔名前〕＋clat〔呼ぶ〕＋ure〔名詞に〕

● 例文――

This nomenclature is named after the inventor.

この学術名は発明者にちなんでいる。

denominator 【名】分母、共通の特徴

[dinámənèitər]

▶ de〔完全に〕＋nominate〔名づける〕＋or〔するもの〕

※ denomination 【名】
（重量・尺度・金銭などの）単位（名称）、宗派、命名

$$\frac{3}{10}$$

● 例文――

In the fraction 3/10, the denominator is 10 and the numerator is 3.

3/10という分数では、分母は10で分子は3である。

108

nyct, noct, nox = 夜

語源ノート

「夜想曲」は「ノクターン(nocturne)」。昼と夜(nox)の長さがほぼ等しくなる日が「春分の日(vernal equinox)」と「秋分の日(autumnal equinox)」。

nocturnal 【形】夜行性の、夜間の

[nɑktə́ːrnl]

▶ **nocturn**〔夜〕+ **al**〔形容詞に〕

● 例文

The bat is a nocturnal animal.
コウモリは夜行性の動物である。

He spends the nocturnal hours in his observatory.
彼は夜の時間を自分の展望台で過ごす。

equinox 【名】昼夜平分時、春分(the vernal equinox)、秋分(autumnal equinox)

[íːkwənɑ̀ks]

▶ **equi**〔等しい〕+**nox**〔夜〕
⇒44

● 例文――

There are many tourists around the autumnal equinox.

秋分の頃は観光客が多い。

nyctalopia 【名】夜盲症、鳥目

[nìktəlóupiə]

▶ **nyct**〔夜〕+**al**〔形容詞に〕+**opia**〔目〕
⇒110

● 例文――

Nyctalopia is thought to be caused by vitamin A deficiency.

夜盲症はビタミンAの不足が原因と考えられている。

nyctophobia 【名】暗闇恐怖症

[nìktəfóubiə]

▶ **nycto**〔夜〕+**phobia**〔恐怖〕
⇒123

● 例文――

Nyctophobia is common especially among young children.

暗闇恐怖症は特に幼い子どもによくある。

noctiluca 【名】夜光虫

[nɑ̀ktəlúːkə]

▶ **nocti**〔夜〕+**luca**〔光る〕

● 例文――

Noctiluca visibly aggregate at the sea surface.

夜光虫は一体となって目に見えるように海面に集まる。

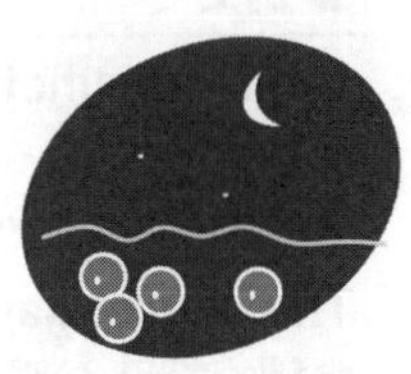

109

ocu(l)＝眼

語源ノート

印欧祖語で「見る」「見える」という意味のokwに由来する。「予防接種をする」のinoculateは《in〔中に〕＋ocul〔眼→芽〕＋ate〔動詞に〕》が語源で、免疫となる胚や芽を入れることに由来する。「予防接種」はinoculation。

ocular【形】眼の

[ákjulər]

▶ **ocul**〔眼〕＋**ar**〔形容詞に〕

oculist【名】眼科医

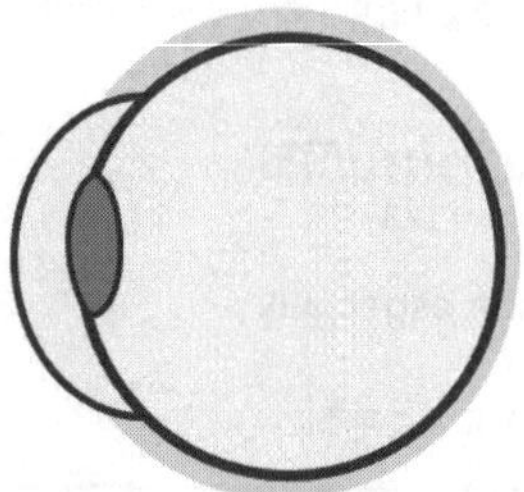

● 例文

Ocular dysmetria makes it difficult to focus vision onto one object.

異常眼球は、一つの物体に視覚焦点を当てることを難しくする。

The oculist gave me a prescription for new eyeglasses.

眼科医は新しい眼鏡のための処方箋をくれた。

binoculars【名】双眼鏡

[bainákjulərz]

▶ bi〔2〕＋ocular〔眼の〕

※ binocular【形】両眼用の

● 例文――

I always carry my binoculars while traveling.

私は旅をする時はいつも双眼鏡を持ち歩いている。

monocular【形】単眼の

[mənákjulər]

▶ mono〔1〕＋ocular〔眼の〕

● 例文――

He published a series of papers on monocular and binocular vision.

彼は単眼視と両眼視に関する一連の論文を発表した。

intraocular【形】眼球内の

[intrəákjulər]

▶ intra〔内に〕＋ocular〔眼の〕

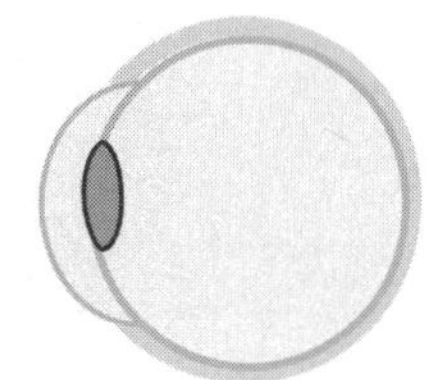

● 例文――

Increased intraocular pressure results in glaucoma.

眼球内の圧力が増すと緑内障を引き起こす。

preocular【形】眼球前方の

[priákjulər]

▶ pre〔前に〕＋ocular〔眼の〕

※ retroocular【形】眼球後方の

※ supraocular【形】眼窩の上の

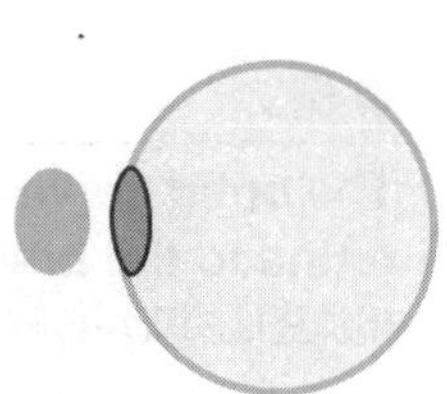

● 例文――

The disease is related to abnormal changes in lipids and proteins in the preocular tear film.

その疾患は眼前涙液膜にある脂質とタンパク質の異常な変化に関連性がある。

110

opt＝目

語源ノート

ocu(l)と同様に、印欧祖語で「見る」「見える」という意味のokwに由来する。「目の錯覚」はoptical illusion。「三角竜」と呼ばれる「トリケラトプス(triceratops)」は《tri〔3〕＋cera〔角〕＋ops〔目→顔〕》、つまり、「3つの顔を持った」に由来する。

optic 【形】目の、視覚の

[ɑ́ptik]

▶ **opt**〔目〕＋**ic**〔～的な〕

optical 【形】視力の、光学の

optician 【名】眼鏡技師、眼鏡屋

● 例文

The optic nerve transmits visual information from the retina to the brain.

視神経は網膜から脳へ視覚の情報を伝える。

This looks longer than that, but it is an optical illusion.

これはあれよりも長いように見えるが錯覚である。

autopsy 【名】検死（解剖）

[ɔ́:tɑpsi]

▶ **auto**〔自分で〕+ **ops**〔目〕+ **y**〔名詞に〕

● 例文——

The police didn't make the autopsy public.

警察は検死結果を公にしなかった。

---

myopia 【名】近視

[maióupiə]

▶ **my**〔閉じる〕+ **opia**〔目〕

● 例文——

The new contact lenses will correct my myopia.

新しいコンタクトレンズは私の近視を矯正するだろう。

---

hyperopia 【名】遠視

[hàipəróupiə]

▶ **hyper**〔上に、過度に〕+ **opia**〔目〕

● 例文——

Eyeglasses are the simplest and safest way to correct hyperopia.

メガネは遠視を矯正する最も単純で安全な方法だ。

---

presbyopia 【名】老人性遠視、老眼

[prèzbióupiə]

▶ **presby**〔老人〕+ **opia**〔目〕

● 例文——

It seems I need a pair of spectacles for presbyopia.

どうも老眼鏡が必要なようだ。

111

ord = 順序

語源ノート

野球で「打順」は「バッティングオーダー (batting order)」。orderの元の意味は「順序」で、順序通りに並べた状態から「秩序」の意味に、さらに人を順番通りに並べるためには命令する必要があることから「命令」や「注文」の意味になる。

order 【名】順序、命令、次数　【動】命令する
[ɔ́ːrdər]
orderly 【形】秩序ある

● 例文

The lists are in alphabetical order of family name.
名簿は名字のアルファベット順だ。

The tools were arranged in orderly rows.
道具はきちんと並べられていた。

disorder【名】障害、混乱

[disɔ́:rdər]

▶ dis〔離れて〕＋order〔順序〕

● 例文——

After two years of therapy, she was able to conquer her eating disorder.

2年間の療法後、彼女は摂食障害を克服できた。

---

ordinal【形】序数の

[ɔ́:rdənl]

▶ ord〔順序〕＋al〔形容詞に〕

● 例文——

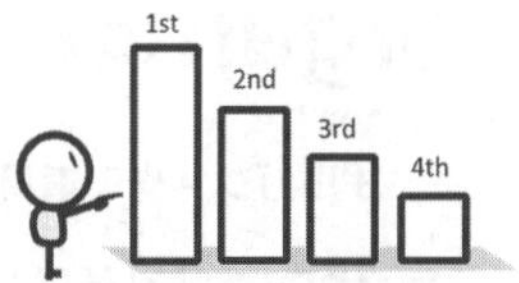

Write the oridinal numbers from 1 to 10.

1-10までの序数を書きなさい。

---

ordinate【名】縦座標

[ɔ́:rdənət]

▶ ord〔順序〕＋ate〔名詞に〕

● 例文——

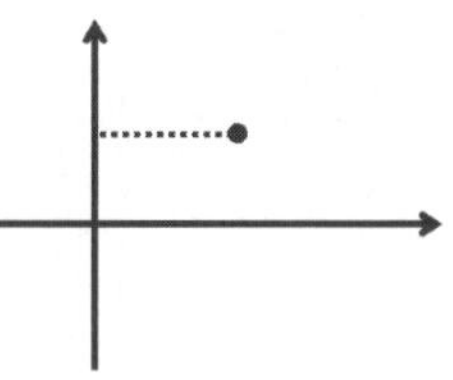

Usually the dependent variable is plotted on the ordinate.

普通、従属変数は縦座標に描かれる。

---

coordinate【名】座標 [kouɔ́:rdənət]

【動】組織する、統一する [kouɔ́:rdənèit]

▶ co〔共に〕＋ord〔順序〕＋ate〔名詞に〕

※ coordination【名】配位

● 例文——

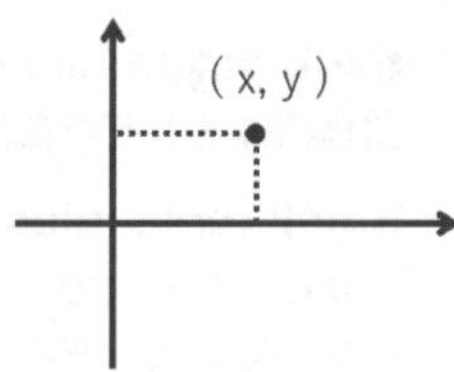

Cartesian geometry is the study of geometry using a coordinate system.

デカルト幾何学とは、座標を用いて幾何学を学ぶ学問である。

112

org, surg = 作る、行う

!! 語源ノート

「エネルギー (energy)」や「アレルギー (allergy)」はギリシャ語の「仕事」を意味するergonに由来するが、これが形を変えて、orgやsurgになった。

organ 【名】臓器、器官、オルガン、機関

[ɔ́ːrgən]

▶ オルガン＝作る道具

organic 【形】器官の、有機(物)の

inorganic 【形】無機の、無生物の

organization 【名】組織

● 例文

Each organ has its function.

器官にはそれぞれ機能がある。

Small molecules play a fundamental role in organic chemistry and biology.

小分子は有機化学と生物学で重要な役割を果たしている。

organism【名】有機体、(微)生物

[ɔ́:rgənìzm]

▶ organ〔器官〕＋ism〔名詞に〕

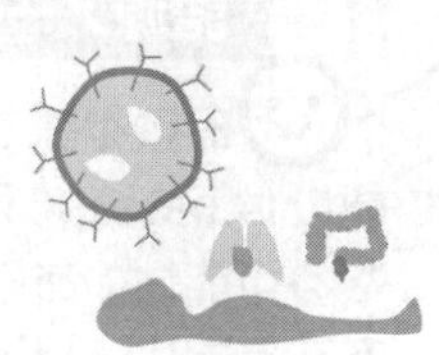

● 例文――

Human beings are complex organisms.

人間は複雑な有機体である。

---

organelle【名】細胞小器官

[ɔ̀:rgənél]

▶ organ〔器官〕＋elle〔小さい〕

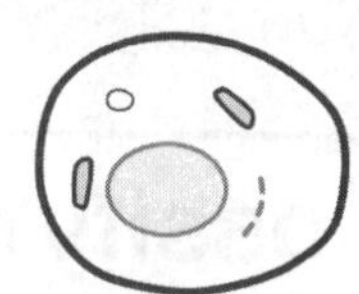

● 例文――

The mitochondrion is the organelle that supplies energy to the cell.

ミトコンドリアは細胞にエネルギーを供給する細胞小器官である。

---

surgeon【名】外科医

[sə́:rdʒən]

▶ surg〔行う〕＋on〔人〕

● 例文――

She is a brain surgeon.

彼女は脳外科医です。

---

surgery【名】手術、外科

[sə́:rdʒəri]

▶ surg〔行う〕＋ery〔名詞に〕

※ surgical【形】外科の

● 例文――

The patient needs an urgent surgery.

その患者は緊急手術の必要がある。

113

osteo = 骨

語源ノート

印欧祖語で「骨」を意味するostに由来し、ギリシャ語ではosteoに形を変えた。古代ギリシャでは、僭主になる可能性のある市民に対して国外追放するべきかの投票をする際に、貝殻を使用した陶片の欠片を用いたが、これを「オストラシズム (ostracism)」と呼んだ。海のミルクと言われる「カキ」のoysterも同じ語源である。

ossify 【動】骨化する

[ásəfài]

▶ **oss**〔骨〕+ **fy**〔～化する〕

ossification 【名】骨化

● 例文

The cartilages ossified with age.
軟骨は年齢とともに骨化した。

Calcification is often confused with ossification.
石灰化はしばしば骨化と混同される。

osteoporosis 【名】骨粗鬆症

[àstioupəróusis]

▶ **osteo**〔骨〕＋**por**〔通る〕＋**osis**〔症状〕

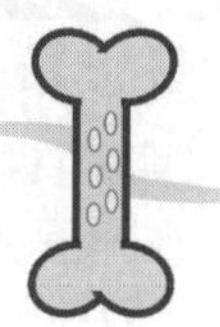

● 例文——

Heavy metals such as lead and cadmium can make osteoporosis worse.

鉛やカドミウムなどの重金属は骨粗鬆症を悪化させる可能性がある。

---

osteoma 【名】骨腫

[ɑstióumə]

▶ **osteo**〔骨〕＋**oma**〔腫瘍〕

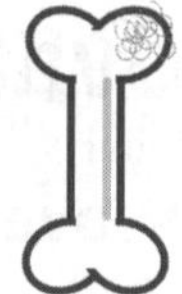

● 例文——

Osteoid osteoma is a benign tumor of the bone.

類骨骨腫は良性の骨腫だ。

---

osteitis 【名】骨炎

[àstiáitis]

▶ **oste**〔骨〕＋**itis**〔炎症〕

● 例文——

Osteitis results in edema, or swelling, of the adjacent bone marrow.

骨炎になると、近辺の骨髄に浮腫、つまり、むくみが起こる。

---

osteolysis 【名】骨溶解

[àstiáləsis]

▶ **osteo**〔骨〕＋**ly**〔解く〕＋**sis**〔名詞に〕

⇒77〜78

● 例文——

Distal clavicle osteolysis is a condition that affects mainly weightlifters.

末梢鎖骨溶解は主に重量挙げの選手を襲う病状である。

114

ova, ovo = 卵

語源ノート

「卵」はギリシャ語ではoon、ラテン語ではovum。「卵の」はovalだが、unioval は《uni〔1〕+ oval〔卵の〕》から「一卵性の」、bioval は《bi〔2〕+ oval〔卵の〕》から「二卵性の」になる。

oval【形】卵形の、長円の、楕円の

[óuvl]

▶ **ova**〔卵〕+ **al**〔形容詞に〕

ovum【名】卵、卵子（ovaは複数形）

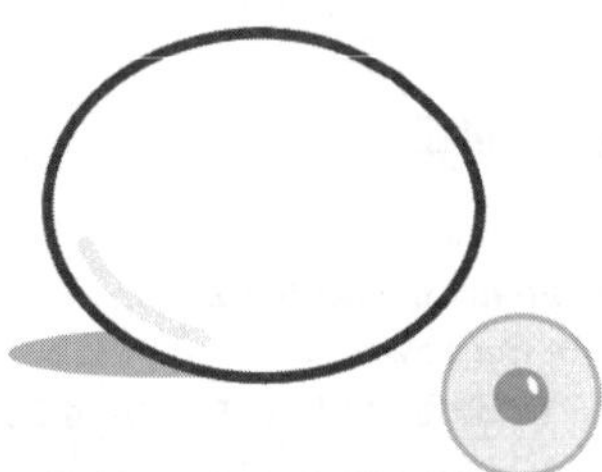

● 例文

The trees bear oval fruits called cacao pods on their trunks.
その木はカカオポッドと呼ばれる長円形の果実を幹につける。

A fertilized ovum is called a zygote.
受精卵は接合子と呼ばれる。

114 **ova, ovo＝卵**

ovary 【名】卵巣、子房

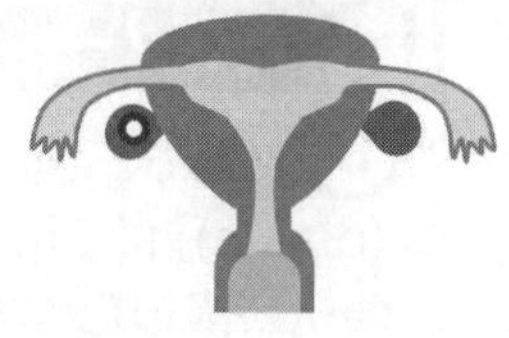

[óuvəri]

▶ **ova**〔卵〕＋**ary**〔場所〕

※ **ovarian** 【形】卵巣の、子房の

● 例文――

In this condition, tumor cells rarely spread outside of the ovary.

この病状では腫瘍細胞が卵巣の外に拡がることは滅多にない。

---

obovate 【形】倒卵状の

[ábəviət]

▶ **ob**〔対して〕＋**ova**〔卵〕＋**ate**〔形容詞に〕

● 例文――

An obovate leaf is broadest above the middle and roughly 2 times as long as it is wide.

倒卵形の葉は中央部より上が最も幅があり、だいたい縦の長さは横の長さの倍ある。

oviduct 【名】卵管

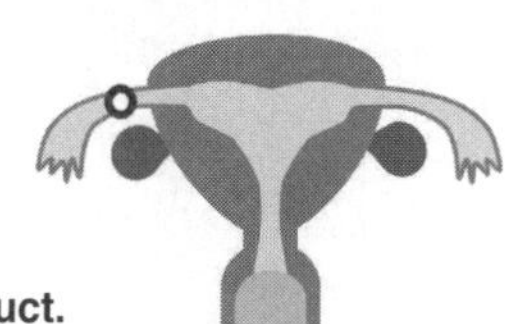

[óuvədʌ̀kt]

▶ **ovi**〔卵〕＋**duct**〔導く〕
⇒41～42

● 例文――

Inside the hen there is an ovary and an oviduct.

雌鳥の内部に卵巣と卵管がある。

---

ovogenesis 【名】卵子形成

[ouvədʒénəsis]

▶ **ovo**〔卵〕＋**gene**〔種、生まれる〕＋**sis**〔状態〕
⇒60～62

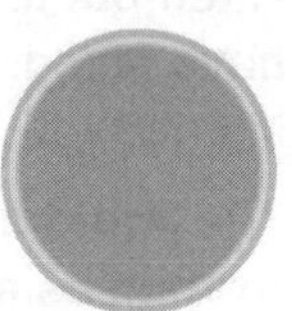

● 例文――

Ovogenesis in mammals is considered as limited to the province of embryology.

ほ乳類の卵子形成は胎生学の領域に限られると見なされる。

115

oxy, oxi = 酸

語源ノート

猛毒で、強い催奇性・発ガン性をもつ「ダイオキシン(dioxin)」は《di〔2つ〕＋ox〔酸〕＋in〔化学物質〕》から。二酸化炭素の化学式はCO_2、英語ではcarbon dioxide。dioxideのdiはラテン語で「2」の意味で、2個の原子を持った酸化物のこと。

oxidize【動】酸化する

[ɑ́ksədàiz]

▶ **oxi**〔酸〕＋**ize**〔～化する〕

oxidant【名】オキシダント、酸化剤

oxidation【名】酸化

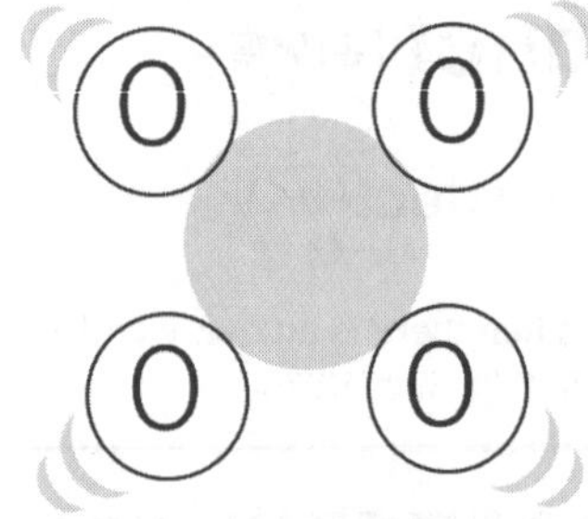

● 例文

Attempts to reduce or oxidize the +3 ion in solution have failed.

溶液中の＋3イオンを還元または酸化する試みは失敗した。

The liquid hydrogen serves as a fuel and the liquid oxygen as an oxidant.

液体水素は燃料として，液体酸素は酸化剤として使われる。

oxygen 【名】酸素

[ɑ́ksidʒən]

▶ oxy〔酸〕＋gen〔生じる〕

⇒60〜62

● 例文──

Oxygen accounts for 20% of air.

酸素は空気の20%を占めている。

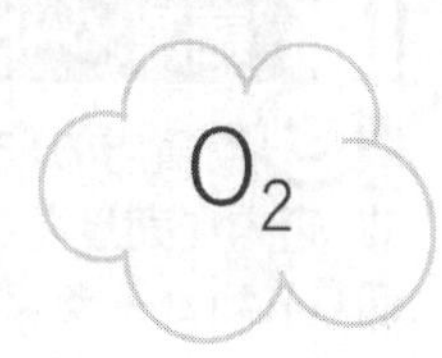

---

anoxemia 【名】無酸素血症

[æ̀nəksíːmiə]

▶ an〔ない〕＋ox〔酸〕＋emia〔血症〕

● 例文──

One patient died 4 days after the operation because of anoxemia in the brain.

1人の患者が脳の無酸素血症のために手術の4日後に死んだ。

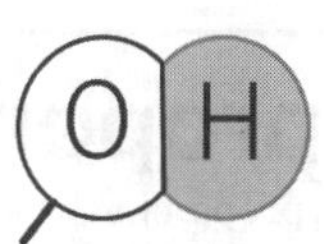

---

hypoxemia 【名】低酸素血症

[hàipɑksíːmiə]

▶ hypo〔下に〕＋ox〔酸〕＋emia〔血液症〕

● 例文──

Severe hyperglycemia is characterized by acidemia and hypoxemia.

重症の高血糖症の特徴は酸血症と低酸素血症だ。

---

monoxide 【名】一酸化（物）

[mənɑ́ksaid]

▶ mono〔1〕＋ox〔酸素〕＋ide〔物質〕

● 例文──

Carbon monoxide is a poisonous gas that has no color or odor.

一酸化炭素は無色、無臭の有毒ガスである。

116

part, port = 分ける

!! 語源ノート

百貨店の「デパート」は英語ではdepartment storeで、店内を売り場ごとに分けることから。部屋を分ける「仕切り」は「パーティション(partition)」。particleは粒子で、PM2.5のPMはparticulate matterの略で、直径が概ね2.5 μm(マイクロメートル)以下の超微小粒子。

proportion 【名】割合、比

[prəpɔ́ːrʃən]

▶ **pro**〔前に〕+ **port**〔部分〕+ **ion**〔名詞に〕

proportional 【形】比例した 【名】比例項

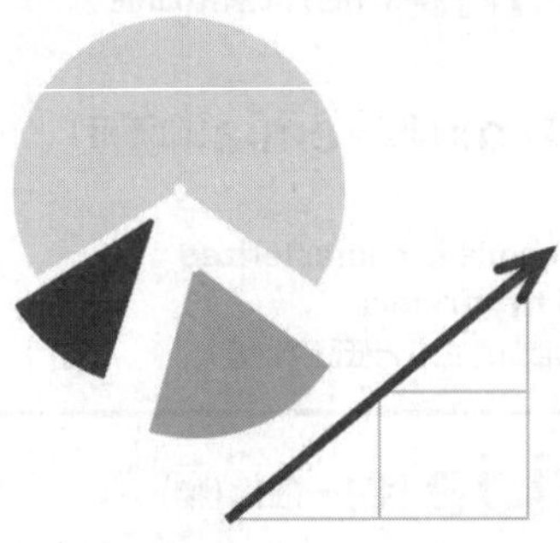

● 例文

A is in inverse proportion to B.
AはBに反比例する。

If y is directly proportional to x, this can be written as y ∝ x.
yがxに正比例すれば、これをy ∝ xと書くことができる。

(116) part, port＝分ける

partial 【形】部分的な、偏った

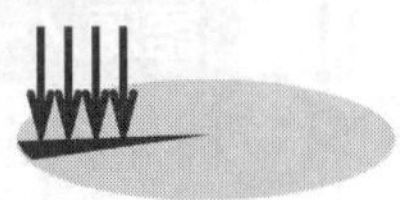

[pá:rʃəl]

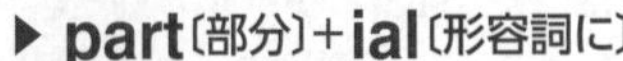

▶ **part**〔部分〕+**ial**〔形容詞に〕

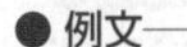

● 例文──

A partial solar eclipse is more common than a total solar eclipse.

部分日食は皆既日食よりもよくある。

---

department 【名】部門、学部

[dipá:rtmənt]

▶ **de**〔離れて〕+**part**〔分かれる〕+
ment〔名詞に〕

● 例文──

His son belongs to the department of electronics.

彼の息子は電子工学部に所属している。

---

particle 【名】（素）粒子

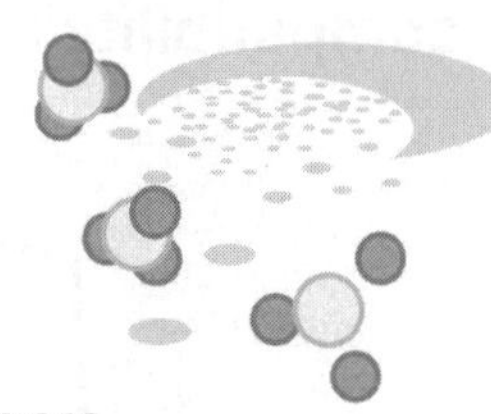

[pá:rtikl]

▶ **part**〔部分〕+**cle**〔小さい〕

※ **particulate** 【形】粒子状の

● 例文──

In particle physics, an elementary particle is one of a variety of particles simpler than atoms.

素粒子物理学では、素粒子は原子よりも単純である様々な種類の粒子の一つである。

---

compartment 【名】仕切り客室、仕切った部分

[kəmpá:rtmənt]

▶ **com**〔ともに〕+**part**〔分かれる〕+
ment〔名詞に〕

engine compartment エンジンルーム

● 例文──

There's a flashlight in the glove compartment.

（車の）小物入れに懐中電灯がある。

117

path, pass = 感じる、耐える

語源ノート

「キリストの受難」は"the passion of Christ"で、このpassは「内に感じること」。active（積極的、能動態）の対義語がpassive（受け身の、受動態）で、行為を受けるものがpatient（忍耐強い、患者）。部品などの「互換性」をcompatibilityというが、これは「一緒に耐える」の意味から。passionは「情熱」の意味もある。

compatible【形】両用の、互換性のある、（拒否反応なく）適用できる
[kəmpǽtəbl]

▶ **com**〔共に〕＋**pat**〔耐える〕＋**ible**〔できる〕

compatibility【名】両立性、互換性

● 例文

This printer is compatible with most personal computers.
このプリンターはほとんどのコンピューターと共に使える。

This product complies with the EMC (Electromagnetic Compatibility) directive.
この製品は**EMC**（電磁両立性）指令に適合している。

(117) path, pass＝感じる、耐える

passive【形】受動的な、不活性の

[pǽsiv]

▶ **pass**〔耐える〕＋**ive**〔形容詞に〕

● 例文――

The new law aims to curb passive smoking in public places.

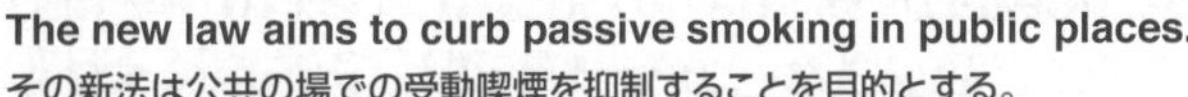

その新法は公共の場での受動喫煙を抑制することを目的とする。

---

patient【名】患者、病人　【形】忍耐強い

[péiʃənt]

▶ **pati**〔耐える〕＋**ent**〔人・性質を持った〕

※ **patience**【名】忍耐力、我慢強さ

● 例文――

The patients were thoroughly examined.

患者たちは徹底的に検査された。

---

sympathetic【形】交感神経の、同情的な

[simpəθétik]

▶ **syn**〔共に、同じ〕＋**path**〔感じる〕＋**ic**〔～的な〕

※ **sympathy**【名】同感、共感

● 例文――

The sympathetic nervous system is part of the autonomic nervous system.

交感神経系は自律神経系の一部である。

---

compassionate【形】哀れみ深い

[kəmpǽʃənət]

▶ **com**〔共に〕＋**pass**〔感じる〕＋**ion**〔名詞に〕＋**ate**〔形容詞に〕

※ **compassion**【名】同情、哀れみ

● 例文――

Compassionate use allows patients to take medicines that have not yet been approved.

「人道的使用」はまだ承認されていない薬品の使用を患者に許可する。

118

ped, pod ＝足

!! 語源ノート

「足や足のツメの手入れ」は「ペディキュア(pedicure)」。百本の足を持つ「ムカデ」のcentipedeはラテン語のcentipedaから。decapodは《deca〔10〕＋pod〔足〕》からエビやタコなどの「十脚類の」。自転車のペダル(pedal)も同じ語源から。波消しブロックの「テトラポッド(tetrapod)」は《tetra〔4〕＋pod〔足〕》から。tripodは《tri〔3〕+pod〔足〕》から「三脚」に。

impede【動】遅らせる

[impíːd]

▶ **im**〔中に〕＋**ped**〔足〕

impediment【名】障害

impedance【名】インピーダンス、電気抵抗

● 例文

The use of these drugs may even impede the patient's recovery.

この薬を使えば患者の回復を遅らせる可能性がある。

He has a speech impediment that comes out mainly when he's nervous.

彼は主に緊張した時に出る言語障害がある。

pedometer 【名】歩数計

[pədámətər]

▶ pedo〔足〕＋meter〔計測〕
⇒94

● 例文――

I always wear a pedometer.

私はいつも歩数計を身につけている。

---

pediatrics 【名】小児科(学)

[pìːdiǽtriks]

▶ ped〔小児〕＋atrics〔治療〕

かつて、足の病気は子供がかかることが多かったことからpedに「幼児」の意味が生まれた。

● 例文――

Her son stays in the pediatrics ward of the hospital.

彼女の息子はその病院の小児科に入院している。

---

orthopedic 【形】整形外科の

[ɔ̀ːrθəpídik]

▶ ortho〔真っ直ぐな〕＋ped〔足〕＋ic〔～的な〕

※ orthopedics 【名】整形外科(学)

● 例文――

The patient underwent major orthopedic procedures.

その患者は大きな整形外科手術を受けた。

---

quadruped 【形】四足歩行の　【名】四足動物

[kwádrupèd]

▶ quadr〔4つ〕＋ped〔足〕

※ biped 【形】二足歩行の　【名】二足動物

● 例文――

The company has developed a quadruped robot.

その会社は4足歩行ロボットを開発した。

119

pend = ぶらさがる

!! 語源ノート

「サスペンスドラマ(suspense drama)」を観て、ハラハラドキドキで心が宙づりの状態になる。胸に吊す「ペンダント(pendant)」はラテン語で「ぶら下がる」という意味のpendereから。「ペンディング(pending)」は「宙ぶらりの状態」つまり「未決の」の意味。

dependent 【形】従属した、依存した

[dipéndənt]

▶ **de**〔下に〕+ **pend**〔ぶら下がる〕+ **ent**〔形容詞に〕

independent 【形】独立した

● 例文

He is alcohol-dependent.
彼はアルコール依存症です。

A dependent variable is a variable whose value depends upon independent variables.
従属変数は値が独立変数に依存する変数である。

suspend【動】つるす、一時中断する、浮遊させせる

[səspénd]

▶ **sus**〔下に〕＋**pend**〔ぶら下がる〕

※ **suspension**【名】中止、車体懸架装置、懸濁液、宙づり

● 例文――

The dust particles are suspended in the air and do not settle to the bottom.

ほこりの粒子は空気中に浮遊して、底には留まらない。

---

perpendicular【形】垂直の

[pə̀ːrpəndíkjulər]

▶ **per**〔完全に〕＋**pend**〔ぶら下がる〕＋**cul**〔小さい〕＋**ar**〔形容詞に〕

● 例文――

The center is the point of intersection of any two perpendicular bisectors.

中心は2つの垂直二等分線の交差する点である。

---

pendulum【名】振り子

[péndʒuləm]

▶ **pend**〔ぶら下がる〕＋**ulum**〔名詞に〕

● 例文――

The pendulum's period of swing is in proportion to its length, not its weight.

振り子の運動の周期は重りの重さではなく、ひもの長さに比例する。

---

appendicitis【名】虫垂炎、盲腸炎

[əpèndəsáitis]

▶ **a(p)**〔～の方へ〕＋**pend**〔ぶら下がる〕＋**itis**〔炎症〕

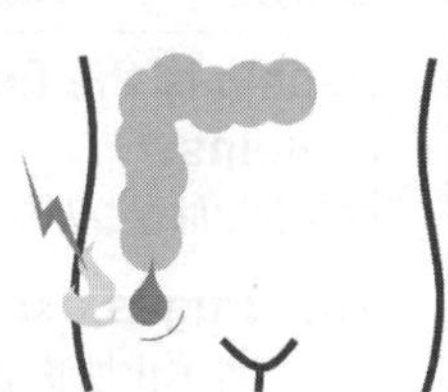

● 例文――

He has appendicitis.

彼は盲腸炎だ。

120

pepsi＝消化

!! 語源ノート

アメリカの2大コーラ会社の一つ「ペプシ (Pepsi)」は消化酵素のpepsinから命名された。「ペプチド (peptide)」は、ペプチド結合によって結ばれた2つ以上のアミノ酸を含む化合物である。

pepsin【名】ペプシン

[pépsin]

▶ **peps**〔消化〕+ **in**〔物質〕

peptic【形】消化性の、ペプシンの

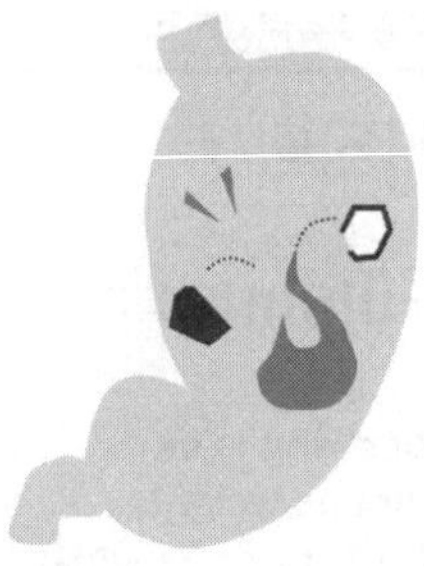

● 例文

Pepsin is the first in a series of enzymes that digest proteins.
ペプシンはタンパク質を消化する一連の酵素の1番目のものである。

The drug is used to treat peptic ulcers.
その薬は消化性潰瘍の治療に使われる。

dyspepsia 【名】消化不良

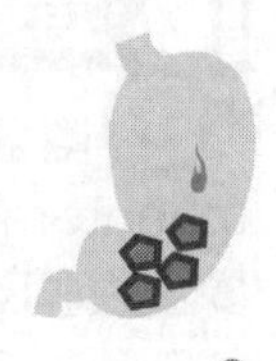

[dispépʃə]

▶ dys〔悪い〕＋peps〔消化〕＋ia〔症状〕

● 例文――

He suffers from chronic dyspepsia.

彼は慢性的な消化不良で苦しんでいる。

---

hypopepsia 【名】消化減退

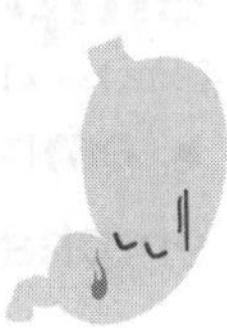

[hàipoupépʃə]

▶ hypo〔下〕＋peps〔消化〕＋ia〔症状〕

● 例文――

Hypopepsia refers to impaired digestion owing to lack of pepsin.

消化減退はペプシンの不足が原因で消化が損なわれることである。

---

eupepsia 【名】消化良好

[juːpépʃə]

▶ eu〔良い〕＋peps〔消化〕＋ia〔症状〕

● 例文――

A good quality of sleep contributes to eupepsia.

質の良い睡眠は良い消化の一因となる。

---

pepsinogen 【名】ペプシノゲン

[pepsínədʒən]

▶ pepsin〔ペプシン〕＋gen〔生まれる、種〕
⇒60〜62

● 例文――

Pepsinogen is the inactive precursor of the digestive enzyme, pepsin.

ペプシノゲンは、消化酵素であるペプシンの不活性前駆体である。

121

phan, phen, phas ＝見える

語源ノート

幽霊のように見え隠れするファントム戦闘機(phantom fighter)。fancy「空想・幻想」や fantasy「空想、夢想」も同じ語源から。phantom lineは「想像線」のこと。

emphasize【動】強調する

[émfəsàiz]

▶ **em**〔中に〕＋**phas**〔見える〕＋**ize**〔～化する〕

emphasis【名】強調

● 例文

The doctor emphasized that the patient had only a few days to live.

患者は数日しかもたないと医者は強調した。

Scientists place the most emphasis on the results of experiments rather than on theory.

科学者は理論より実験の結果を最も強調する。

phase【名】段階、時期、相、位相

[féiz]

● 例文――

The fishing haul depends on the phase of the moon and weather.

漁獲量は月齢や天候に左右される。

---

phenomenon【名】現象、事象

[finάmənὰn]

▶ **phen**〔見える〕+ **menon**〔～されたもの〕

● 例文――

A rainbow is a natural phenomenon.

虹は自然現象だ。

---

phenol【名】フェノール

[fíːnoul]

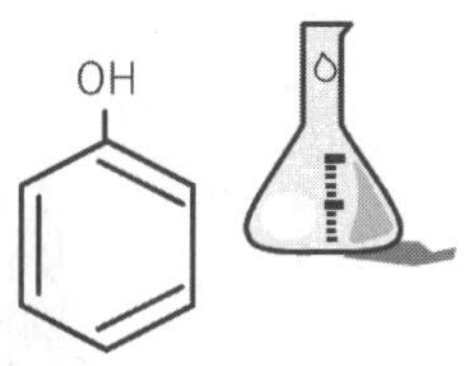

▶ **phen**〔光る〕+ **ol**〔物質〕

● 例文――

Phenol is a white crystalline solid that is volatile.

フェノールは揮発性の白い結晶性固体である。

---

polyphenol【名】ポリフェノール

[palifíːnoul]

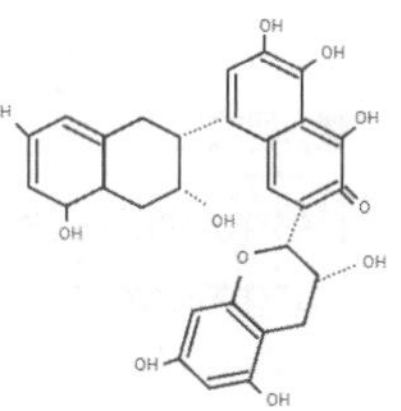

▶ **ploy**〔たくさんの〕+
⇒128
phenol〔フェノール〕

● 例文――

Tea contains polyphenol compounds, particularly catechins.

お茶には特にカテキンというポリフェノール化合物が含まれている。

122

philia = 好き

!! 語源ノート

アメリカの都市・フィラデルフィア (Philadelphia) は《phila〔愛する〕＋adelphia〔兄〕》が語源。pedophilia は《pedo〔幼児〕＋philia〔好き〕》から「小児性愛」。

hemophilia 【名】血友病

[hìːməfíliə]

▶ **hemo**〔血液〕＋**philia**〔好き〕
⇒67

hemophiliac 【名】血友病患者　【形】血友病患者の

● 例文

Hemophilia is determined by a gene defect on an X chromosome.
血友病は X 染色体の遺伝子欠陥によって決定する。

He is a hemophiliac.
彼は血友病患者です。

122 philia＝好き

thermophilic 【形】好熱性の

[θə̀ːrməfílik]

▶ **thermo**〔熱〕＋**philic**〔好きな〕
⇒160

● 例文――

Thermophilic microorganisms prefer hot temperatures.

好熱性の微生物は熱い温度のほうを好む。

---

hydrophilic 【形】親水性の

[haidrəfílik]

▶ **hydro**〔水〕＋**philic**〔好きな〕
⇒69

● 例文――

This phenomenon may be explained by the fact that ethanol molecules have a hydrophilic tail.

この現象はエタノール分子は親水性の尾を持っているという事実で説明できるかもしれない。

---

acidophilic 【形】好酸性の

[æ̀sidəfílik]

▶ **acid**〔酸〕＋**philic**〔好きな〕
⇒1

● 例文――

Granular cell tumors were characterized by a proliferation of large cells with acidophilic granular cytoplasm.

顆粒細胞腫は好酸性顆粒細胞質を持った大きな細胞の拡散に特徴づけられた。

---

mesophilic 【形】中温性の

[mèzəfílik]

▶ **meso**〔中に〕＋**philic**〔好きな〕

● 例文――

Mesophilic bacteria grow best at lower temperatures than thermophilic bacteria.

中温性の細菌は好熱性の細菌よりも低温で最も増殖する。

123

phobia＝恐怖

語源ノート

古代アテネの小高い丘の上に立つ「アクロポリス(acropolis)」は《acro〔高い〕＋polis〔都市〕》の意味。acrophobiaは《acro〔高い〕＋phobia〔恐怖〕》から「高所恐怖症」。agoraphobiaは《agora〔市場〕＋phobia〔恐怖〕》から「市場恐怖症」。

androphobia 【名】男性恐怖症

[ændrəfóubiə]

▶ **andro**〔男性〕＋**phobia**〔恐怖〕

android 【名】アンドロイド、人造人間　【形】人間の特徴を持った

● 例文

Not only women but men may suffer from androphobia.
女性だけでなく男性も男性恐怖症を患うことがある。

An android is a robot designed to look and act like a human.
アンドロイドは見た目も行動も人間のように作られたロボットである。

acrophobia【名】高所恐怖症

[ækrəfóubiə]

▶ acro〔高い〕＋phobia〔恐怖〕
⇒1

● 例文――

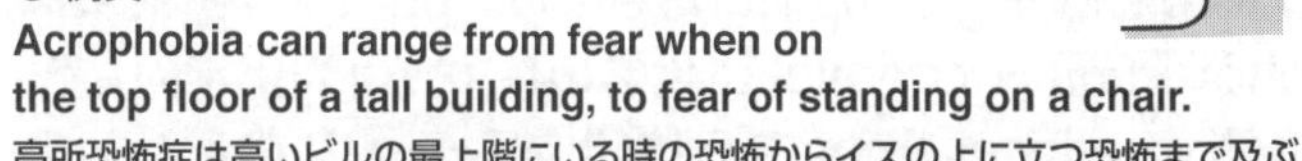

Acrophobia can range from fear when on the top floor of a tall building, to fear of standing on a chair.

高所恐怖症は高いビルの最上階にいる時の恐怖からイスの上に立つ恐怖まで及ぶ。

aerophobia【名】空気恐怖症、恐気症

[èərəfóubiə]

▶ aero〔空気〕＋phobia〔恐怖〕
⇒3

● 例文――

Aerophobia is an extreme fear of being in an airplane, helicopter, or other flying object.

恐気症は飛行機やヘリコプターやその他の飛行物体に乗ることに極度の恐怖を感じること。

claustrophobia【名】閉所恐怖症

[klɔ̀:strəfóubiə]

▶ claustro〔閉める〕＋phobia〔恐怖〕

● 例文――

People with claustrophobia describe it as feeling trapped without an exit or way out.

閉所恐怖症の人たちは出口がない所に閉じこめられているように感じると言う。

hydrophobic【形】疎水性の

[hàidrəfóubik]

▶ hydro〔水〕＋phob〔恐怖〕＋ic〔～的な〕
⇒69

● 例文――

Synthetics like polyester and nylon are naturally hydrophobic.

ポリエステルやナイロンなどの合成物質はもともと疎水性である。

124

photo＝光

!! 語源ノート

ミス・フォトジェニックとは写真写りの良い女性ナンバーワン。「フォトグラフ(photograph)」とは《photo〔光〕＋graph〔描いたもの〕》。photochemicalは《photo〔光〕＋chemical〔化学の〕》から「光化学の」で、photochemical smogなら「光化学スモッグ」のこと。「スモッグ(smog)」はsmoke〔煙〕とfog〔霧〕の造語。

photograph 【名】写真 【動】写真を撮る

[fóutəgræ̀f]

▶ **photo**〔光〕＋**graph**〔書く〕
⇒66

● 例文

The oldest aerial photograph was taken from a hot air balloon.
最も古い航空写真は熱気球から撮られた。

Do not photograph the inside of the museum.
博物館内の写真撮影はお断りします。

photogenic 【形】写真写りの良い、発光性の、光原性の

[fòutədʒénik]

▶ **photo**〔光〕+**gen**〔種、生まれる〕+ **ic**〔〜的な〕
⇒60〜62

● 例文——

The photogenic bacteria were visible in the dark room.

発光性のバクテリアが暗室で見えた。

---

photosynthesis 【名】光合成

[fòutousínθəsis]

▶ **photo**〔光〕+**syn**〔同時に〕+ **thesis**〔置く〕

● 例文——

Photosynthesis is not limited to green plants.

光合成は緑の植物に限られたものではない。

---

photosensitive 【形】感光性の

[fòutousénsitiv]

▶ **photo**〔光〕+**sensitive**〔感受性の強い〕
⇒142

● 例文——

People with photosensitive epilepsy should consider limiting the time they spend watching TV.

光原性てんかんを持った人はテレビを観て過ごす時間を制限することを考えた方がいい。

---

photoelectron 【名】光電子

[fòutouiléktrɑːn]

▶ **photo**〔光〕+**electron**〔電子〕
⇒43

● 例文——

A photoelectron is an electron that is emitted from an atom or molecule by an incident photon.

光電子は入射光子によって、原子か分子から放たれている電子である。

125

physic＝自然、成長、体

!! 語源ノート

サッカーやラグビーなどは、体と体のぶつかり合うフィジカルコンタクト(physical contact)の多いスポーツ。フィジカル(physical)はラテン語の「自然」「成長」「体」を意味するphysicalisから。「体育」のPEはphysical educationの略。

physical 【形】物理的な、肉体的な　【名】健康診断

[fízikl]

▶ **physic**〔体〕＋**al**〔形容詞に〕

● 例文

My father is a physical therapist.
私の父は理学療法士です。

I don't want to see the results of my physical.
健康診断の結果を見たくない。

physician 【名】内科医

[fizíʃən]

▶ physic〔体〕+ian〔人〕

● 例文──

Nature is the best physician.

自然は最良の医師である。

---

physics 【名】物理学

[fíziks]

▶ physic〔自然〕+ics〔学問〕

※ physicist 【名】物理学者

● 例文──

Dynamics is a branch of physics.

力学は物理学の一分野である。

---

physiology 【名】生理学

[fiziálədʒi]

▶ physi〔体〕+logy〔学問〕

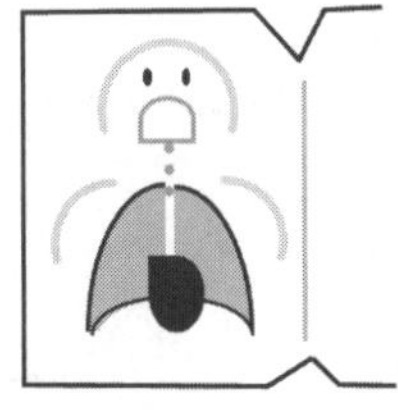

● 例文──

The professor is an expert in brain physiology.

その教授は脳生理学の専門家だ。

---

physique 【名】体格、体型

[fizíːk]

▶ physic〔体〕+ que〔形容詞〕
→形容詞から名詞に変化

● 例文──

The difference in physique is not so important.

体格の差はあまり問題にならない。

126

ple, pli, ply = 重ねる、おる

語源ノート

「アップリケ(appliqué)」は、いろいろな形に切り抜いた小布や革などを布地の上に縫いつけたり，貼りつけたりする手芸。「レプリカ(replica)」は《re〔再び〕+pli〔織る〕》から「複製品」、displayは《dis〔でない〕+play〔折る〕》で、折りたたまないことから「展示(する)」に。

complicated 【形】複雑な

[kάmpləkèitid]

▶ **com**〔共に〕+ **pli**〔重ねる〕+ **ate**〔～化する〕+ **ed**〔された〕

complicate 【動】複雑化する、悪化させる

● 例文

The mechanism of this machine is complicated.
この機械のメカニズムは複雑だ。

His disease was complicated by pneumonia.
肺炎の併発によって彼の病気は悪化した。

apply【動】当てる、適用する、応用する

[əplái]

▶ **ap**〔〜の方へ〕＋**ply**〔重ねる〕

※ **applied**【形】応用の

● 例文——

The new technology was applied to farming.

新しい技術が農業に適用された。

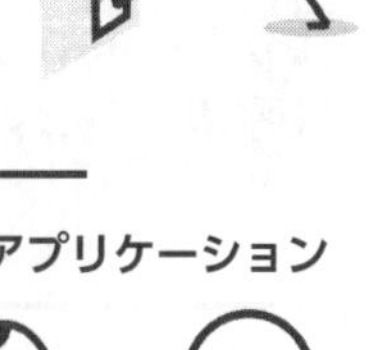

application【名】申し込み、応用、アプリケーション

[æpləkéiʃən]

▶ **apply**〔応用する〕＋**tion**〔名詞に〕

※ **applicant**【名】応募者

● 例文——

Attach your recent photo to your application form.

申込用紙に最近の写真を添付してください。

employ【動】雇う、(技術や方法を)使う

[implɔ́i]

▶ **em**〔中に〕＋**ploy**〔重ねる〕

※ **employment**【名】職、雇用

※ **employer**【名】雇用者

● 例文——

Aluminium is employed as a pigment in paint.

ペンキの染料としてアルミニウムが使われる。

duplicate【形】二重の、複製の [djú:plikət]
【動】複写する、複製する [djú:plikeit]

▶ **du**〔2〕＋**pli**〔重ねる〕＋**ate**〔形容詞に〕

● 例文——

It is illegal to duplicate this software.

このソフトウェアを複製することは違法です。

127

pnea, pneumono, pulmo = 呼吸、空気

語源ノート

pneaは「呼吸」を表すギリシャ語のpnoia、pneum(ono)は「肺」を表すpneumonから。「睡眠時無呼吸症候群」はsleep apnea syndromeで、apneaは《a〔ない〕＋pnea〔呼吸〕》から「無呼吸」に。pulmonaryは《pulmo〔呼吸〕＋ary〔形容詞に〕》から「肺の、肺病の」の意味。

pneumonia 【名】肺炎

[njumóunjə]

▶ **pneumon**〔呼吸〕＋**ia**〔症状〕

pneumonitis 【名】肺炎（伝染性ではなく、化学物質や放射能によるもの）

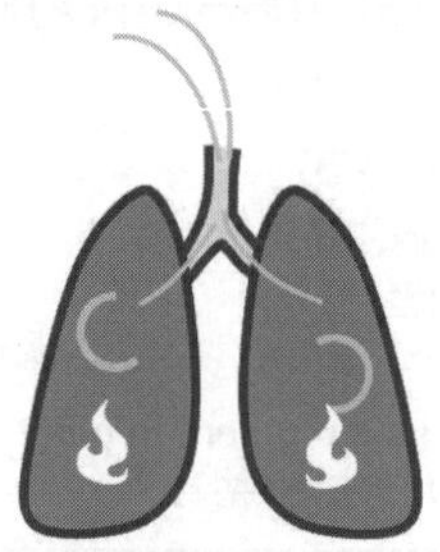

● 例文

He got acute pneumonia.
彼は急性肺炎になった。

Chemical pneumonitis is inflammation of the lung caused by aspirating irritants.
化学肺炎は刺激物を吸引することによる肺の炎症である。

bradypnea【名】徐呼吸

[brædipníə]

▶ brady〔遅い〕＋pnea〔呼吸〕

● 例文――

The rate at which bradypnea is diagnosed depends on the age of the patient.

徐呼吸が診断される率は患者の年齢による。

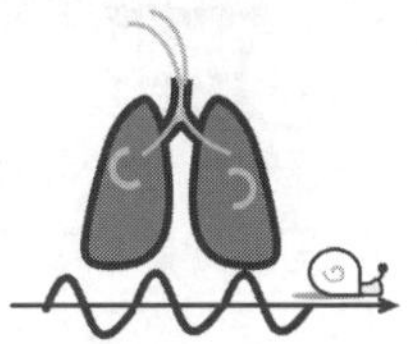

---

dyspnea【名】呼吸困難

[dìspníə]

▶ dys〔悪い〕＋pnea〔呼吸〕

● 例文――

The patient complained of mild dyspnea.

患者は軽い呼吸困難を訴えた。

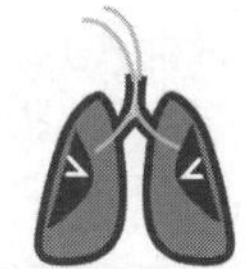

---

tachypnea【名】多呼吸

[tækipníə]

▶ tachy〔急速な〕＋pnea〔呼吸〕

● 例文――

A respiratory rate faster than 60 breaths per minute is called tachypnea.

毎分60回以上の呼吸率は多呼吸と呼ばれる。

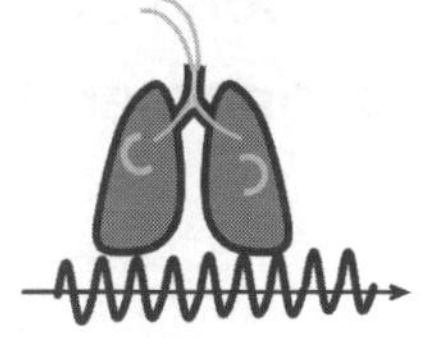

---

hyperpnea【名】過呼吸

[hàipərpníə]

▶ hyper〔過〕＋pnea〔呼吸〕

● 例文――

Tachypnea differs from hyperpnea in that tachypnea is rapid shallow breaths, while hyperpnea is deep breaths.

過呼吸が深い呼吸であるのに対して多呼吸は速く浅い呼吸であるという点で過呼吸とは異なる。

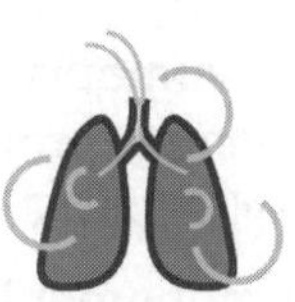

poly＝たくさんの

語源ノート

「ポリグラフ(polygraph)」とは、血圧・脈拍・呼吸・心電図などたくさんの生体現象を同時に測定・記録し、その変動を観察するのに用いる装置のこと。polypは《poly〔たくさんの〕+p(us)〔足〕》が語源で、ポリープの他に、触手がたくさんあるイソギンチャクの仲間の動物の形態（ポリプ）も意味する。その他、polycyclic「多環の、多周期の」、polygon「多角形」、polyclinic「総合病院」、polyester「ポリエステル」、polyethylene「ポリエチレン」などがある。ポリネシア(Polynesia)」は「たくさんの島」から。

polymer【名】ポリマー、重合体、高分子
[pálimər]

▶ **poly**〔たくさんの〕+ **merit**〔利点〕

monomer【名】モノマー、単量体

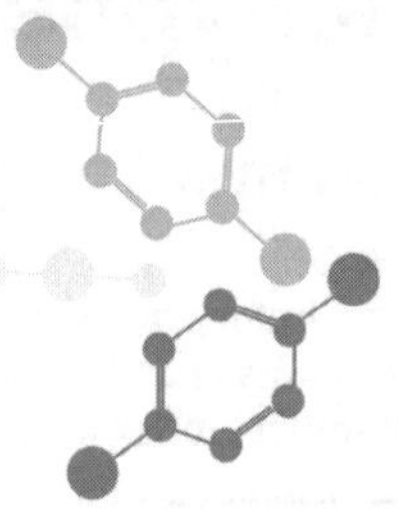

● 例文

A thermoplastic polymer is a type of plastic that changes properties when heated and cooled.
熱可塑性ポリマーは加熱冷却すると特性を変える種類の樹脂である。

A monomer is a molecule that may bind chemically to other molecules to form a polymer.
モノマーは他の分子と化学的に結合してポリマーを形成することがある分子である。

polyatomic 【形】多原子の

[pàliətámik]

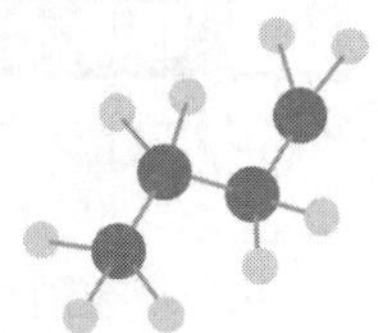

▶ poly〔たくさんの〕＋atom〔原子〕＋ ⇒161
ic〔～的な〕

● 例文――

Most times the polyatomic ion will function as an anion, but there are a few polyatomic ions that are cations.

たいていの場合、多原子イオンは陰イオンの機能を果たすが、陽イオンの多原子イオンもある。

---

polybasic 【形】多塩基の

[pàlibéisik]

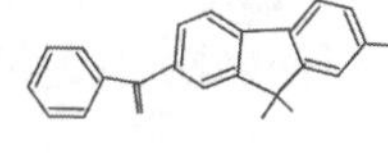

▶ poly〔たくさんの〕＋basic〔塩基の〕

● 例文――

The most common polybasic acid is phthalic anhydride.

最も一般的な多塩基酸は無水フタル酸である。

---

polyhedron 【名】多面体

[pàlihíːdrən]

▶ poly〔たくさんの〕＋hedron〔立体の表面〕

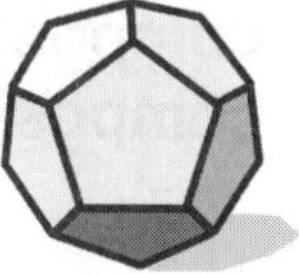

● 例文――

A polyhedron is a three-dimensional solid figure in which each side is a flat surface.

多面体とは3次元的な立体図形で、それぞれの面が平面である。

---

polynomial 【形】多項式の 【名】多項式

[pàlinóumiəl]

▶ poly〔たくさんの〕＋nomi〔名前〕＋ ⇒107
al〔形容詞に〕

$$3x^3+5x^2-6x-4$$

● 例文――

Factor the following polynomial expressions completely.

次の多項式を完全に因数分解しなさい。

129

pone, pose, posit = 置く(1)

!! 語源ノート

「コンポーネントステレオ(component stereo)」はレコードプレイヤー・アンプ・チューナー・スピーカーなどを別々に購入し、その組み合わせによって構築するHi-Fi音響機器。componentは《com〔共に〕+ pone〔置く〕+ ent〔名詞に〕》から「成分」「構成要素」の意味に。purposeは《pur〔前に〕+pose〔置く〕》から「目的」、「ディスポーザブル(disposable)」は《dis〔離れ〕+ pose〔置く〕+ able〔できる〕》で、離して置いておくことができるから「使い捨ての」に。

compose 【動】構成する

[kəmpóuz]

▶ **com**〔共に〕+ **pose**〔置く〕

composite 【形】合成の

composition 【名】合成、構成、合成物

● 例文

Water is composed of hydrogen and oxygen.
水は水素と酸素で構成される。

The composition of functions is always associative.
関数の合成では常に結合法則が満たされる。

pone, pose, posit＝置く(1)

decompose【動】分解する、腐敗する

[dìːkəmpóuz]

▶ **de**〔離れて〕＋**compose**〔構成する〕

※ **decomposition**【名】分解、腐敗

● 例文――

The shrimp eat the algae, and bacteria in the water decompose the shrimp feces.

エビは藻を食べ、水中のバクテリアがエビの排泄物を分解する。

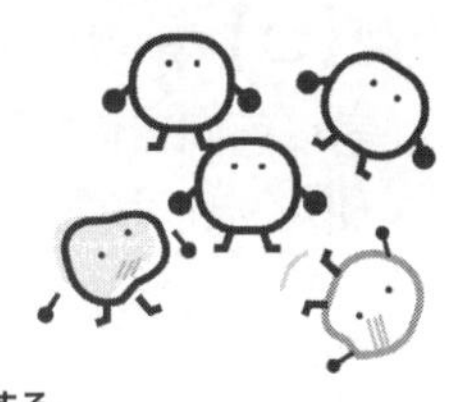

---

expose【動】さらす

[ikspóuz]

▶ **ex**〔外に〕＋**pose**〔置く〕

※ **exposure**【名】晒すこと

● 例文――

Don't expose this chemical to direct sunlight.

この薬品は直射日光に当てないようにしなさい。

---

compound【名】化合物、複合物　【形】合成された　[kámpaund]

【動】調合する、混ぜる、構成する　[kəmpáund]

▶ **com**〔共に〕＋**pound**〔置く〕

● 例文――

Water is a compound of hydrogen and oxygen.

水は水素と酸素の化合物である。

---

compost【名】堆肥、配合土　【動】堆肥を作る

[kámpoust]

▶ **com**〔共に〕＋**post**〔置く〕

● 例文――

Those residual solids are trucked to a composting company.

それらの残留物は堆肥会社にトラックで運ばれる。

130

pone, pose, posit＝置く(2)

!! **語源ノート**

「ポジティブシンキング(positive thinking)」とは常に前向きに物事を捉えることだが、《posit〔置く〕＋ive〔形容詞に〕》で、自信を持って置くことから。

positive【形】陽性の、正の、積極的な、明確な

[pázətiv]

▶ **posit**〔置く〕＋**ive**〔形容詞に〕

negative【形】陰性の、負の、消極的な

● 例文

If x is positive infinity, positive infinity is returned.
xが正の無限大の場合、正の無限大が返される。

The tuberculin reaction was negative.
ツベルクリン反応は陰性でした。

opposite【形】反対の

[ápəzit]

▶ op〔向かって〕＋posite〔置く〕

● 例文――

Opposite angles of a rhombus are congruent.

ひし形の対角は等しい。

---

deposit【名】沈殿物、埋蔵物、堆積物、預金【動】置く、生みつける、預金する

[dipázit]

▶ de〔下に〕＋posit〔置く〕

● 例文――

These insects deposit their eggs in the ground.

これらの昆虫は地中に卵を産みつける。

---

supposition【名】推測、仮説

[sʌ̀pəzíʃən]

▶ sup〔下に〕＋posit〔置く〕＋ion〔名詞に〕

※ suppose【動】想像する、推測する

● 例文――

The theory is based on mere supposition.

その理論は推測に基づいているだけだ。

---

suppository【名】座薬

[səpázətɔ̀:ri]

▶ sup〔下に〕＋posit〔置く〕＋ory〔場所〕

● 例文――

The doctor placed a suppository in her rectum.

医者は彼女の直腸に座薬を挿入した。

131

press＝押す

語源ノート

コーヒーの粉に機械で圧力をかけて急速に抽出するのが「エスプレッソ(espresso)」。pressはラテン語の「押す」という意味のpremereから。重圧で気持ちを押しつぶされそうな状態が「プレッシャー(pressure)」。「気圧」はatmospheric pressure。impressionは《im〔上に〕+press〔押す〕+ion〔名詞に〕》から「印象」、expressionは《ex〔外に〕+press〔押す〕+ion〔名詞に〕》から「表現」に。

depress【動】押し下げる、落胆させる
[diprés]

▶ **de**〔下に〕+**press**〔押す〕

depression【名】鬱病、くぼみ

● 例文

To stop, you have to depress the lever.
止めるにはそのレバーを押し下げてください。

She has been suffering from depression since her husband died last year.
彼女は夫が昨年亡くなってから鬱病を患っている。

compress 【動】圧縮する

[kəmprés]

▶ **com**〔完全に〕＋**press**〔押す〕

※ **compression**【名】圧縮

※ **compressor**【名】圧縮機

● 例文――

I would recommend to first compress the data and then encrypt it.

まずデータを圧縮してから暗号化することをお勧めします。

decompress 【動】減圧する、解凍する

[dì:kəmprés]

▶ **de**〔下に〕＋**com**〔完全に〕＋**press**〔押す〕

※ **decompression**【名】減圧、解凍

● 例文――

Most Macintosh computers can decompress files automatically.

大部分のマックのコンピューターはファイルの解凍が自動的にできる。

expression 【名】表現、式、発現

[ikspréʃən]

▶ **ex**〔外に〕＋**press**〔押す〕＋
ion〔名詞に〕

※ **express**【動】表す、表現する、発現する

● 例文――

Solve the following numerical expressions.

次の数式を解きなさい。

suppress 【動】抑圧する、止める

[səprés]

▶ **sup**〔下に〕＋**press**〔押す〕

※ **suppression**【名】抑制

※ **suppressor**【名】抑制因子

● 例文――

The virus suppresses the body's immune system.

そのウイルスは人体の免疫系を抑制する。

132

psych＝心

語源ノート

「サイキックパワー (psychic power)」とは霊能力・超能力など超自然的な力。ギリシャ神話で、絶世の美女の「プシュケ (Psyche)」が恋人たちの愛を支えるものは相手に対する「心」であることを力説したことから。サイケデリックな (psychedelic) ロック音楽とは、幻覚剤によって生じる幻覚や陶酔状態を引き起こす音楽のこと。

psychiatry【名】精神医学

[saikáiətri]

▶ **psych**〔心〕+ **atry**〔治療〕

psychiatric【形】精神医学の
psychiatrist【名】精神科医

● 例文

She is working in the psychiatry department of that hospital.
彼女はその病院の精神科で働いている。

More young people are being treated with psychiatric drugs.
精神治療薬で治療を受けている若者が増えてきている。

psychic 【形】精神の、超自然的な

[sáikik]

▶ psych〔心〕＋ic〔〜的な〕

※ psychotic【形】精神病の　【名】精神病患者

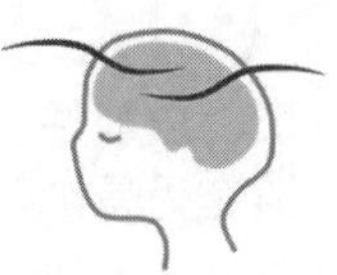

● 例文――

Do you believe in psychic power?

あなたは霊能力って信じますか。

---

psychology 【名】心理学

[saikάlədʒi]

▶ psych〔心〕＋logy〔学問〕

※ psychological【形】心理的な

※ psychologist【名】心理学者

● 例文――

My specialization was clinical psychology.

私の専門は臨床心理学だった。

---

psychogenic 【形】心因性の

[sàikoudʒénik]

▶ psycho〔心〕＋gen〔種、生まれる〕＋ic〔〜的な〕

⇒60〜62

● 例文――

During a psychogenic seizure there is no change in brain activity.

心因性発作の間は脳の活動に変化はない。

---

psychokinesis 【名】念力、精神発作

[sàikoukəníːsəs]

▶ psych〔心〕＋kinesis〔運動〕

⇒74

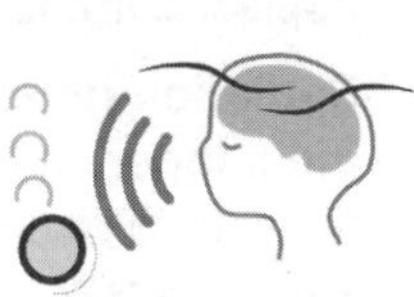

● 例文――

The boy can bend a spoon with psychokinesis.

その少年は念力でスプーンを曲げることができる。

133

radi ＝光、光線

語源ノート

「ラジウム(radium)」はアルカリ土類金属の一つで、放射性元素の代表的なもの。電波を発信して、反射波を受信する「レーダー(radar)」はradio detecting and rangingの頭文字の造語。「光線(ray)」や「ラジオ(radio)」も同じ語源。「ラジアルタイヤ」はradial-ply tireでカーカスコードが中心から放射状に配置されたタイヤのこと。

radiate【動】(熱・光を)発する

[réidièit]

▶ **radi**〔光線〕＋**ate**〔～化する〕

radiation【名】放射能線、放射
radiant【形】放射の
radiator【名】ラジエータ、放熱器

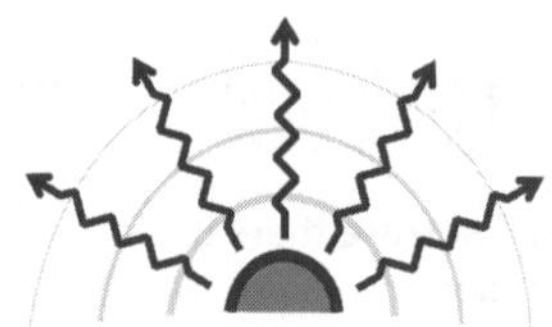

● 例文

The sun radiates both heat and light.
太陽は熱と光を発する。

Radiation given off by the radioisotope may help kill the cancer cells.
放射性同位元素から放出される放射線によってがん細胞を殺傷できる可能性がある。

irradiate 【動】放射線で治療する

[iréidièit]

▶ ir〔中に〕+radi〔光線〕+ate〔～化する〕

※ irradiation【名】照射、発光、光線

● 例文――

He irradiated cancer cells in order to destroy the DNA inside their nuclei.

彼は細胞核の中のDNAを破壊するため，がん細胞に放射線を当てた。

---

radius 【名】半径

[réidiəs]

▶ 中心から光が届く範囲

※ radial【形】放射状の、半径の

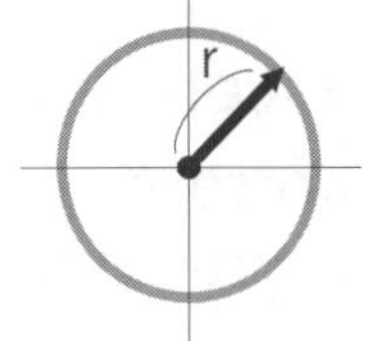

● 例文――

The moon has a radius of approximately 1,737 kilometers.

月の半径は約1,737kmです。

---

radioactivity 【名】放射能

[rèidiouæktívəti]

▶ radio〔光線〕+activity〔活動〕 ⇒2

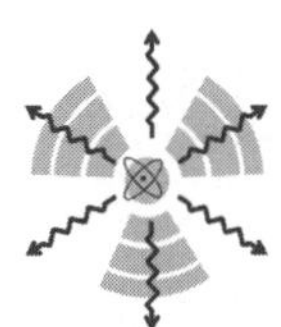

● 例文――

The radioactivity leaked out of the nuclear power plant.

放射能が原子力発電所から漏れた。

---

radiotherapy 【名】放射線療法

[rèidiouθérəpi]

▶ radio〔光線〕+therapy〔療法〕

● 例文――

The research shows acupuncture relieves symptoms caused by radiotherapy.

放射線療法が原因の症状を針治療が軽減することを、その研究は示している。

134

rect＝まっすぐな

語源ノート

「ダイレクトメール(direct mail)」とは、個人あてに直接送りつける広告。「ディレクター(director)」はまっすぐな方向に導く人。

correct【動】直す、修正する、補正する　【形】正しい

[kərékt]

▶ **cor**〔(共に)完全に〕＋**rect**〔真っ直ぐな〕

correction【名】修正

corrective【形】矯正の

● 例文

Correct values as needed.

必要に応じて値を補正せよ。

The doctor performed corrective surgery to restore his sight.

医者は、彼の視力を回復させるために矯正手術をした。

rectum 【名】直腸

[réktəm]

▶ **rect**〔真っ直ぐな〕＋**um**〔名詞に〕

※ **rectal** 【形】直腸の

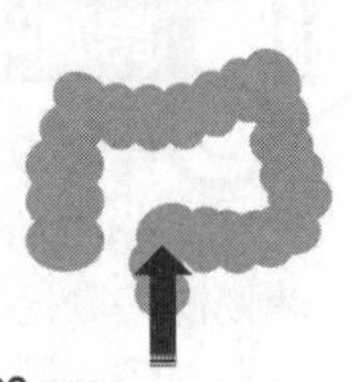

● 例文――

The average length of the human rectum is about 20 cm.

人間の直腸の平均的な長さは約20cmである。

rectangle 【名】長方形

[réktæŋgl]

▶ **rect**〔真っ直ぐな〕＋**angle**〔角〕

※ **rectangular** 【形】長方形の、直角の

● 例文――

To find the area of a rectangle, multiply the length by the width.

長方形の面積を求めるには縦と横を掛けること。

rectilinear 【形】直線の

[rèktəlíniər]

▶ **rect**〔真っ直ぐな〕＋**line**〔線〕＋
ar〔形容詞に〕

● 例文――

The town is laid out on a rectilinear grid pattern.

その町は直線的な格子模様で設計されている。

rectotomy 【名】直腸（肛門）切除（術）

[rektátəmi]

▶ **recto**〔直腸〕＋**tom**〔切る〕＋**y**〔名詞に〕
⇒161

● 例文――

Posterior rectotomy has been abandoned.

尾部の直腸切除は断念された。

135

ren(o) = 腎臓

語源ノート

身体のエネルギー代謝を高めるホルモンの「アドレナリン(adrenaline)」は、副腎髄質から分泌される神経伝達物質のひとつで、興奮したときに大量に血液中に放出されるもの。語源は《ad〔近くに〕+ renal〔腎臓の〕+ ine〔化学物質〕》から。

renal【形】腎臓の

[ríːnl]

▶ **ren**〔腎臓〕+ **al**〔形容詞に〕

renin【名】レニン

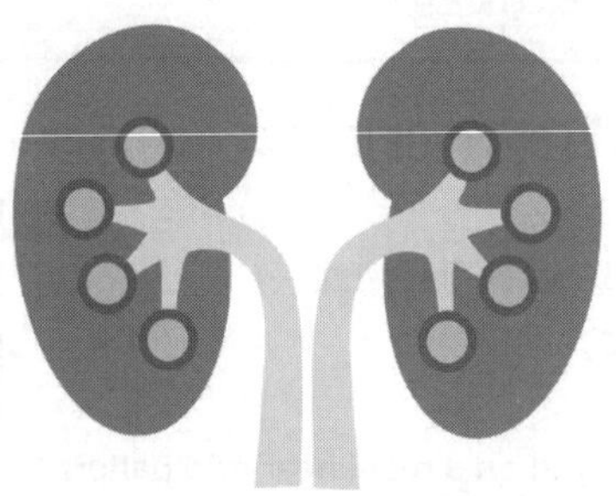

● 例文

There is a renal artery for each kidney.
各腎臓には1本の腎動脈がある。

Renin is an enzyme produced by specific cells in the kidneys.
レニンは腎臓にある特殊な細胞が作る酵素である。

135 ren(o)＝腎臓

renogram【名】レノグラム

[ríːnəgræ̀m]

▶ **reno**〔腎臓〕＋**gram**〔書く〕⇒66

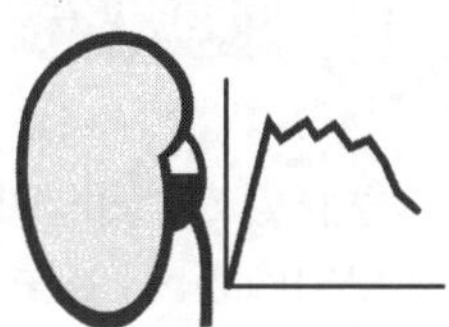

● 例文――

A renogram is a test used to assess kidney function.

レノグラムは腎臓の機能を見極めるために使われる検査である。

---

adrenal【形】副腎の、腎臓付近の

[ədríːnl]

▶ **ad**〔近くに〕＋**ren**〔腎臓〕＋**al**〔形容詞に〕

● 例文――

There are two adrenal glands, one on top of each kidney.

副腎は2つあり、左右の腎臓の上方に1個ずつある。

---

adrenergic【形】アドレナリン作用性の

[ədrinə́ːrdʒik]

▶ **ad**〔近くに〕＋**ren**〔腎臓〕＋**erg**〔行動〕＋ **ic**〔～的な〕 ⇒45

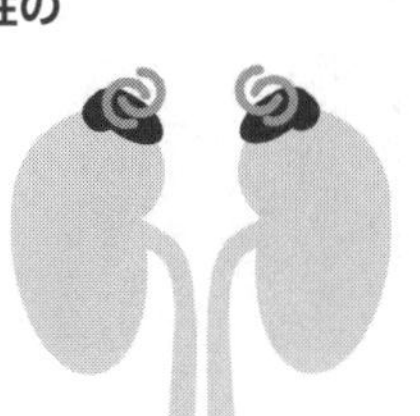

● 例文――

Clonidine is a type of antihypertensive agent and a type of alpha-adrenergic agonist.

クロニジンは抗高血圧薬の一種であり、αアドレナリン作用薬の一種でもある。

---

adrenocortical【形】副腎皮質の

[ədriːnoukɔ́ːrtikl]

▶ **ad**〔近くに〕＋**reno**〔腎臓〕＋ **cort**〔皮質〕＋**ical**〔形容詞に〕

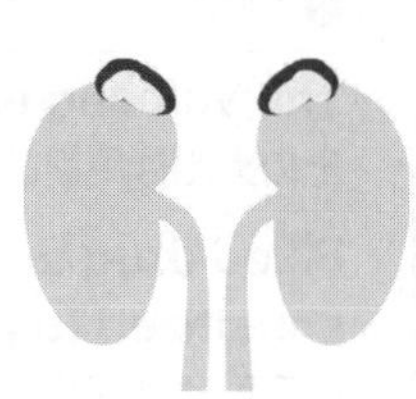

● 例文――

Adrenocortical cancer (ACC) can recur despite apparent complete resection.

副腎皮質ガンは外見上完全に切除しても再発することがある。

136

rupt = 崩れる

語源ノート

「道」や「経路」の「ルート(route)」は「切り崩した道」が原義で、印欧祖語で「壊す」「崩す」の意味のrunpにさかのぼる。「倒産(bankrupt)」は《bank〔銀行〕+ rupt〔崩れる〕》から生まれた単語。

erupt 【動】噴火する、吹き出す

[irʌ́pt]

▶ **e**〔外に〕+ **rupt**〔崩れる〕

eruption 【名】噴火、発疹

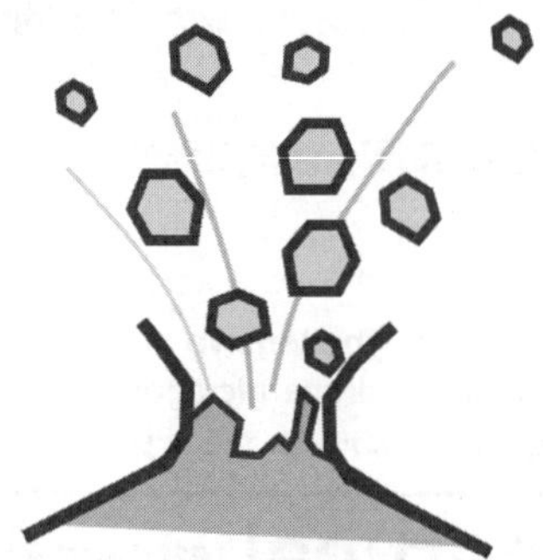

● 例文

The volcano erupts at regular intervals.
その火山は周期的に噴火を繰り返す。

Fixed drug eruption occurs when patients become sensitized to a particular drug or its metabolites.
固定薬疹は患者が特定の薬や代謝物質に敏感になるときに起こる。

rupture 【名】破裂

[rʌ́ptʃər]

▶ rupt〔崩れる〕＋ure〔名詞に〕

● 例文――

The MRI immediately identified aortic rupture.

MRIは直ぐに大動脈破裂を発見した。

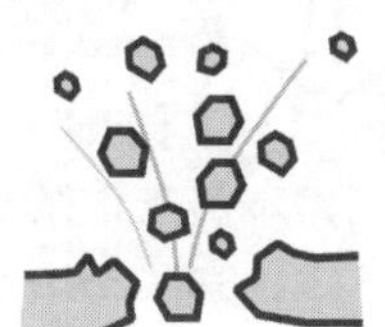

---

irrupt 【動】急激に増加する、大発生する

[irʌ́pt]

▶ ir〔上に〕＋rupt〔崩れる〕

● 例文――

The island's rodent population irrupted.

その島の齧歯目(げっしもく)の数は突然増加した。

---

corrupt 【動】腐敗させる、破損させる 【形】不正な、破損した

[kərʌ́pt]

▶ cor〔共に〕＋rupt〔崩れる〕

※ corruption 【名】腐敗、破損

● 例文――

Files may become corrupted.

ファイルがこわれることもある。

---

disrupt 【動】粉砕する、分裂させる、破壊させる、中断させる

[disrʌ́pt]

▶ dis〔離れて〕＋rupt〔崩れる〕

※ disruption 【名】粉砕、分裂、破壊

※ disruptor 【名】攪乱物質

● 例文――

Climate change could disrupt the agricultural economy.

気候の変化は農業経済を破壊させうる。

137

sarco＝肉

語源ノート

「皮肉」とは、皮や肉は表面にあることから、物事の本質を理解していないことを非難する言葉で、英語では、sarcasmと言う。これはギリシャ語で「肉」を意味するsarkに由来する。

sarcoma【名】肉腫

[sɑːrkóumə]

▶ **sarco**〔肉〕＋**oma**〔腫瘍〕

sarcoidosis【名】サルコイドーシス

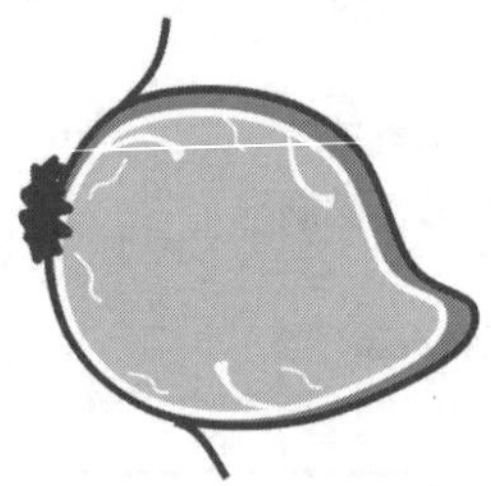

● 例文

A sarcoma is a type of cancer that starts in tissues like bone or muscle.
肉腫は骨や筋肉のような組織から起こる一種のガンである。

Sarcoidosis is a disease that causes inflammation of body tissues.
サルコイドーシスは体の組織の炎症を引き起こす疾患である。

osteosarcoma【名】骨肉腫

[àstiousɑ:rkóumə]

▶ **osteo**〔骨〕+**sarc**〔肉〕+**oma**〔腫瘍〕

● 例文──

He was diagnosed with osteosarcoma.

彼は骨肉腫と診断された。

---

sarcopenia【名】サルコペニア、筋肉減少症

[sɑ̀:rkəpí:niə]

▶ **sarco**〔肉〕+**penia**〔減少症〕

● 例文──

One in five over 65s suffer from sarcopenia.

65歳以上の5人に1人がサルコペニアにかかっている。

---

chondrosarcoma【名】軟骨肉腫

[kɑndrousɑ:rkóumə]

▶ **chondro**〔軟骨〕+**sarc**〔肉〕+**oma**〔腫瘍〕

● 例文──

Nearly all chondrosarcoma patients appear to be in good health.

ほぼ全ての軟骨肉腫の患者は一見、健康そうに見える。

---

sarcoplasm【名】筋形質

[sɑ̀:kəplǽzəm]

▶ **sarco**〔肉〕+**plasm**〔形成〕

● 例文──

Each muscle fiber contains sarcolemma, sarcoplasm, and sarcoplasmic reticulum.

それぞれの筋肉繊維には筋鞘、筋形質、筋小胞体が含まれる。

138

sclero, skel = 硬い

!! 語源ノート

ギリシャ語で「硬い」を表すsklerosに由来し、さらに印欧祖語で「乾かす」とか「枯れる」という意味のskeleにさかのぼることができる。医学用語としては、sclerosisで「硬化症」の意味で使われる。内部が見える意味の「スケルトン(skeleton)」は「骨組みが透けて見える」から。

skeleton 【名】骨格、骸骨

[skélətn]

skeletal 【形】骨格の、骸骨の

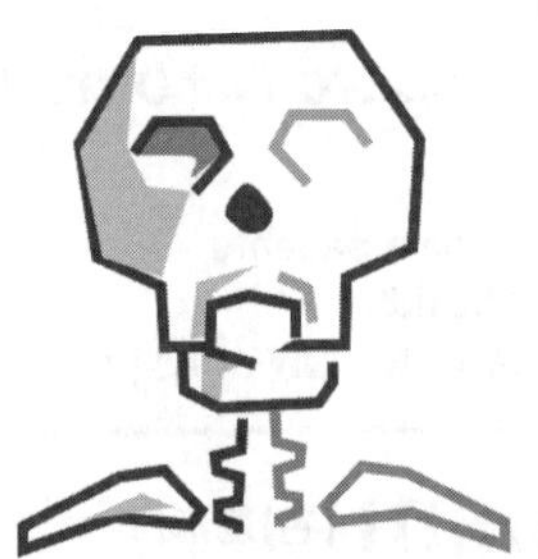

● 例文

Many skeletons were discovered in the cave.
その洞穴でたくさんの骸骨が発見された。

The archaeologist found skeletal remains.
その考古学者は骸骨の残骸を見つけた。

sclerosis【名】硬化症

[skləróusis]

▶ scler〔硬い〕＋osis〔症状〕

● 例文──

I was told I had multiple sclerosis.

私は多発性硬化症だと言われた。

---

endoskeleton【名】内骨格

[èndouskéltn]

▶ endo〔内の〕＋skeleton〔骨格〕

※ exoskeleton【名】外骨格

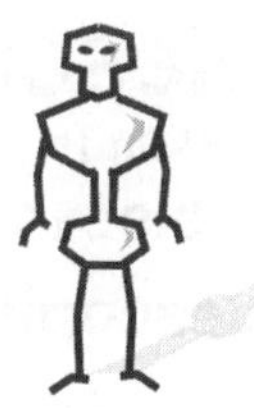

● 例文──

Spiders have an endoskeleton in addition to their exoskeleton.

クモは外骨格の他に内骨格も持っている。

---

scleroderma【名】皮膚硬化症

[sklerədə́ːrmə]

▶ sclero〔硬い〕＋derma〔皮膚〕 ⇒39

● 例文──

Scleroderma is uncommon, striking 14 people per million worldwide.

皮膚硬化症はめったになく、世界中で百万人に14人にしかかからない。

---

arteriosclerosis【名】動脈硬化症

[àːrtiriouskləróusis]

▶ artery〔動脈〕⇒8 ＋scler〔硬い〕＋osis〔症状〕

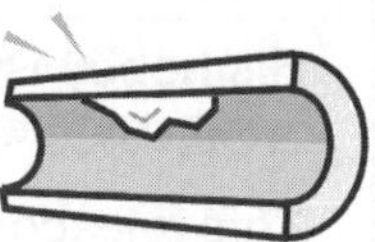

● 例文──

Arteriosclerosis can slow or impair blood circulation.

動脈硬化症は血液循環を遅らせたり弱めたりすることがある。

139

scope＝見る

!! 語源ノート

scope は見ることから「(調査などの)範囲、領域」のこと。「占星術」の「ホロスコープ(horoscope)」は《horo〔時〕＋scope〔見る〕》に由来する。

telescope【名】望遠鏡

[téləskòup]

▶ **tele**〔遠く〕＋**scope**〔見る〕

telescopic【形】伸縮自在の、望遠鏡の

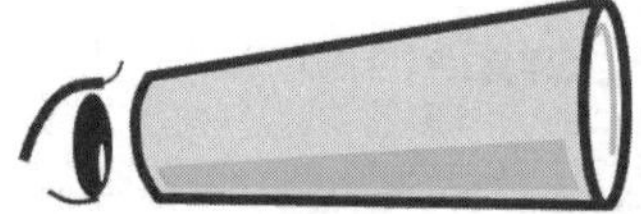

● 例文

His hobby is looking at the stars through a telescope.
彼の趣味は望遠鏡で星を見ることだ。

This telescopic antenna is made of ceramic.
この伸縮アンテナはセラミック製です。

stethoscope【名】聴診器

[stéθəskòup]

▶ stetho〔聴く〕+scope〔見る〕

● 例文——

The doctor placed a stethoscope on the patient's chest.

医者は患者の胸に聴診器を当てた。

endoscope【名】内視鏡

[éndəskòup]

▶ endo〔中に〕+scope〔見る〕

● 例文——

The endoscope was gently inserted into the upper esophagus.

内視鏡がゆっくりと食道の上部に挿入された。

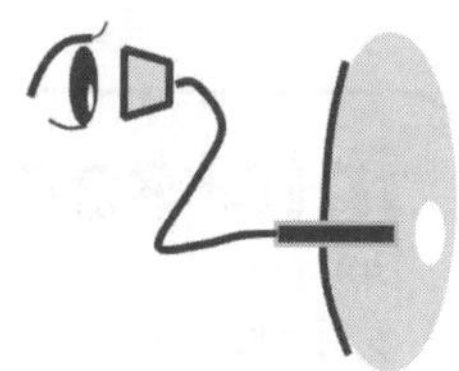

periscope【名】潜望鏡

[pérəskòup]

▶ peri〔周りの〕+scope〔見る〕

● 例文——

The submarine's periscope was sticking right out of the water.

その潜水艦の潜望鏡が水中からにょっきり突き出ていた。

anemoscope【名】風向計

[ænəməskòup]

▶ anemo〔風〕+scope〔見る〕

● 例文——

Anemoscopes are simple nautical instruments used to orientate the navigation.

風向計は航海の方向を知るために使われる、船員の基本的な道具である。

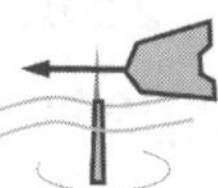

sec, sect, sex = 切る

!! 語源ノート

「第三セクター (the third sector)」とは、国や地方共同団体と民間が共同出費で設立する事業体のこと。「セクター (sector)」とは「切られたもの」から「部門、分野」の意味に。「セクション (section)」は「分割、領域、断面図」で、cross-sectionalは「断面の、横断的な」。sexは「分けられたもの」から「男女別」「性別」の意味に。

intersect【動】交わる

[ìntərsékt]

▶ **inter**〔間に〕+ **sect**〔切る〕

intersection【名】交点

● 例文

If two lines intersect at a point, they form four angles.
2つの直線が1点で交われば4つの角ができる。

To find a point of intersection of two functions, both functions must be graphed.
2つの関数の交点を見つけるためには、両方の関数をグラフ化しなければならない。

140 sec, sect, sex＝切る

insect【名】昆虫

[ínsekt]

▶ **in**〔中に〕+**sect**〔切る〕

● 例文——

Complete metamorphosis occurs in such insects as butterflies, moths, flies, beetles, wasps, and bees.

完全変態は蝶、蛾、ハエ、カブトムシ、スズメバチ、ミツバチなどの昆虫に起こる。

---

segment【名】体節、線分、円の弧、セグメント（区分）

[ségmənt]

▶ **seg**〔切る〕+**ment**〔名詞に〕

● 例文——

An ant's body is divided into three distinct segments.

蟻の体は3つの別々の体節に分かれている。

---

bisect【動】二等分する

[báisekt]

▶ **bi**〔2〕+**sect**〔切る〕

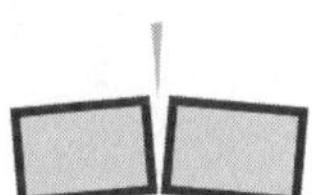

● 例文——

If you bisect the letter V horizontally and flip the lower half up, you get the letter W.

Vの文字を水平方向に二等分し、下半分を裏返したらWの文字になる。

---

dissect【動】解剖する

[disékt]

▶ **dis**〔離れて〕+**sect**〔切る〕

● 例文——

They dissected a frog to examine its internal organs.

彼らは内臓器官を調べるためにカエルを解剖した。

141

seem, sem, siml = 同じ、似た

語源ノート

similarは「似ている」で、「シミュレーション(simulation)」は「似たものにすること」。assembleは《as〔向かって〕＋sem〔同じ〕＋ble〔反復〕》で「同じにする」から「集める」、さらに「組み立てる」の意味に。現象などが同時に起こるのは形容詞simultaneousで、「同時通訳」はsimultaneous interpretation。「ファックス (fax)」はfacsimileの略で「同じものを作る」から。

similar【形】類似した、似ている、相似な
[símələr]

▶ **siml**〔同じ〕＋**ar**〔形容詞に〕

similarity【名】類似、類似点

● 例文

These materials are similar in composition.
これらの材料は組成が類似している。

There are many similarities between the two documents.
その**2**つの文書には多くの類似点がある。

assemble【動】集める、組み立てる

[əsémbl]

▶ as〔の方へ〕＋sem〔同じ〕＋ble〔反復〕

※ assembly【名】議会、集会、組み立て

※ disassemble【動】分解する、解散する

● 例文――

To assemble or disassemble, follow the procedures in Fig. 1.

組み立てや解体の方法は、図1にある手順に従ってください。

simulate【動】模擬的に作り出す

[símjulèit]

▶ simul〔似ている〕＋ate〔～化する〕

※ simulation【名】模擬実験、シミュレーション

● 例文――

This system simulates conditions in space.

このシステムは宇宙の条件を模擬的に作り出す。

simultaneous【形】同時の、同時に起こる

[sàiməltéiniəs]

▶ simul〔同じ〕＋eous〔形容詞に〕

※ simultaneously【副】同時に

● 例文――

This technique enables simultaneous measurement of multiple frequencies.

この技術は複数の周波数の同時計測を可能にする。

assimilate【動】吸収する、同化する

[əsíməlèit]

▶ as〔の方へ〕＋sim〔同じ〕＋ate〔～化する〕

※ assimilation【名】同化、吸収

● 例文――

Plants assimilate carbon dioxide during photosynthesis.

植物は光合成の間、二酸化炭素を吸収している。

142

sens = 感じる

!! 語源ノート

「センサー (sensor)」は《sens〔感じる〕+ or〔もの〕》から「感知素子」。
consent は《con〔共に〕+sent〔感じる〕》から「同意、承諾」で、informed consent (IC) は医師が患者に十分説明した上で治療する「納得診療」。

sensitivity 【名】感度、過敏性

[sènsətívəti]

▶ **sense**〔感じる〕+ **tive**〔形容詞に〕+ **ity**〔名詞に〕

sensitive 【形】神経過敏の、感度のよい

● 例文

She had a sensitivity to smell while she was pregnant.
彼女は妊娠中は嗅覚過敏だった。

This product is good for sensitive skin.
この製品は敏感肌によい。

scent 【名】香り、臭跡

[sént]

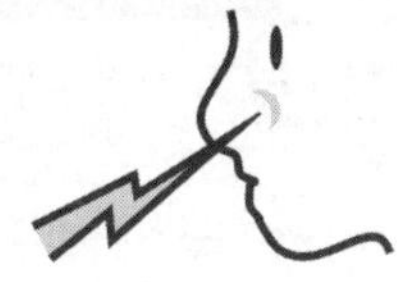

● 例文――

Female ants release pheromones from their scent glands.

メスのアリは臭腺からフェロモンを出している。

---

sensory 【形】知覚による、感覚に関する

[sénsəri]

▶ **sens**〔感じる〕＋**ory**〔形容詞に〕

sensory test 官能試験

● 例文――

Capsaicin destroys sensory nerve fibers of rats.

カプサイシンはネズミの知覚神経線維を破壊する。

---

presentiment 【名】予感

[prizéntəmənt]

▶ **pre**〔前に〕＋**sent**〔感じる〕＋**ment**〔名詞に〕

● 例文――

He had a presentiment of disaster.

彼は災害が起きるという予感を持った。

---

hypersensitivity 【名】過敏症、知覚過敏

[hàipəːrsensətívəti]

▶ **hyper**〔超えて〕＋**sensitivity**〔過敏性〕

● 例文――

Dentin hypersensitivity is among the most frequently reported dental concerns.

象牙質知覚過敏症は、歯に関する心配事で最も頻繁に報告されるものの一つです。

143

serve＝守る、保護する

語源ノート

「リザーブ（reserve）」はレストランでは「予約する」、スポーツでは「交代要員」のことで、《re〔後ろに〕＋serve〔守る〕》が語源である。

conserve【動】保存する、保護する

[kənsə́ːrv]

▶ **con**〔完全に〕＋**serve**〔守る〕

conservation【名】保存

● 例文

We need to conserve our natural resources.
天然資源を保護する必要がある。

The Energy Conservation Law is based on Newtonian mechanics.
エネルギー保存の法則はニュートン力学に基づいている。

reservoir【名】貯水池、容器

[rézərvwɑ̀:r]

▶ **re**〔後ろに〕+**serve**〔守る〕+**oir**〔名詞に〕

※ **reserve**【名】蓄え、保護区　【動】予約する、取っておく

※ **reservation**【名】特別保留地、予約

● 例文――

Due to the drought, the reservoir is almost bone dry.

干ばつのために、その貯水池はほとんどからからに乾いている。

---

observe【動】観察する、観測する

[əbzə́:rv]

▶ **ob**〔向かって〕+**serve**〔守る〕

observed data 測定値

※ **observation**【名】観察、観測

● 例文――

I love observing the stars in the sky.

空の星を観察するのが大好きです。

---

observatory【名】観測所、天文台、展望台

[əbzə́:rvətɔ̀:ri]

▶ **observe**〔観測する〕+**ory**〔場所〕

● 例文――

The observatory has two telescopes to detect microwave and infra-red light.

その天文台にはマイクロ波と赤外線を感知する望遠鏡が2つある。

---

preserve【動】（破壊されないように）保護する、保存する

[prizə́:rv]

▶ **pre**〔前に〕+**serve**〔守る〕

※ **preservation**【名】保護、保存

※ **preservative**【形】保存力のある　【名】防腐剤

● 例文――

Wildlife conservation includes all human efforts to preserve wild animals from extinction.

野生生物の保護には野生動物を絶滅から保護する全人類の努力が含まれる。

144

solve, solu＝解く

!! 語源ノート

「ソリューション(solution)」とは、企業がビジネスやサービスについて抱えている問題や不便を解消することで、ラテン語の「解く」「ゆるむ」の意味のsolvereに由来する。「ハイレゾ」とはhigh resolutionで、音源なら「高分解音質」のことで、原音を細かくデジタル化したもの。

solve【動】解く、解決する
[sálv]
solution【名】解決、解、分解、溶解、溶液

● 例文

Nobody can solve this problem.
誰もこの問題は解けない。

Find the solution by completing the square.
平方完成によって解を求めよ。

solvent【形】溶かす力がある　【名】溶剤、溶媒

[sálvənt]

▶ **solve**〔解く〕＋**ent**〔形容詞に〕

※ **soluble**【形】溶ける、溶解できる、解決できる

※ **solute**【名】溶質

● 例文──

Water is an excellent solvent for most ionic compounds.

水はたいていのイオン性化合物をよく溶かす。

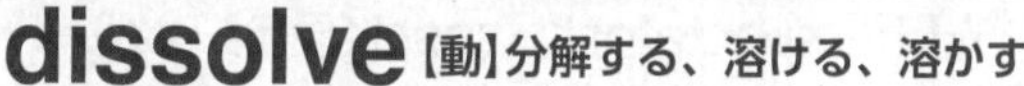

dissolve【動】分解する、溶ける、溶かす

[dizálv]

▶ **dis**〔離れて〕＋**solve**〔解く〕

※ **dissolvable**【形】分解できる、溶ける

● 例文──

These chemicals dissolve fat.

これらの化学薬品は脂肪を分解する。

---

resolve【動】分解する、分散させる、解決する

[rizálv]

▶ **re**〔再び〕＋**solve**〔解く〕

※ **resolution**【名】分解、解決、決定、分解能

high resolution 高解像度

● 例文──

Water is resolved into oxygen and hydrogen.

水は酸素と水素に分解される。

---

absolute【形】絶対的な、絶対の、絶対値の

[æbsəljùːt]

▶ **ab**〔離れて〕＋**solute**〔解く〕→完全に解き放たれた

absolute value 絶対値⇔**relative value** 相対値

● 例文──

Absolute zero is about -273 degrees on the Celsius scale.

絶対零度は摂氏目盛りだと約－273度である。

145

spec, spect, spic = 見る

語源ノート

特別に際だって見えるスペシャルランチ（special lunch）のspecialは、ラテン語の、目に映るイメージを表すspecereから。生物学上の「種（しゅ）（species）」は「見分けがつく」ことから。「ハイスペック」のspecはspecificationの略で性能などを示す「仕様」のこと。「スペクタクル(spectacle)」は《spect〔見る〕+cle〔小さいもの〕》から「見世物、光景」、spectatorは《spect〔見る〕+or〔人〕》から「見物人、観客」、aspectは《a〔～の方へ〕+spect〔見る〕》から「様相、側面」に。

expect【動】予期する

[ikspékt]

▶ **ex**〔外に〕+ **(s)pect**〔見る〕

expectation【名】期待

● 例文

Forecasters expect snow in the mountains.
予報士たちは山岳部で雪を予期している。

In quantum mechanics, the expectation value is the predicted mean value of the result of an experiment.
量子力学では、期待値は実験結果での、予想される平均値である。

inspect【動】査察する、検査する

[inspékt]

▶ in〔中を〕＋spect〔見る〕

※ inspection【名】検査

● 例文——

Both countries will have the right to inspect each other's missile sites.

双方の国は互いのミサイル基地を査察する権利を持つことになる。

---

specimen【名】標本、見本、検体

[spésəmin]

▶ spec〔見る〕＋men〔小さい〕

● 例文——

I performed venipuncture to collect blood specimens from patients.

患者たちから血液検体を収集するために静脈せん刺を行った。

---

specification【名】（設計）仕様書

[spèsəfikéiʃən]

▶ spec〔見る〕＋fic〔する〕＋ate〔～化する〕＋ion〔名詞に〕
⇒46～47

※ specific【形】特別な、特有の、具体的な

specific gravity 比重　specific heat 比熱

※ specify【動】仕様書に記入する、具体的に挙げる

● 例文——

My house was built to these specifications.

私の家はこの仕様に従って建てられた。

---

spectrum【名】スペクトル、残像

[spéktrəm]

▶ spec〔見る〕＋um〔名詞に〕

● 例文——

You can see the colors of the spectrum in a rainbow.

虹の中にスペクトルの色を見ることができる。

146

sphere＝球

語源ノート

赤道を境に地球を南北に分けたものが「北半球(Northern Hemisphere)」と「南半球(Southern Hemisphere)」で、sphereとは「球」のこと。

atmosphere 【名】大気(圏)、雰囲気

[ǽtməsfiər]

▶ **atmo**〔蒸気〕＋**sphere**〔球〕

atmospheric 【形】大気の

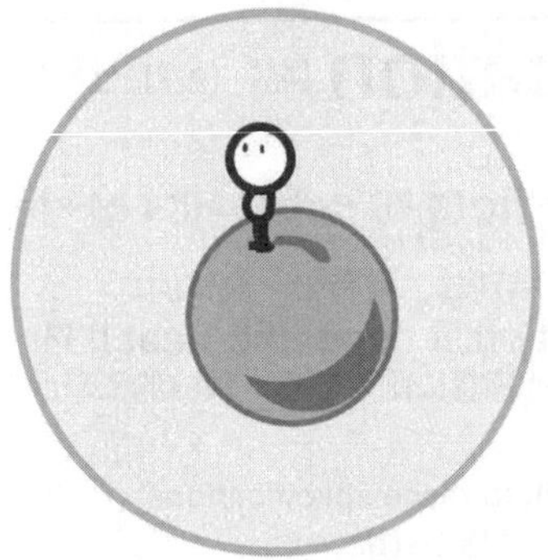

● 例文

The spaceship reentered the atmosphere.
宇宙船は大気圏に再突入した。

High atmospheric pressure covers west Japan.
西日本は高気圧に覆われている。

hemisphere【名】半球

[hémisfìər]

▶ hemi〔半分 1/2〕＋sphere〔球〕

● 例文──

In the winter in the northern hemisphere the sun rises in the southeast.

冬の北半球では太陽は南東から昇る。

---

biosphere【名】生物圏

[báiəsfìər]

▶ bio〔生命〕＋sphere〔球〕
⇒10

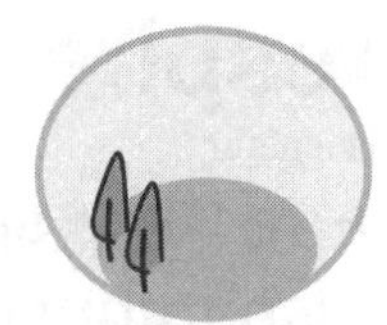

● 例文──

The biosphere plays a determining role in the Earth's climate.

生物圏は地球の気候に決定的な役割を果たしている。

---

troposphere【名】対流圏

[trάpəsfìər]

▶ tropo〔向かう〕＋sphere〔球〕
⇒165

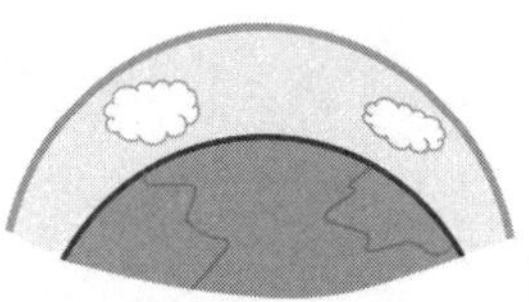

● 例文──

The troposphere is the lowest layer of the atmosphere.

対流圏は大気の最も下の層である。

---

heliosphere【名】太陽圏

[híːliəsfìər]

▶ helio〔太陽〕＋sphere〔球〕

● 例文──

The temperature in the heliosphere can be up to a few million degrees.

太陽圏の温度は数百万度まである可能性がある。

147

spire＝息をする

語源ノート

「Genius is 1 percent inspiration and 99 percent perspiration.（天才とは1%のひらめきと99%の発汗（努力）である）」とは発明王・エジソンの有名な言葉。spiritは「生命の息吹き」から「精神」。

respire【動】呼吸する

[rispáiər]

▶ **re**〔再び〕＋**spire**〔息をする〕

respiratory【形】呼吸の

respiration【名】呼吸

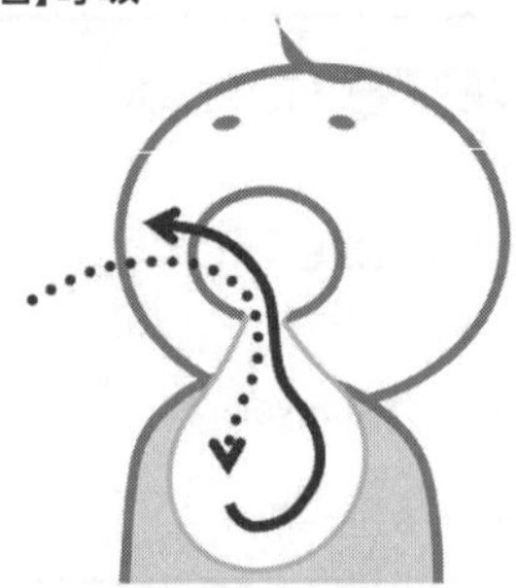

● 例文

This device is used to help patients respire more easily.

この装置は患者の呼吸を楽にするために用いられる。

Respiratory damage in the common cold is caused by rhinovirus.

普通の風邪での呼吸器系の障害はライノウイルスによる。

aspiration 【名】吸引、呼吸、切望

[æspəréiʃən]

▶ a〔～の方へ〕＋spir〔息する〕＋tion〔名詞に〕

natural aspiration engine 無過給エンジン

※ aspirator 【名】吸引器

● 例文――

Patients with Alzheimer's disease often die of aspiration pneumonia.

アルツハイマー病の患者は誤嚥性肺炎で亡くなることが多い。

perspire 【動】発汗する

[pərspáiər]

▶ per〔全体に〕＋spire〔息をする〕

※ perspiration 【名】発汗、汗

● 例文――

I tend to perspire a lot.

私は汗っかきです。

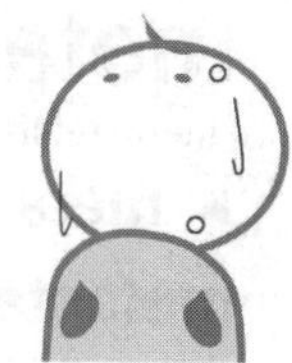

expire 【動】息を引き取る、満了する

[ikspáiər]

▶ ex〔外に〕＋spire〔息をする〕

● 例文――

He expired after contracting Malaria.

彼はマラリアにかかって息を引き取った。

spirometer 【名】肺活量計

[spairámətər]

▶ spiro〔息する〕＋meter〔計測〕

⇒94

● 例文――

A spirometer is a diagnostic device that measures the amount of air you're able to breathe in and out.

スピロメーターは息を吸ったり吐いたりできる空気の量を測る測定装置である。

148

sta, sti, sist = 立つ(1)

語源ノート

印欧祖語で「立つ」という意味のstaは、多くの英単語を造り出した。文字通り「立つ」はstand、列車が止まる「駅」はstation。distanceは《dis〔離れて〕+ stance〔立つ〕》から「距離」。エンスト(engine stall)はエンジンが止まることから。constantは《con〔共に〕+sta〔立つ〕+ant〔形容詞に〕》から「不変の」で、名詞なら「定数」。

metastasis 【名】(癌細胞の)転移

[mètəstéisis]

▶ **meta**〔変化〕+ **stasis**〔立っていること〕

metastasize 【動】転移する

● 例文

Metastasis has made the tumor inoperable.
転移したため腫瘍は手術できなくなった。

The cancer metastasized to her jaw and lung.
ガンは彼女の顎と肺に転移した。

solstice【名】至

[sálstis]

▶ sol〔太陽〕+stice〔立つこと〕

● 例文——

In 2020, June 21 was the summer solstice for the northern hemisphere.

2020年、北半球の夏至は6月21日だった。

---

substance【名】物質

[sʌ́bstəns]

▶ sub〔下に〕+stance〔立つこと〕

※ substantial【形】実質的な

● 例文——

Carbon monoxide is a poisonous substance.

一酸化炭素は有毒な物質である。

---

static【形】静的な、空電の

[stǽtik]

▶ stat〔立つ〕+ic〔～的な〕

● 例文——

The coefficient of kinetic friction is less than the coefficient of static friction.

運動摩擦係数は静止摩擦係数よりも小さい。

---

statistics【名】統計(学)

[stətístiks]

▶ statis〔立つ〕+ics〔学問〕

● 例文——

The latest statistics show the disease to be diminishing.

最新の統計はその疾患が減少していることを示している。

149

sta, sti, sist = 立つ(2)

語源ノート

MCの隣に立ってお手伝いする人・アシスタント(assistant)は《a(s)〔~の方へ〕+ sist〔立つ〕+ ant〔人〕》、exist は《ex〔外に〕+ ist〔立つ〕》から「存在する」。「即座の」を意味する「インスタント(instant)」は「中(そば)に立つ」から。

stability 【名】安定性、固定

[stəbíləti]

▶ **sta**〔立つ〕+ **able**〔できる〕+ **ity**〔名詞に〕

stable 【形】安定した

stabilize 【動】安定させる

● 例文

A building needs a foundation with enough stability to support its weight.

建物は重量を支えるために十分な安定性を持った土台が必要だ。

The patient is in a stable condition.

患者の容体は安定している。

prostate【名】前立腺

[prásteit]

▶ pro〔前に〕＋state〔立つ〕

● 例文――

The prostate gland sits below the bladder.

前立腺は膀胱の下に位置する。

---

consistency【名】一貫性、濃度、堅さ

[kənsístənsi]

▶ con〔共に〕＋sist〔立つ〕＋ency〔名詞に〕

● 例文――

These accounts show no consistency.

これらの報告書には一貫性がない。

---

institute【名】協会、研究所、工科大学　【動】導入する

[ínstətjù:t]

▶ in〔中に〕＋stitute〔立つ〕

● 例文――

He is a student at Massachusetts Institute of Technology.

彼はマサチューセッツ工科大学の学生だ。

---

resistance【名】抵抗、抵抗器

[rizístəns]

▶ re〔後ろに〕＋sist〔立つ〕＋ance〔名詞に〕

※ resist【動】抵抗する

● 例文――

The ohm is a unit of electrical resistance.

オームは電気抵抗の単位だ。

150

stin(ct)＝尖った、刺す

語源ノート

印欧祖語で「尖った、刺す」を意味するsteigに由来する。stickは名詞で「棒切れ」、動詞で「突き刺す」「くっつく」で、stickerは《stick〔くっつく〕+er〔もの〕》から「ステッカー」、stickyは《stick〔くっつく〕+y〔形容詞に〕》から「べとべとする」、steakは「串に刺したもの」から「ステーキ」の意味に。「杖」の「ステッキ」は(walking) stick。

extinct 【形】絶滅した

[ikstíŋkt]

▶ **ex**〔外に〕+ **tinct**〔刺す〕

extinction 【名】絶滅

extinguish 【動】消滅させる

● 例文

There are several theories as to why the dinosaurs became extinct.

恐竜がなぜ絶滅したかに関する理論はいくつかある。

They believe that whales are in danger of extinction.

彼らは鯨が絶滅の危険にさらされていると信じている。

instinct【名】本能

[ínstiŋkt]

▶ in〔上に〕+stinct〔刺す〕

※ instinctive【形】本能的な

● 例文——

Animals have a natural instinct for survival.

動物は生き残るための生まれ持った本能がある。

---

distinguish【動】区別する

[distíŋgwiʃ]

▶ dis〔離れて〕+sting〔刺す〕+ish〔〜化する〕

● 例文——

The main distinguishing feature of this species is the leaf shape.

この種を区別する主な特徴は葉の形だ。

---

distinct【形】個別の

[distíŋkt]

▶ dis〔離れて〕+stinct〔刺す〕

※ distinctive【形】独特の

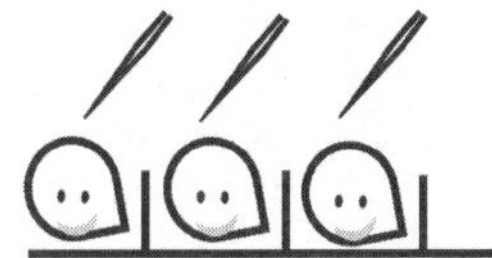

● 例文——

African and Asian elephants are distinct species.

アフリカ象とアジア象は別個の種である。

---

stimulate【動】刺激する

[stímjulèit]

▶ stim〔刺す〕+ate〔〜化する〕

※ stimulus【名】刺激

● 例文——

The herb echinacea seems to stimulate the body's immune system.

ムラサキバレンギクの薬草は体の免疫系を刺激するようだ。

151

stomat(o) = 口(くち)

語源ノート

stomachはギリシャ語で「喉」を意味するstomachosが「口」や「胃の入り口」などの意味を経て、現代英語では「胃」の意味になった。stomyは「口を開けること」が原義で、体内から体外へと続く開口部を造る手術である「造瘻(ぞうろう)術」はostomy。

stomach 【名】胃

[stʌ́mək]

▶ 胃の口から

stomachache 【名】胃痛

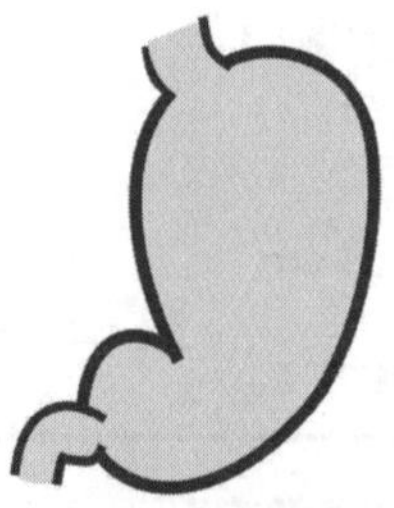

● 例文

My stomach feels heavy.
胃がもたれます。

I have a stomachache.
胃が痛い。

stomatitis 【名】口内炎

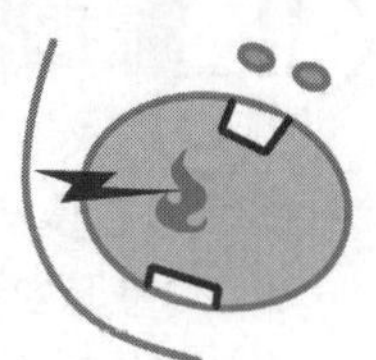

[stòumətáitis]

▶ **stomat**〔口〕＋**itis**〔炎症〕

● 例文——

Herpetic stomatitis is a contagious viral illness caused by Herpesvirus hominis.

ヘルペス口内炎はヒトヘルペスウイルスが引き起こす伝染性のウイルス疾患である。

---

stomatoscope 【名】口内鏡

[stəmǽtəskoup]

▶ **stomato**〔口〕＋**scope**〔見る〕 ⇒139

● 例文——

A fluorescent stomatoscope is used to assess the test results.

蛍光口内鏡はテスト結果を評価するために使われる。

---

enterostomy 【名】腸瘻造設

[èntərástəmi]

▶ **entero**〔腸〕⇒71 ＋**stomy**〔形成術〕

● 例文——

An enterostomy may be needed when food can no longer enter the mouth or stomach normally.

食べ物がもはや正常に口や胃に入らなくなると腸瘻造設が必要かもしれない。

gastroenterostomy 【名】胃腸吻合術

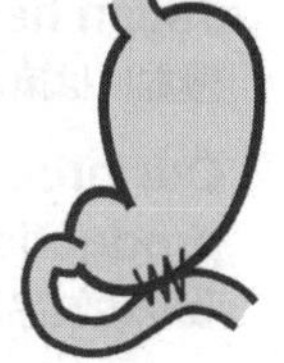

[gæ̀strəentərástəmi]

▶ **gastro**〔胃〕⇒59 ＋**entero**〔腸〕⇒71 ＋**stomy**〔形成術〕

● 例文——

A gastroenterostomy is the surgical creation of a connection between the stomach and the jejunum.

胃腸吻合術とは胃と空腸を外科的につなぎ合わせることである。

152

strict, strat, stre = 引っ張る

語源ノート

「ストレッチ (stretch)」は手足を伸ばすこと。体を伸ばして狭い所を通過するイメージを持てばstrict（厳しい）の意味が理解できる。「苦悩」のdistressは《dis〔離れて〕+stre〔引っ張る〕》で、その頭の部分が落ちたものがstress（ストレス、緊張）。材料の引張特性を表すstress（応力）とstrain（ひずみ）は共にこの語源から。

strict【形】厳しい、厳格な

[stríkt]

strictly【副】厳格に、厳密に

● 例文

Japan has very strict laws against drugs and guns.

日本には麻薬と銃に対する厳しい法律がある。

Our products are manufactured under a strict production control.

我々の製品は厳格な生産管理のもとに生産される。

restrict【動】制限する、抑制する

[ristríkt]

▶ re〔後ろに〕＋strict〔引っ張る〕

※ restriction【名】制約、制限

● 例文——

The new design can restrict transmission-belt slip.

新しいデザインは伝達ベルトのすべりを抑制することができる。

---

constraint【名】束縛、制限、抑制

[kənstréint]

▶ con〔共に〕＋strain〔引っ張る〕＋nt〔名詞に〕

※ constrain【動】抑圧する

● 例文——

The plate provides the required constraint force.

そのプレートは必要とされる抑制力を供給する。

---

distress【名】苦悩、機能不全 【動】悩ませる

[distrés]

▶ dis〔離れて〕＋stress〔引っ張る〕

※ stress【名】ストレス、応力

● 例文——

He died from acute respiratory distress syndrome.

彼は急性呼吸窮迫症候群により死亡した。

---

strain【名】ひずみ、(ウィルスの)株 【動】痛める

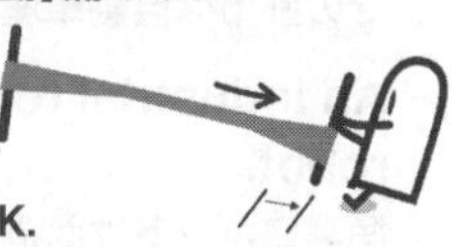

[stréin]

● 例文——

A new strain of the virus was detected in the UK.

ウィルスの新しい株がイギリスで検出された。

153

struct, strat = 積み上げる、広がる

語源ノート

「通り」のstreetは広げられて舗装されたもの、「藁」のstrawはまき散らかしたものが原義だが、これらは印欧祖語で「広げる」を意味するstereに由来する。infrastructure（インフラ）のinfraは「下」で、「下支えする施設」のこと。infraはinferior（下位の、劣る）と同語源。destroyは《de〔でない〕+stroy〔積み上げる〕》から「破壊する」、形容詞はdestructive（破壊的な）、名詞形はdestruction（破壊）。constructは《con〔共に〕+struct〔積み上げる〕》から「建設する」、形容詞はconstructive（建設的な）、名詞形はconstruction（建設）。

industry 【名】産業、工業

[índəstri]

▶ **indu**〔中に〕+ **stry**〔積み上げる〕

industrial 【形】産業の、工業の

● 例文

The city is famous for its car industry.
その都市は自動車産業で有名だ。

An industrial robot should be different from a medical robot.
産業ロボットは医療ロボットと異なるべきである。

structure【名】構造、建造物

[strʌ́ktʃər]

▶ **struct**〔積み上げる〕＋**ure**〔名詞に〕

※ **infrastructure**【名】インフラ、下部構造

● 例文――

Tokyo Sky Tree is the tallest structure in Japan.

東京スカイツリーは日本で一番高い建造物だ。

---

instrument【名】器具、測定器、楽器

[ínstrəmənt]

▶ **in**〔上に〕＋**stru**〔積み上げる〕＋**ment**〔名詞に〕

● 例文――

Runway 20 is equipped with an instrument landing system.

滑走路20は計器着陸システムを装備している。

---

stratum【名】地層、岩層、層

[stréitəm]

▶ **strat**〔積み上げる〕＋**um**〔名詞に〕

※ **stratus**【名】層雲

● 例文――

Hidden in the stratum was a well-preserved fossil from the Paleolithic Era.

旧石器時代のよく保存された化石がその地層に隠れていた。

---

stratosphere【名】成層圏

[strǽtəsfiər]

▶ **strato**〔層、広がった〕＋**sphere**〔球〕
⇒146

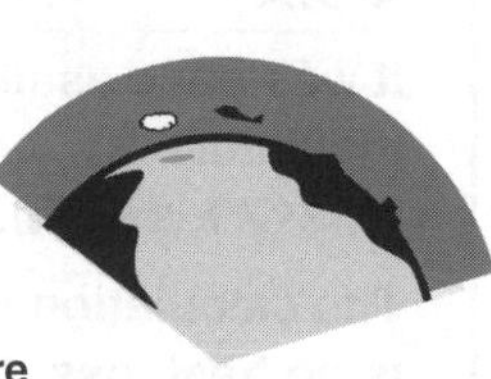

● 例文――

The stratosphere is the layer of the atmosphere approximately 31 miles above the surface of the Earth.

成層圏は地表の約31マイル上にある大気の層である。

154

sume＝取る、食べる

語源ノート

ラテン語で「取る」という意味のsumereに由来するが、さらに印欧祖語のemにさかのぼる。「消費税」はconsumption tax、consumeは「消費する」。assume（想定する）は《a(s)〔～の方へ〕＋sume〔取る〕》で「自分自身に取り込む」から。presume（推定する）は《pre〔前もって〕＋sume〔取る〕》で、論理でよく使われる語。「サンプル（sample）」はexampleの頭の部分が消失したもので「取り出したもの」。頭脳労働者を時間給制度から「除外」する制度はwhite-collar exemption。

assume 【動】仮定する、想定する、決めてかかる、前提とする

[əsúːm]

▶ **as**〔の方へ〕＋**sume**〔取る〕

assumption 【名】仮定、想定、仮説

● 例文

It was once assumed that asbestos was a perfect insulator.

アスベストは一時期、完全な断熱材だと考えられていた。

The calculation is based on the assumption that there is no heat loss.

この計算は熱損失がないという想定に基づいている。

(154) sume＝取る、食べる

consume【動】消費する、摂取する

[kənsúːm]

▶ con〔完全に〕＋sume〔取る〕

※ consumption【名】消費、摂取量

fuel consumption 燃料消費

● 例文――

The new model consumes less fuel than the previous one.

この新型モデルは前のものより燃料の消費が少ない。

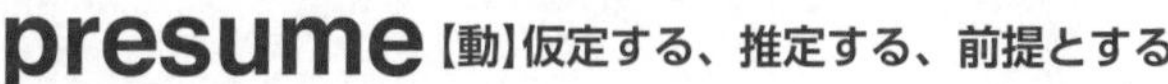

presume【動】仮定する、推定する、前提とする

[prizúːm]

▶ pre〔前に〕＋sume〔取る〕

※ presumption【名】想定、仮定、前提

※ presumably【副】おそらく

● 例文――

This material is presumed to contain harmful substances.

この材料は有害物質を含んでいると推定される。

resume【動】再開する、回復する

[rizúːm]

▶ re〔再び〕＋sume〔取る〕

※ resumption【名】再開、回復

● 例文――

The company resumed the operation of the plant.

その会社は工場の稼働を再開した。

exempt【動】免除する　【形】免除された

[igzémpt]

▶ ex〔外に〕＋empt〔取る〕

※ exemption【名】免除、免責

● 例文――

This district is exempt from the restriction.

この地域はその規制の対象外となっている。

155

tact, tang, tin = 触れる

語源ノート

ラテン語の「触れる」を意味するtangereに由来。「コンタクトレンズ(contact lenses)」は、直接目に触れるレンズのこと。「タンジェント(tangent)」は《tang〔触れる〕+ ent〔形容詞〕》から形容詞で「接線の」、名詞で「正接」。

integrate 【動】統合する、積分する

[íntəgrèit]

▶ **in**〔～でない〕+ **teg**〔触れる〕+ **ate**〔～化する〕

integration 【名】積分

● 例文

The theory integrates his research findings.
その理論は彼の研究結果をまとめたものだ。

C is called the integration constant.
Cは積分定数と呼ばれる。

contagious 【形】伝染性の

[kəntéidʒəs]

▶ con〔共に〕＋tag〔触れる〕＋ous〔形容詞に〕

※ contagion【名】接触感染(病)

● 例文――

There was a contagious disease prevalent in that village.

その村には伝染病が流行っていた。

---

integer 【名】整数

[íntidʒər]

▶ in〔～でない〕＋teg〔触れる〕＋er〔もの〕

● 例文――

An integer is a number that is not a fraction or a decimal.

整数は分数でも少数でもない数である。

---

integrity 【名】完全、規範

[intégrəti]

▶ in〔～でない〕＋teg〔触れる〕＋ity〔名詞に〕

● 例文――

This test is to check the integrity of data stored in the database.

このテストはデータベースに蓄積されたデータの完全性をチェックするためのものである。

---

contaminate 【動】汚染する

[kəntǽmənèit]

▶ con〔共に〕＋tamen〔触れる〕＋ate〔～化する〕

※ contamination【名】汚染

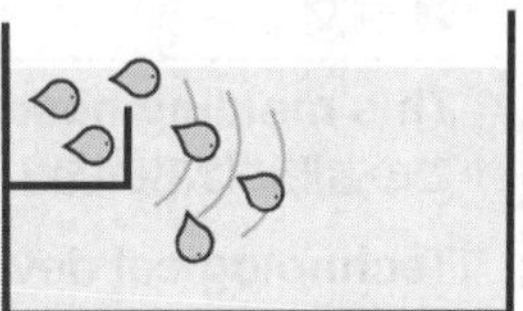

● 例文――

The air has been contaminated by exhaust fumes.

空気は排気ガスで汚染されている。

156

techno, tect = 作る、織る

語源ノート

「文書」「本文」「原文」の意味の「テキスト(text)」はラテン語の「織る」という意味に由来する。「ティッシュペーパー」のtissue（組織）も同じ語源。「ナノテクノロジー(nanotechnology)」は《nano〔10億分の1〕+ technology〔技術〕》から。

technology 【名】科学技術、工学

[teknάlədʒi]

▶ **techno**〔作る〕+ **logy**〔学問〕

technological 【形】科学技術の、工学の

● 例文

This molding needs advanced technology.
この造形には高い技術を要する。

Technological developments have changed the shape of industry.
科学技術の進歩は産業の形態を変えた。

architecture【名】建築術、構成、建物

[ɑ́ːrkətèktʃər]

▶ **archi**〔主要な〕＋**tect**〔作る〕＋**ure**〔名詞に〕

※ **architect**【名】建築士

● 例文──

He is taking an architecture course.

彼は建築講座を受講している。

tectonics【名】構造地質学、テクトニクス

[tektɑ́niks]

▶ **tect**〔作る〕＋**ics**〔学問〕

● 例文──

Plate tectonics is a scientific theory that describes the large-scale motions of Earth's lithosphere.

プレートテクトニクスは地球の岩石圏の大規模な移動を説明する科学的な理論である。

electrotechnology【名】電気工学

[ilèktrəteknɑ́lədʒi]

▶ **electr**〔電気〕＋**technology**〔技術〕 ⇒43

● 例文──

The electrotechnology industry impacts on almost every aspect of daily life.

電気工学産業は日常生活のほとんど全ての面に強い影響を与えている。

biotechnology【名】バイオテクノロジー、生命工学

[bàiouteknɑ́lədʒi]

▶ **bio**〔生命〕＋**technology**〔学問〕 ⇒10

● 例文──

Biotechnology brought about a revolution in agriculture.

生命工学は農業に革命をもたらした。

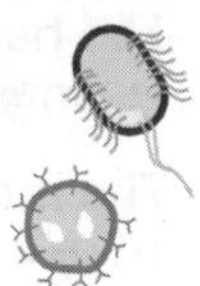

157

tend, tens, tent, tain = 伸ばす、保つ、腱(1)

語源ノート

「アキレス腱」はAchilles' tendonだが、tendonはラテン語の「伸ばす」という意味のtendereに由来する。「集中治療室」のICUは、intensive care unitの略。ビルの「メンテナンス(maintenance)」は《main〔手〕+ten〔伸ばす〕+ance〔名詞に〕》から「整備、管理」に。

intense 【形】強烈な、激しい

[inténs]

▶ **in**〔中に〕+ **tense**〔伸ばす〕

intensity 【名】強さ
luminous intensity 光度
light intensity 明度
earthquake intensity 震度
intensive 【形】集中的な

● 例文

The heat of the desert was intense.
砂漠の暑さは強烈だった。

The intensity of the hurricane was frightening.
ハリケーンの強さは驚異的なものだった。

157 tend, tens, tent, tain＝伸ばす、保つ、腱(1)

contain【動】含む

[kəntéin]

▶ con〔共に〕+tain〔保つ〕

※ container【名】容器

● 例文——

The carbonated beverage, cola, contains caffeine.

炭酸飲料のコーラにはカフェインが含まれている。

---

content【名】中身、内容

[kάntent]

▶ con〔共に〕+tent〔保つ〕

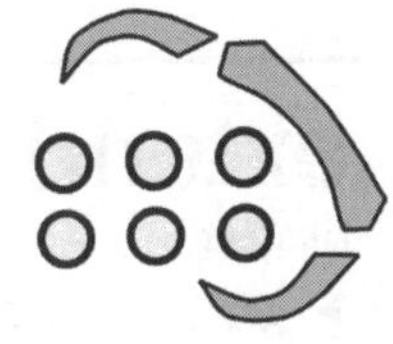

● 例文——

The average alcohol content of beer is generally between 3 percent and 7 percent.

ビールの平均的なアルコール含有量は一般的に3%から7%だ。

---

tendon【名】腱

[téndən]

▶ tend〔伸ばす〕+on〔名詞に〕

● 例文——

He tore his Achilles' tendon while playing soccer.

彼はサッカーをしている時にアキレス腱を切った。

---

tenalgia【名】腱痛

[tenǽldʒiə]

▶ ten〔腱〕+algia〔痛み〕 ⇒5

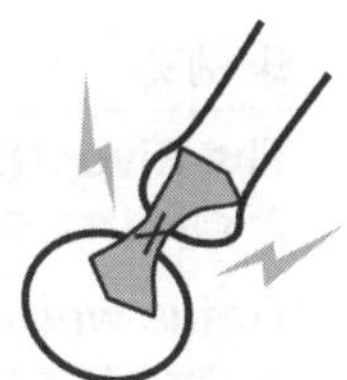

● 例文——

Tenalgia is the medical term for pain referred to a tendon.

テナルジアは腱に関わる痛みの医学用語である。

158

tend, tens, tent, tain = 伸ばす、保つ、腱(2)

語源ノート

「テンダーロイン(tenderloin)」の語源は《tender〔柔らかい〕+loin〔腰〕》で、牛や豚の腰の部分の柔らかい肉のことだが、tenderの語源は《tend〔伸ばす〕+er〔形容詞に〕》で、伸ばした状態から「柔らかい」の意味。extensionは《ex〔外に〕+tens〔伸びる〕+ion〔名詞に〕》から「延長」で、髪の「エクステ」はhair extension。

extend【動】延びる

[iksténd]

▶ **ex**〔外に〕+ **tend**〔のびる〕

extension【名】延長
extensive【形】広範な、広い

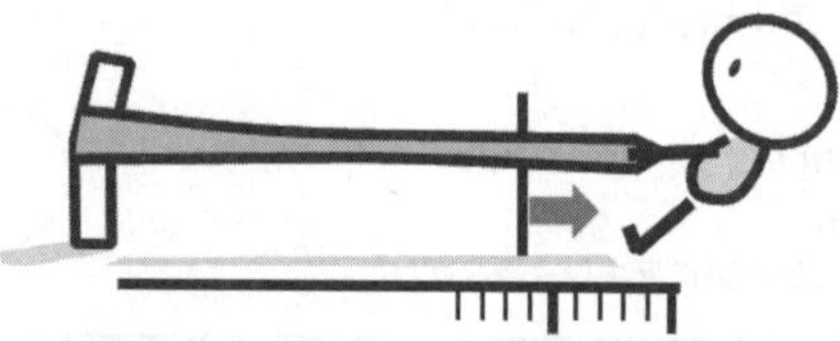

● 例文

The River Nile extends as far as Lake Victoria.
ナイル川はビクトリア湖まで延びている。

Traffic was disrupted by work on a subway extension.
地下鉄の延長工事で交通が遮断された。

158 tend, tens, tent, tain＝伸ばす、保つ、腱(2)

extent【名】広さ、程度

[ikstént]

▶ **ex**〔外に〕+**tent**〔伸ばす〕

● 例文――

The region is over 10,000 square kilometers in extent.

その地域の広さは1万平方キロ以上ある。

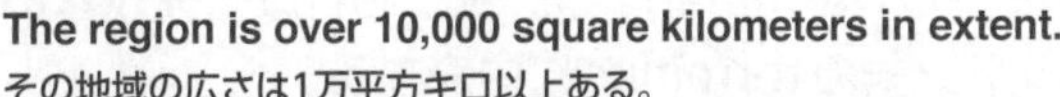

tense【形】緊張した、ピンと張った

[téns]

▶ 「伸ばされた」の意味から

※ **tension**【名】緊張、張力
※ **tensile**【形】張力の
tensile stress 引っ張り応力

● 例文――

He tried to relax his tense muscles.

彼は張った筋肉をほぐそうとした。

hypertension【名】高血圧、過度の緊張

[hàipərténʃən]

▶ **hyper**〔上〕+**tens**〔伸ばす〕+**ion**〔名詞に〕

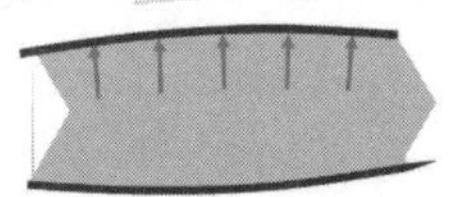

● 例文――

He was prescribed hypertension medicine.

彼は高血圧の薬を処方された。

hypotension【名】低血圧

[hàipouténʃən]

▶ **hypo**〔下〕+**tens**〔伸ばす〕+**ion**〔名詞に〕

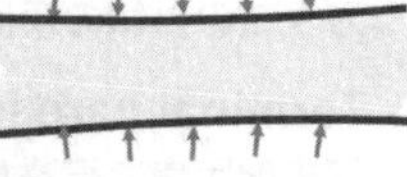

● 例文――

Orthostatic hypotension occurs often when you shift from lying down to standing.

起立性低血圧は横になった状態から立ち上がる時にしばしば起こる。

159

term＝限界、終わり

語源ノート

映画「ターミネーター (Terminator)」は《term〔終わり〕+ate〔動詞に〕+or〔者〕》から「抹殺者」の意味に。「終着駅」は「ターミナル (terminal)」で、もうこれ以上先がない限界を表すラテン語のterminusに由来する。

term 【名】期間、専門用語、項
[tə́ːrm]
terminal 【形】終末期の　【名】端子、端末

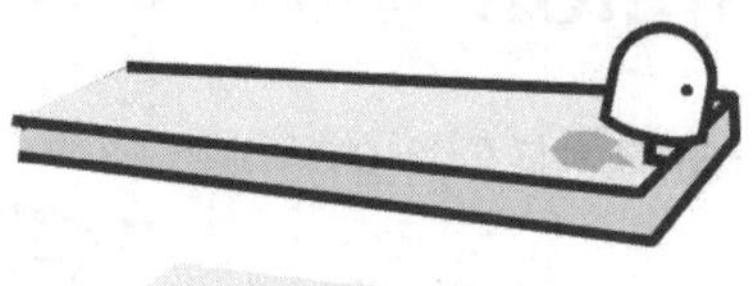

● 例文

The term outside the brackets is always positive.
カッコの外側の項は常に正である。

Terminal care is a complex and challenging task.
終末期医療は複雑だがやりがいがある仕事である。

159 term＝限界、終わり

terminology 【名】専門用語

[təːrmənάlədʒi]

▶ **term**〔限界〕＋**logy**〔言葉〕→言葉を決める

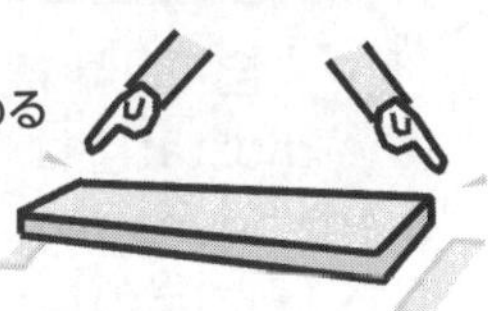

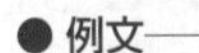

● 例文——

It seems that he doesn't understand scientific terminology.

彼は科学用語が分からないようだ。

---

terminate 【動】終わらせる

[tə́ːrmənèit]

▶ **term**〔限界〕＋**ate**〔～化する〕

● 例文——

You need to terminate and restart the program.

プログラムを終了して起動しなおす必要がある。

---

exterminate 【動】絶滅させる

[ikstə́ːrmənèit]

▶ **ex**〔外に〕＋**term**〔限界〕＋**ate**〔動詞に〕

● 例文——

My job is to exterminate rats and mice.

私の仕事はネズミを絶滅させることです。

---

determine 【動】決定する

[ditə́ːrmin]

▶ **de**〔完全に〕＋**term**〔限界〕＋**ine**〔～化する〕

※ **determination** 【名】決定

※ **determinant** 【名】行列式

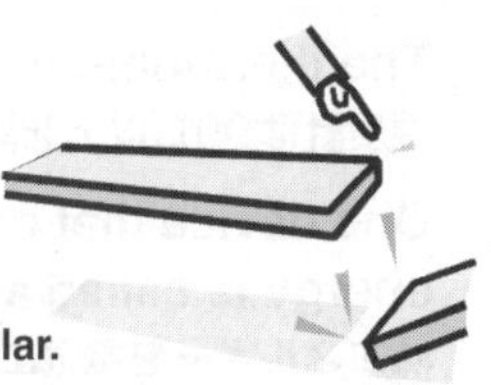

● 例文——

This is used to determine blood type.

これは血液型の判定に使われる。

If the determinant is zero, the matrix is singular.

行列式がゼロの場合、その行列は特異である。

160

thermo＝熱

語源ノート

自動温度調節装置の「サーモスタット(thermostat)」は《thermo〔熱〕＋stat〔止まる〕》から。thermodynamicは《thermo〔熱〕＋dynamic〔力学の〕》から「熱力学の」。「サーモス(Thermos)」は保温に優れた魔法瓶の商品名。2種類の金属線の先端同士を接触させて温度を計測する「熱電対」はthermocouple。

thermometer 【名】温度計

[θəːrmάmətər]

▶ **thermo**〔熱〕＋**meter**〔計測〕 ⇒94

thermal 【形】熱の

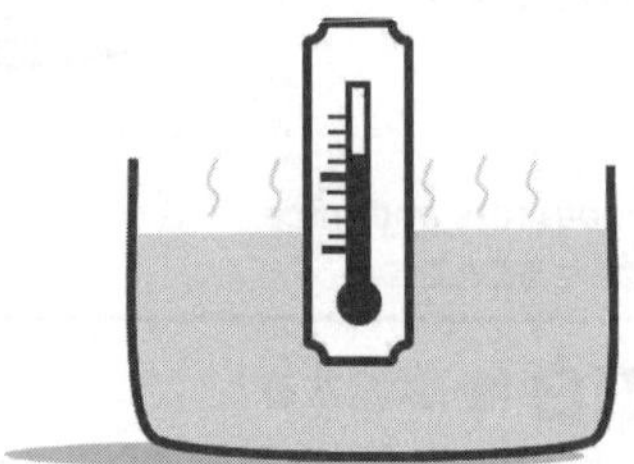

● 例文

The thermometer registered over 90℃.
温度計は90℃以上を記録した。

One device that converts thermal energy into electrical energy is called a thermocouple.
熱エネルギーを電気エネルギーに変える装置は熱電対と呼ばれる。

thermotherapy 【名】温熱療法

[θə̀ːrməθérəpi]

▶ **thermo**〔熱〕＋**therapy**〔療法〕

● 例文――

Thermotherapy is used in the treatment of enlarged prostate.

温熱療法は前立腺肥大の治療に使われる。

---

geothermal 【形】地熱の

[dʒiːouθə́ːrml]

▶ **geo**〔大地〕＋**therm**〔熱〕＋**al**〔形容詞に〕

⇒63

● 例文――

Geothermal power is one of the most reliable renewable energy sources.

地熱は最も信頼性の高い再生エネルギー源の1つだ。

---

exothermic 【形】発熱の

[èksouθə́ːrmik]

▶ **exo**〔外に〕＋**therm**〔熱〕＋**ic**〔～的な〕

● 例文――

They use an exothermic reaction caused by quicklime mixed with water.

生石灰と水を混合した時に起こる発熱反応が利用される。

---

endothermic 【形】吸熱の

[èndouθə́ːrmik]

▶ **endo**〔中に〕＋**therm**〔熱〕＋**ic**〔～的な〕

● 例文――

The surrounding temperature is decreased by endothermic reaction.

周囲の温度は吸熱反応によって下がる。

161

tom = 切る

!! 語源ノート

「原子(atom)」は《a〔ない〕+tom〔切る〕》が語源で、「これ以上切ることができないこと」に由来する。「原子爆弾」はatomic bomb。医学用語では、tomyやectomyは「切除」や「切開」「摘出」の意味で使われる。neurotomy(神経切除)、hepatectomy(肝臓切除)、appendectomy(虫垂切除)、enterotomy(腸切開)、etc。

atomic 【形】原子の

[ətámik]

▶ **a**〔ない〕+ **tom**〔切る〕+ **ic**〔~的な〕→これ以上切ることができない

atom 【名】原子

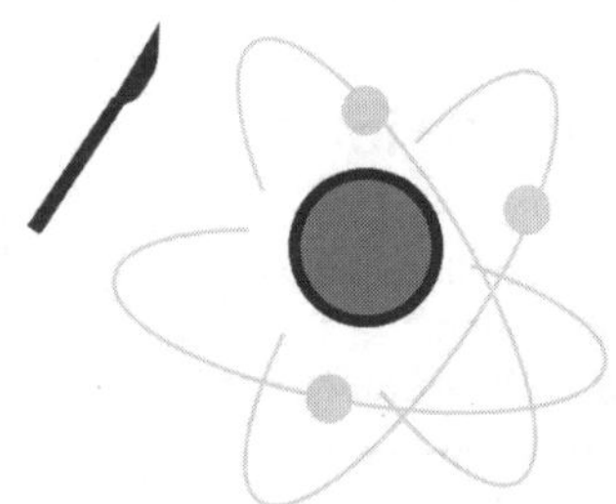

● 例文

The atomic weight of the element has been determined by analysis.
その元素の原子量は分析によって決定された。

Every living cell and every atom has a nucleus.
全ての生きた細胞と原子には核がある。

diatom【名】珪藻

[dáiətəm]

▶ **dia**(通して)＋**tom**(切る)

● 例文——

Blue algae, green algae and diatom are dominant algaes in this lake.

この湖では藍藻、緑藻、珪藻が主な藻類である。

---

anatomy【名】解剖(学)、構造

[ənǽtəmi]

▶ **ana**〔上に〕＋**tom**〔切る〕＋**y**〔名詞に〕

※ **anatomical**【形】解剖の、構造上の

※ **anatomize**【動】解剖する、分析する

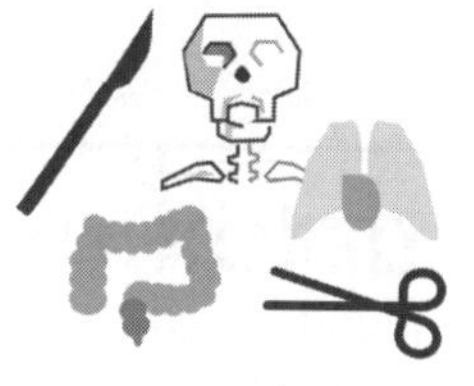

● 例文——

His specialty is the anatomy of the nervous system.

彼の専門は神経組織の解剖学だ。

---

entomology【名】昆虫学

[èntəmálədʒi]

▶ **en**〔中に〕＋**tom**〔切る〕＋**logy**〔学問〕

● 例文——

He got a master's degree in entomology at Oxford.

彼はオックスフォード大学で昆虫学の修士号を取得した。

---

entomophagous【形】食虫性の

[èntəmáfəgəs]

▶ **en**〔中に〕＋**tom**〔切る〕＋
phag〔食べる〕＋**ous**〔形容詞に〕

● 例文——

Many predators are entomophagous insects.

捕食動物の多くは食虫性昆虫である。

162

tox＝毒

語源ノート

「デトックス(detox)」とは《de〔離れて〕＋tox〔毒〕》から「解毒」を意味し、身体の中の毒素を抜く「体内浄化」のこと。toxはラテン語では「毒」、ギリシャ語では「毒矢」の意味。フグ毒の成分の「テトロドトキシン(tetrodotoxin)」はフグ科の学名のtetraodontidae《tetra〔4〕＋odont〔歯〕》とtox(毒)の合成語。「トキシン(toxin)」とは《tox〔毒〕＋in〔化学物質〕》から「毒素」に。

detox 【名】解毒

[dí:tɑks]

▶ **de**〔離れて〕＋**tox**〔毒〕

detoxify 【動】解毒する、薬物依存症の治療を受ける

detoxification 【名】解毒、薬物依存症の治療

● 例文

She spent a month in detox.

彼女はアルコール依存症の治療に1ヶ月を費やした。

Deep breathing exercises are a great way to detoxify the body.

深呼吸運動は体の解毒に、すばらしい方法である。

endotoxin 【名】内毒素

[èndoutáksən]

▶ endo〔中に〕＋tox〔毒〕＋in〔物質〕

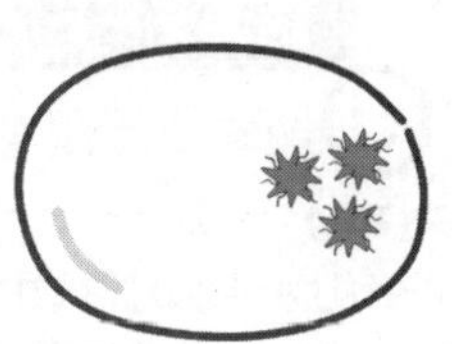

● 例文――

Bird droppings contain endotoxin.

鳥の糞には内毒素が含まれている。

---

exotoxin 【名】外毒素

[èksoutáksən]

▶ ex〔外に〕++tox〔毒〕＋in〔物質〕

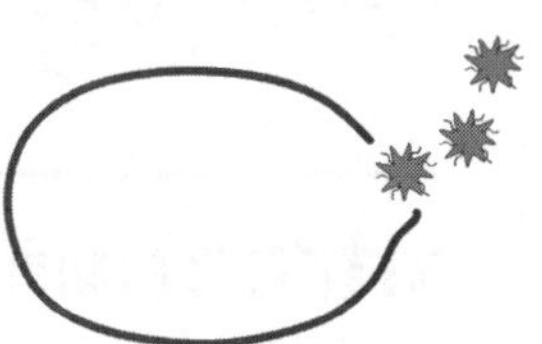

● 例文――

An exotoxin is a toxin secreted by bacteria.

外毒素は細菌が分泌する毒素である。

---

antitoxin 【名】抗毒素

[æntitáksən]

▶ anti〔対〕＋tox〔毒〕＋in〔物質〕

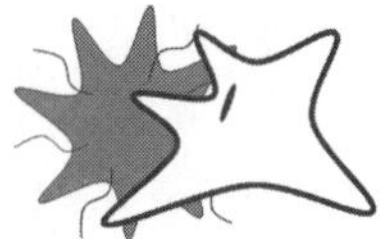

● 例文――

An antitoxin is an antibody with the ability to neutralize a specific toxin.

アンチトキシン（抗毒素）は特定の毒素を中和する能力を持った抗体である。

---

biotoxin 【名】生体内毒素

[bàioutáksən]

▶ bio〔生きる〕＋tox〔毒〕＋in〔物質〕
⇒10

● 例文――

People can acquire biotoxins from food, water, air, or insects such as spiders and ticks.

食べ物、水、空気、クモやダニなどの昆虫から人は生体内毒素に感染することがある。

163

tract＝引く

語源ノート

観客の注意を引く「アトラクション(attraction)」は《a(t)〔～の方へ〕+tract〔引く〕+ion〔名詞に〕》、「トラクター(tractor)」は《tract〔引く〕+or〔もの〕》が語源。「トラック(track)」は人や動物が通った跡が原義で、「小道」「競技場のトラック」「線路」などの意味に。「トレーラー(trailor)」は「引かれる車」が本来の意味。

attract【動】引きつける

[ətrǽkt]

▶ **at**〔～の方へ〕+ **tract**〔引く〕

attraction【名】引力

● 例文

A bar magnet attracts nails.
棒磁石は釘(くぎ)を引きつける。

The sea tides are caused by the attraction of the moon and the earth.
海の潮の干満は月と地球の引力によるものだ。

contract 【動】収縮する、(病気に)かかる、契約する [kəntrǽkt]
【名】契約 [kɑ́ntrækt]

▶ **con**〔共に〕＋**tract**〔引く〕
※ **contractile** 【形】収縮できる
※ **contraction** 【名】収縮、短縮形

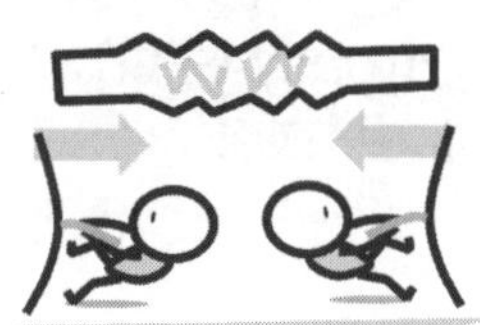

● 例文──
Metal contracts as it becomes cool.
金属は冷えると収縮する。

---

extract 【動】抽出する、(根)を求める [ikstrǽkt]
【名】抽出物 [ékstrækt]

▶ **ex**〔外に〕＋**tract**〔引く〕

● 例文──
The oil is extracted from the flowering tops of the lavender plant.
そのオイルはラベンダーの花頭から抽出したものだ。

---

subtract 【動】引く
[səbtrǽkt]

▶ **sub**〔下に〕＋**tract**〔引く〕

● 例文──
To convert the temperature into Celsius, subtract 32, then multiply by 5 and divide by 9.
温度を摂氏に変換するためには、32を引いてから5を掛け、9で割る。

abstract 【動】抽出する、分離する [æbstrǽkt]
【形】抽象的な [ǽbstrækt] 【名】要旨、抜粋

▶ **ab**〔～から離れて〕＋**tract**〔引く〕

● 例文──
Abstract salt from seawater.
海水から塩を抽出しなさい。

164

trophy＝栄養

語源ノート

「(筋) ジストロフィー (dystrophy)」は《dys〔悪い〕+trophy〔栄養〕》が語源で、「筋肉に栄養が届かない状態」に由来する。

dystrophy【名】ジストロフィー、発達異常、栄養障害
[dístrəfi]

▶ **dys**〔悪い〕+ **trophy**〔栄養〕

atrophy【動】萎縮させる、萎縮する　【名】萎縮症

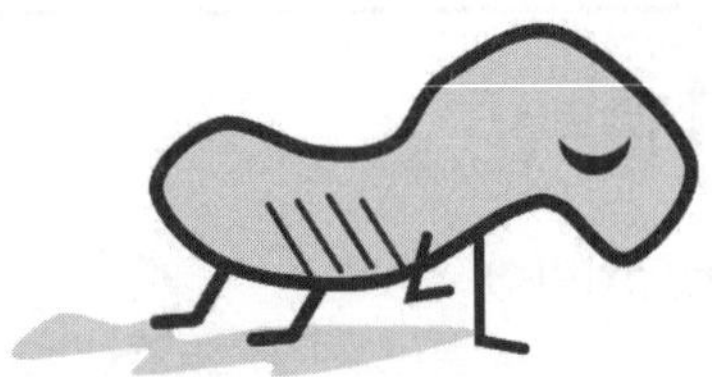

● 例文

The muscular dystrophies are genetic diseases that cause progressive weakness in muscles.
筋ジストロフィーは、筋肉に進行性の衰えを引き起こす、遺伝子の病気である。

Muscles that are not used will atrophy.
使われない筋肉は萎縮する。

eutrophy 【名】富栄養、栄養良好

[júːtrəfi]

▶ eu〔良い〕+trophy〔栄養〕

● 例文――

Eutrophy occurs in many lakes in temperate grasslands.

富栄養は温暖な草原にある多くの湖で起こる。

---

hypertrophy 【名】心臓肥大、異常発達

[haipə́ːrtrəfi]

▶ hyper〔上、過度に〕+trophy〔栄養〕

● 例文――

Hypertrophy is the increase in the volume of an organ or tissue due to the enlargement of its component cells.

異常発達とは、構成細胞が拡大したために器官や組織の量が増えることである。

---

hypotrophy 【名】進行性組織退化

[hàipátrəfi]

▶ hypo〔下に〕+trophy〔栄養〕

● 例文――

Hypotrophy is the progressive degeneration of an organ or tissue that is brought about by loss of cells.

進行性組織退化は、細胞の喪失によって引き起こされる、器官や組織の進行性退化のことである。

---

neurotrophy 【名】神経栄養

[njuːrátrəfi]

▶ neuro〔腱〕+trophy〔栄養〕
⇒106

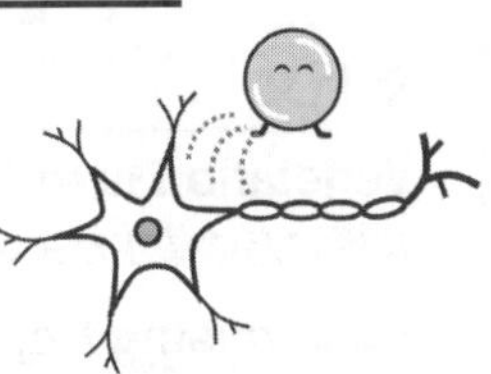

● 例文――

Diabetic neurotrophy is a common side effect of diabetes.

糖尿病の神経栄養は糖尿病によくある副作用である。

165

tropic = 回転、向かう

語源ノート

「熱帯(tropic)」は南北の回帰線に挟まれた地域のことで、「回帰線」とは、赤道から南北それぞれの約23.5度を通る緯線のこと。

tropic 【名】回帰線、(the tropics)熱帯地方
[trápik]

tropical 【形】熱帯の

● 例文

Vegetation luxuriates in the tropics.
熱帯地方は草木が生い繁っている。

He is raising tropical fish.
彼は熱帯魚を飼っている。

entropy 【名】エントロピー（ある閉じた体系内の利用されない熱エネルギーの量）、無秩序

[éntrəpi]

▶ **en**〔中に〕＋**tropy**〔回転〕

● 例文――

The entropy of gases is much higher than the entropy of solids.

気体のエントロピーは固体のエントロピーよりはるかに高い。

---

subtropical 【形】亜熱帯の

[səbtrɑ́pikl]

▶ **sub**〔下位の〕＋**tropical**〔熱帯の〕

● 例文――

A subtropical cyclone is a weather system that has some characteristics of a tropical and an extratropical cyclone.

亜熱帯低気圧は熱帯及び温帯低気圧の特徴を持った天気系である。

---

heliotropic 【形】向日性の

[hi:liətrɑ́pik]

▶ **helio**〔太陽〕＋**tropic**〔向かう〕

● 例文――

The sunflower is a common heliotropic plant.

ヒマワリは一般的な向日性の植物である。

---

phototropic 【形】光向性の、屈光性の

[fòutətrɑ́pik]

▶ **photo**〔光〕＋**tropic**〔向かう〕

⇒124

● 例文――

Charles Darwin discovered that the phototropic stimulus is detected at the tip of the plant.

チャールズ・ダーウィンは屈光性の刺激は植物の先端で見られることを発見した。

166

uri, ure, urethr / ureter = 尿、流れる

語源ノート

「プリン体(purine body)」の過剰摂取による痛風は「尿酸(uric acid)」値が7以上になると要注意だと言われる。ちなみに、「プリン(purine)」とは《pure〔純粋な、きれいな〕+ ine〔化学物質〕》から。

urine【名】尿
[júərin]

uric【形】尿の

urinary【形】泌尿器の、尿の

● 例文

I've had the sensation of residual urine all day.
一日中残尿感がある。

Uric acid is a chemical created when the body breaks down substances called purines.
尿酸はプリン体と呼ばれる物質を体が壊す時に造り出される化学物質だ。

166 uri, ure, urethr / ureter＝尿、流れる

urinate【動】排尿する、小便をする

[júərənèit]

▶ urin〔流れる〕＋ate〔～化する〕

※ urination【名】排尿

● 例文──

Symptoms of BPH include increased urinary frequency and an urgent desire to urinate at night.

前立腺肥大症の症状には、頻尿と、夜中の突然尿意などがある。

---

ureter【名】尿管

[juríːtər]

▶ ure〔尿〕＋er〔もの〕

● 例文──

A large stone in the right ureter is obstructing the right kidney.

右の尿管にある大きな石が右の腎臓を塞いでいる。

---

urolith【名】尿路結石

[júərəliθ]

▶ uro〔尿〕＋lith〔石〕 ⇒84

※ ureterolith【名】尿管結石

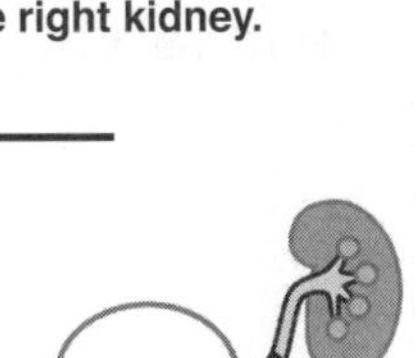

● 例文──

The presence of uroliths was detected by rectal examination.

尿路結石の存在が直腸検査で発見された。

urethritis【名】尿道炎

[jùərəθráitis]

▶ urethr〔尿〕＋itis〔炎症〕

● 例文──

The bacteria that commonly cause urethritis in men can cause serious problems in women.

男性の尿道炎の主な原因となる細菌は、女性の深刻な問題の原因となることがある。

167

val = 価値

語源ノート

日本の消費税にあたる税は、米国ではVAT(=Value-added Tax)で、貴重品はvaluables。形容詞でvaluableは「高価な」、invaluableは評価できないほど「貴重な」の意味に。validは「正当な、有効な」、validityは「正当性、妥当性」、invalidは「無効な」、validationは「検証」。

available【形】利用できる

[əvéiləbl]

▶ **a**〔～の方へ〕+ **vail**〔価値〕+ **able**〔できる〕

availability【名】利用できること、可用性

● 例文

Not enough data is available to scientists.

科学者たちが利用できる十分なデータがない。

Whether he has the operation depends upon the availability of the donor organ.

彼が手術するかどうかは移植する臓器があるかどうかだ。

evaluate 【動】価値を見極める、評価する

[ivǽljuèit]

▶ e〔外に〕＋val〔価値〕＋ate〔～化する〕

※ evaluation 【名】評価

※ value 【名】価値、値

● 例文――

The new drug is being evaluated in clinical trials.

臨床試験で新薬の価値が見極められている。

---

prevalent 【形】一般的な

[prévələnt]

▶ pre〔前に〕＋val〔価値〕＋ent〔形容詞に〕

※ prevail 【動】普及する、流行する

● 例文――

Colds are prevalent this winter.

この冬は風邪が流行している。

---

bivalent 【形】2価の (=divalent)

[baivéilənt]

▶ bi〔2〕＋val〔価値〕＋ent〔形容詞に〕

● 例文――

M represents a bivalent metal ion.

Mは2価の金属イオンを表す。

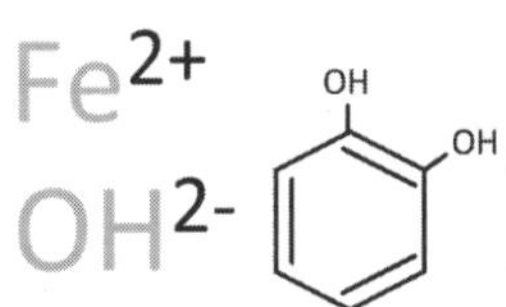

---

covalent 【形】共有結合の

[kouvéilənt]

▶ co〔共に〕＋val〔価値〕＋ent〔形容詞に〕

● 例文――

In covalent bonding, atoms share electrons.

共有結合では原子は電子を共有する。

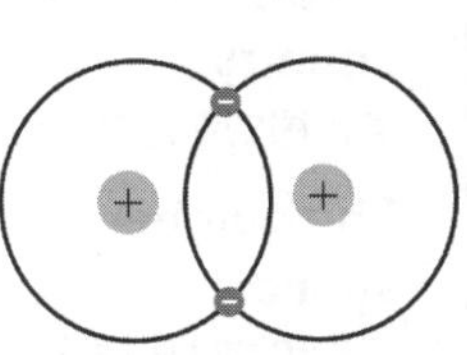

168

vari = 変わる、異なる

語源ノート

バラエティショップやバラエティ番組の「バラエティ(variety)」は「様々な」の意味で、varyは「変わる」「異なる」を意味する。varianceは統計用語の「分散」を表す。また、variantはウィルスなどの「変異」。

variant【名】変形、異形、変数 【形】異なった

[véəriənt]

▶ **vari**〔変わる〕+ **ant**〔形容詞に〕

● 例文

A new coronavirus variant has been detected in that country.

その国で新たなコロナウィルスの変異種が検出された。

The number of variants does not affect the processing speed.

変数の数は処理速度に影響しない。

vary【動】異なる、変化する、変異する

[véəri]

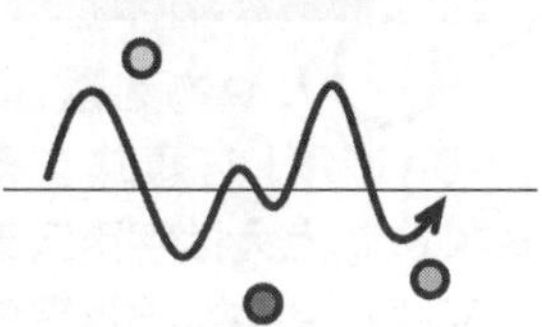

● 例文――

The saturation temperature varies with the pressure.

飽和温度は圧力によって変化する。

---

variance【名】不一致、変動、分散

[véəriəns]

▶ **vari**〔変わる〕＋**ance**〔名詞に〕

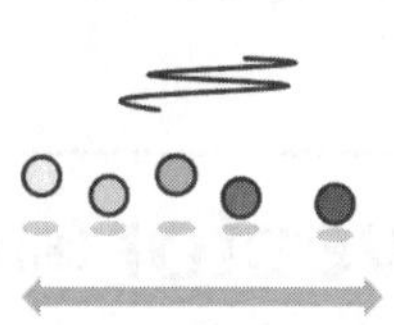

● 例文――

In statistics, variance is the variability from the average.

統計においては、分散は平均値からの変動性である。

---

variation【名】変化、差異、変種

[vèəriéiʃən]

▶ **vari**〔変わる〕＋**ate**〔～化する〕＋**ion**〔名詞に〕

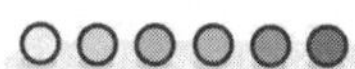

● 例文――

The higher the variation coefficient, the greater the dispersion.

変動係数が大きいほど、ばらつきも大きい。

---

variety【名】多様性、変化、差異

[vəráiəti]

▶ **vari**〔変わる〕＋**ety**〔名詞に〕

● 例文――

Coral reefs are a rich environment where a wide variety of creatures live.

サンゴ礁は多種多様な生物が住む豊かな環境である。

169

vect, veh = 運ぶ

語源ノート

人や物を運ぶ「乗り物」のvehicleは、ラテン 語の「運ぶ」を意味するvehereから。陸上を運ぶだけでなく、たとえば宇宙ステーション補給機HTV (H-II Transfer Vehicle) は、国際宇宙ステーション (ISS) へ物資や機材を運ぶ無人宇宙補給機。重力落下速度の公式はv(速度) = 9.8 ×tで、「速度」は velocity。社員が共に目指すべき会社の方向性を表す「ベクトル」も同じ語源から。

vector【名】媒体生物、ベクトル

[véktər]

▶ **vect**〔運ぶ〕+ **or**〔もの〕

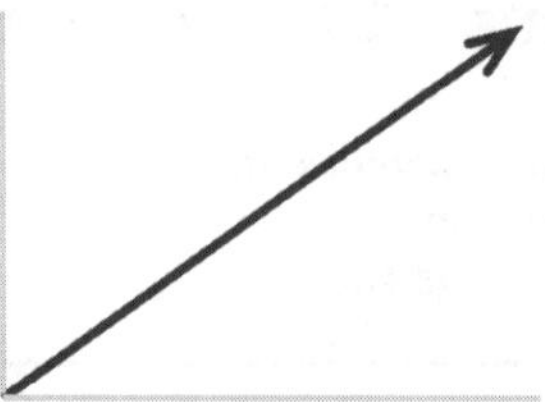

● 例文

Mosquitoes are feared as vectors of malaria.
蚊はマラリアの媒体生物として恐れられている。

Velocity is a vector quantity.
速度はベクトル量である。

169 vect, veh = 運ぶ

vehicle 【名】乗り物、手段

[víːəkl]

▶ vehi〔運ぶ〕+ cle〔小さい〕

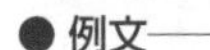

● 例文——

Adenoviruses are efficient vehicles for gene delivery in vitro and in vivo.

アデノウイルスは体外でも体内においても、遺伝子導入の有効な手段である。

---

convex 【形】凸面の　凸状の　【名】凸面

[kɑnvéks]

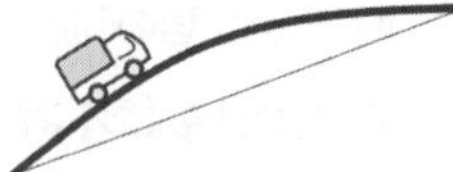

▶ con〔共に〕+ vex〔運ぶ〕

※【反】concave　【形】凹面の　【名】凹面

● 例文——

Convex slopes are generally more hazardous than uniform or concave slopes.

一般的に凸面の坂は均一または凹面の坂よりも危険である。

---

convection 【名】対流

[kənvékʃən]

▶ con〔共に〕+ vect〔運ぶ〕+ ion〔名詞に〕

※ convect【動】対流で熱を送る

● 例文——

By air convection, heat radiation is vastly improved.

空気の対流によって放熱性が大幅に向上する。

---

velocity 【名】速度

[vəlɑ́səti]

▶ veloc〔運ぶ〕+ ity〔名詞に〕

● 例文——

The wind is blowing at a velocity of 30 meters per second.

風速は 30 メートルです。

170

ven(a), ves, vas = 容器、血管

語源ノート

「花瓶」のvaseはラテン語で「容器」を表し、vesselは「小さい容器」、blood vesselは「血管」の意味に。

vein 【名】静脈

[véin]

▶ ラテン語の「血管」を表す**vena**から

venous 【形】静脈の

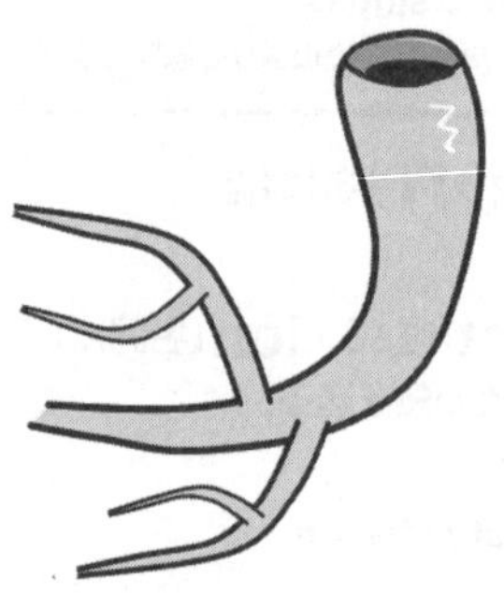

● 例文

In the circulatory system, veins are blood vessels that carry blood toward the heart.
循環器系では静脈は血液を心臓に向かって送る血管である。

He suffered from a venous thrombosis.
彼は静脈血栓塞栓症を患っていた。

intravenous【形】静脈内の

[intrəví:nəs]

▶ intra〔中に〕＋ven〔静脈〕＋ous〔形容詞に〕

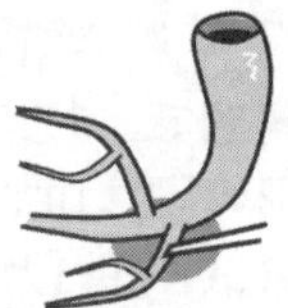

● 例文――

I had an intravenous drip in hospital.

私は病院で静脈内点滴を受けた。

---

venule【名】細静脈

[vénju:l]

▶ ven〔静脈〕＋ule〔小さい〕

● 例文――

Venules are a type of blood vessel that connects capillaries to veins.

細静脈は毛細血管を静脈と結びつける種類の血管である。

---

venation【名】葉脈、静脈系

[vi:néiʃən]

▶ vena〔静脈〕＋tion〔名詞に〕

● 例文――

There are four types of leaf venation.

葉脈には4つの葉脈系の種類がある。

---

vascular【形】導管の、血管の

[vǽskjulər]

▶ vas〔導管〕＋cul〔小さい〕＋ar〔形容詞に〕

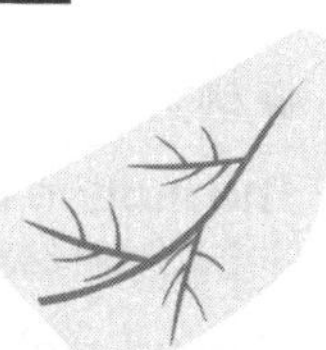

● 例文――

The vascular system is a network of blood vessels; arteries, veins and capillaries, that carry blood to organs around the body.

血管系は血液を体中の臓器に運ぶ動脈、静脈、毛細血管などの血管の網状組織である。

171

vers, vert＝回る

!! 語源ノート

「宇宙(universe)」は、《uni〔1〕＋verse〔回る〕》が語源で、1つの物を中心に回ることが原義。universeの形容詞はuniversal（全世界の、普遍的な）で、universal gravityは「万有引力」。「ユニバーサルデザイン(universal design)」は万人に適した設計、「ダイバーシティ(diversity)」は《di〔離れて〕+vers〔回る〕+ity〔名詞に〕》から「多様性」、reversibleは《re〔再び〕＋vers〔回る〕＋ible〔できる〕》から「可逆的な」、versatilityは《vers〔回る〕+il〔できる〕+ity〔名詞に〕》から「汎用性、多機能性」に。

vertical【形】垂直の、縦の

[vɚ́ːrtikl]

▶ **vert**〔回る〕+ **ical**〔形容詞に〕

vertical axis 縦軸

horizontal【形】水平の

● 例文

The motion of the earthquake last night was vertical.
昨夜の地震は縦揺れだった。

The left main bronchus is more horizontal than the right.
左の主気管支は右の気管支よりも水平である。

convert 【動】変形させる、変わる

[kənvə́ːrt]

▶ con〔共に〕＋vert〔回る〕

※ conversion【名】変換、換算

torque converter トルクコンバーター（トルコン）

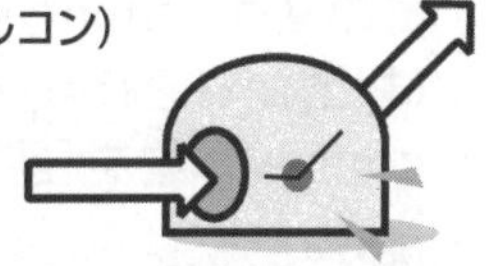

● 例文――

Liquid converts into gas when heated.

液体を熱すると気体になる。

---

inverse 【形】逆の、反対の　【名】反対、逆、逆数

[invə́ːrs]

▶ in〔中に〕＋verse〔回る〕

● 例文――

Find the inverse function of y=2x＋5

y＝2x＋5の逆関数を求めなさい。

---

vertex 【名】頂点、山頂

[və́ːrteks]

▶ つむじの一番高い点から

● 例文――

Auriga is the eastern vertex of the constellation's pentagon.

馭者（ぎょしゃ）座は星座の5角形の東の頂点である。

---

vertebrate 【形】脊椎のある　【名】脊椎動物

[və́ːrtəbrət]

▶ 曲がる関節の意味から

※ invertebrate【形】無脊椎の　【名】無脊椎動物

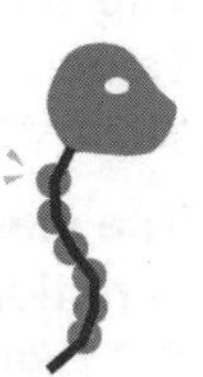

● 例文――

Mosquitoes will feed on any vertebrate blood.

蚊は脊椎動物の血液を吸って生きている。

172

via, vey＝道

語源ノート

標準偏差をσまたはSDと表すが、それはstandard deviationの略。SDは分散Vの正平方根で計算されるが、そのVはvariance（変動）。viaは「道」を表し、deviationは「道から逸れる」を意味する。「コンベア（conveyor）」のconveyは物を「運搬する」のほか、情報などを「伝える」の意味。

deviate 【動】逸脱する、逸脱させる

[dí:vièit]

▶ **de**〔離れて〕＋**vi**〔道〕＋**ate**〔〜化する〕

deviation 【名】逸脱、偏差

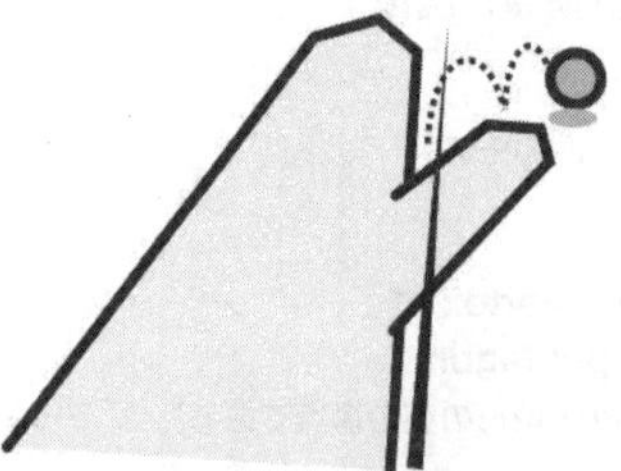

● 例文

The actual dimension was deviated from the design value.

実際の寸法は設計値から外れていた。

The standard deviation is a measure of the amount of variation of a set of data.

標準偏差はデータセットのばらつき量を示す尺度である。

via【前】～経由で、～の媒体で

[váiə]

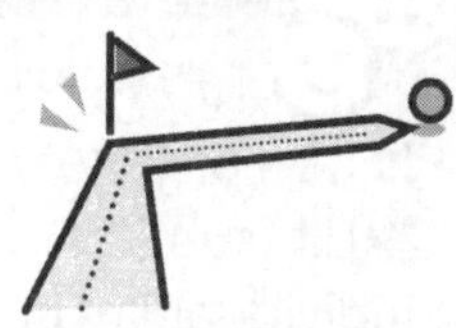

● 例文――

All relevant information is available via the Internet.

すべての関連情報はインターネットを通じて入手可能である。

---

previous【形】前の、先の

[príːviəs]

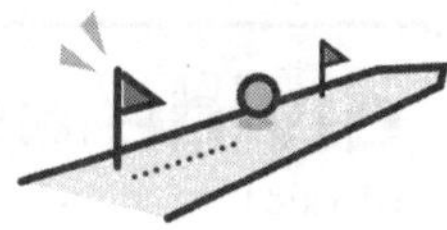

▶ **pre**〔前〕＋**vi**〔道〕＋**ous**〔形容詞に〕

※ **previously**【副】以前に、前もって

● 例文――

The pressure is lower than the previous stage.

圧力はその前の段階よりも低い。

---

obvious【形】明らかな、明白な

[ábviəs]

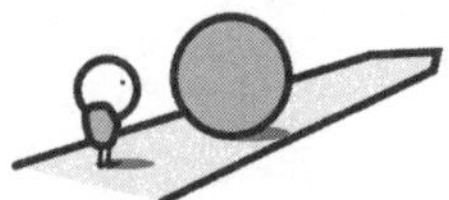

▶ **ob**〔向かって〕＋**vi**〔道〕＋**ous**〔形容詞に〕

※ **obviously**【副】明らかに

● 例文――

The system had an obvious defect.

そのシステムには明確な欠陥があった。

---

convey【動】伝える、運ぶ

[kənvéi]

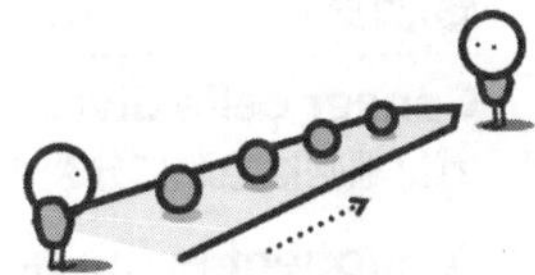

▶ **con**〔共に〕＋**vey**〔道〕

● 例文――

Heat is conveyed from the heat source.

その熱源から熱が伝わる。

173

vide＝分ける

語源ノート

「デバイダー (dividers)」は《di〔離れて〕+vide〔分ける〕+er〔もの〕》が語源で、「分けるもの」。細胞の「再分裂」は《sub〔さらに〕+ divide〔分ける〕》から subdivision。individual は《in〔でない〕+divid〔分ける〕+ual〔形容詞に〕》で、これ以上分けられないことから「個人の、個体の、個々の」、株主が分ける「配当金」や「被序数」は dividend。

divide【動】分ける、割る

[diváid]

▶ **de**〔離れて〕+ **vide**〔分ける〕

division【名】分裂、割り算、(企業の)部、課、区域

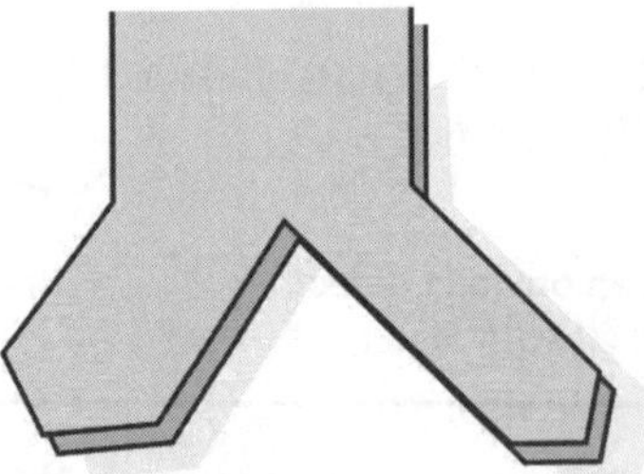

● 例文

Cancer cells divide rapidly.

ガン細胞は急激に分裂する。

A quotient is the result of division.

商は割り算の解である。

device【名】装置、道具

[diváis]

▶ **de**〔離れて〕+**vice**〔分ける〕→
好みに合うように分けたもの

● 例文──
An antenna is a device for sending or receiving radio signals.
アンテナは、電波を送信したり受信するための装置である。

---

devise【動】工夫する、考案する

[diváiz]

▶ **de**〔離れて〕+**vise**〔分ける〕→
好みに合うように分ける

● 例文──
We must devise methods for recycling waste products.
私たちは廃棄物を再生利用する方法を考え出さなければならない。

---

divisor【名】約数

[diváizər]

▶ **di**〔離れて〕+**vise**〔分ける〕+**or**〔もの〕

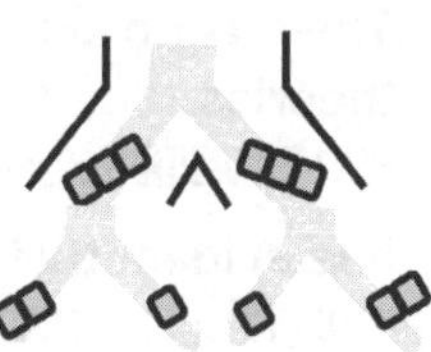

● 例文──
What is the greatest common divisor of 45 and 72?
45と72の最大公約数は何か。

---

subdivide【動】再分割する、再分裂する

[sʌbdiváid]

▶ **sub**〔さらに〕+**divide**〔分ける〕
※ **subdivision**【名】再分裂

● 例文──
The cells subdivided.
細胞は再分裂した。

174

vis, vid, vey = 見る

!! 語源ノート

「ビジュアル (visual)」は「見た目の」のことで、viewは「見ること」「視野」、「ものの見方」つまり「意見」。supervisorは《super〔上から〕+ vis〔見る〕+ or〔人〕》から「管理者」。reviseは「見直す」でrevisionは「改訂」「改正」。「調査」の意味のsurveyは「上からざっと見る」から「調査する、概観」。「エビデンス (evidence)」は《e〔外に〕+ vid〔見る〕+ ence〔名詞に〕》から事象や事実などを「明らかに見せるもの」の意味で、「形跡」「兆候」などの意味にもなる。

evidence 【名】証拠、根拠、兆候

[évədəns]

▶ **e**〔外にはっきりと〕+ **vid**〔見る〕+ **ence**〔名詞に〕

evident 【形】明白な、明らかな

evidently 【副】明らかに、見たところ〜らしい

● 例文

There is no scientific evidence to support those theories.

それらの理論を支持する科学的な根拠はない。

It is evident that the pandemic has changed our lives.

そのパンデミックが私たちの生活を変えたのは明らかだ。

provide【動】供給する、提供する、規定する

[prəváid]

▶ pro〔前に〕＋vide〔見る〕

※ provision【名】供給、提供

※ provisional【形】仮の、暫定的な

● 例文――

The study provided the team with a solution.

その研究はチームに解決策を提供した。

visible【形】目に見える、明らかな

[vízəbl]

▶ vis〔見る〕＋ible〔できる〕

※ visibility【名】視界、視認性

● 例文――

The monitor is readily visible to the driver.

そのモニターはドライバーから容易に視認できる。

viewpoint【名】見地、観点、立場

[vjú:pɔ̀int]

▶ veiw〔見る〕＋point〔点〕

※ view【名】意見、視界、眺め

side view 側面図

front view 正面図

● 例文――

From his viewpoint, it was a success.

彼の観点から言うと、それは成功だった。

survey【名】調査 [sə́:rvei]　【動】調査する [sə:rvéi]

▶ sur〔上から〕＋vey〔見る〕

● 例文――

The company conducted a survey of employees' attitudes toward safety.

会社は、安全に関する従業員の姿勢に関して調査を行った。

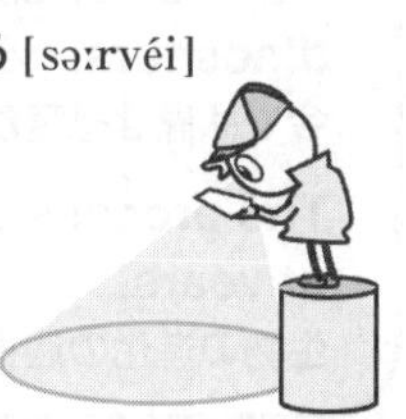

175

volu, volut = 回る

!! 語源ノート

「革命」のrevolutionは《re〔後ろに〕+volute〔回る〕+ion〔名詞に〕》から、180度回転させて組織をひっくり返すことに由来する。

evolve【動】進化する

[ivάlv]

▶ **e**〔外に〕+ **volve**〔回る〕

evolution【名】進化

● 例文

Many scientists now believe that birds evolved from dinosaurs.

今では鳥は恐竜から進化したと信じている科学者がたくさんいる。

The process of biological evolution has taken billions of years.

生物の進化の過程は数十億年かかった。

volume 【名】1巻、体積、容積、量

[válju:m]

▶ 巻物→本→本の大きさ→量

● 例文――

The volume of a cuboid is length times width times height.

直方体の体積は、長さ×幅×高さである。

---

valve 【名】バルブ、弁膜

[vǽlv]

▶ ラテン語の折り戸のドアから

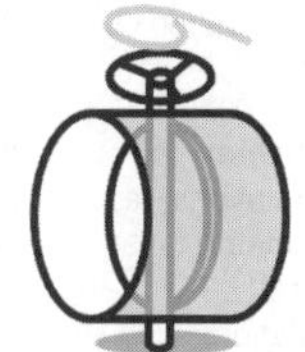

● 例文――

The mitral valve is between the left ventricle and left atrium.

僧帽弁は左心室と左心房の間にある。

---

revolve 【動】公転する、回転する

[riválv]

▶ **re**〔後ろに〕＋**volve**〔回る〕

※ **revolution** 【名】革命

● 例文――

The earth revolves around the sun.

地球は太陽の周りを公転する。

---

involve 【動】（活動・事件などに）巻き込む、～を必要とする

[inválv]

▶ **in**〔中に〕＋**volve**〔回る〕

● 例文――

An accurate analysis will involve intensive tests.

正確な分析には徹底的な検査が必要だろう。

索引（ABC順）

著者紹介

清水 建二（しみず・けんじ）

1955 年東京都浅草生まれ。作家・文筆業。KEN' S ENGLISH INSTITUTE 代表取締役。埼玉県立越谷北高校を卒業後、上智大学文学部英文学科に進む。ガイド通訳士、進学の名門・県立浦和高校、越谷南高校、川口高校、三郷高校、草加高校、草加南高校などで教鞭を執る。高校教諭時代は、基礎から上級まで、わかりやすくユニークな教え方に定評があり、生徒たちからは「シミケン」の愛称で絶大な人気を博した。著書に、シリーズ累計 90 万部の『英単語の語源図鑑』（かんき出版・共著）、シリーズ累計 40 万部突破の『英会話 1 秒レッスン』（成美文庫）、『くらべてわかる英単語』（大和書房）など 90 冊を超える。趣味は陸マイラーとしてファーストクラスで行く海外旅行・食べ歩き・ジョギング。2017 年より 5 年連続、朝日ウィークリーでコラムを連載。本書の内容に関する質問などは、公式サイト (http://shimiken.me) まで。

すずき ひろし

神奈川県生まれ。英語講師でイラストレーター。外資系機械メーカーでグローバル製品の開発に技術者として 20 年以上携わり、現在は相模原市に開いた「おとなのための英語塾」やカルチャーセンターで初歩の英語やビジネス英語などの講座を持つ。英語の文法や単語の意味をイラストを使って楽しくわかりやすく明示化することを得意とし、ベレ出版「使い分け BOOK」シリーズでは各々500 カット以上の説明図解イラストを自ら作成したほか、『英単語の語源図鑑』（かんき出版・共著）や『50 歳からの語源で覚えて忘れない英単語 1450』（PHP 研究所）では英単語の語源と意味をイラストで表現している。著書はほかに『やさしい英単語の相性図鑑』（ソシム）など。実務書用などのイラスト製作も手掛ける。

◉── カバーデザイン　OAK 小野 光一
◉── DTP・本文図版　WAVE 清水 康広
◉── 本文イラスト　すずき ひろし
◉── 校正　ワイルド さやか

語源（ごげん）とイラストで覚（おぼ）える理系英単語（りけいえいたんご） BOOK

2021 年 4 月 25 日　初版発行

著者	清水 建二（しみず けんじ）　すずき ひろし
発行者	内田 真介
発行・発売	ベレ出版 〒162-0832　東京都新宿区岩戸町12 レベッカビル TEL.03-5225-4790　FAX.03-5225-4795 ホームページ　https://www.beret.co.jp/
印刷	株式会社 文昇堂
製本	根本製本株式会社

ISBN 978-4-86064-655-4 C2082　編集担当　綿引ゆか